ECONOTION

Masse und Bewegung

Christian Unverzagt

Christian Unverzagt lebte während der 1980er Jahre in West-Berlin. Sein Studium der Philosophie und Ethnologie brach er ab, um in die Bewegung einzutauchen. Später ging er für Jahre in Ostasien auf Wanderschaft. Nach seiner Rückkehr promovierte er in Kunstgeschichte Ostasiens, heute lebt er als freier Schriftsteller, Maler und Lehrer der sanften Kampfkunst Taijiquan.

Umschlagmotiv: Econotion Verlag, Heidelberg
Satz und Layout: Econotion Verlag, Heidelberg
ISBN: 978-3-9817199-0-1
www.econotion.de
info@econotion.de

In memoriam Hans und Frank

Inhaltsverzeichnis

Vorwort des Autors 11

Vorspiel oder Null-Stellung 23
- Zeitschatten 25

Die Fatale Welt I 27
- Seven Up 29
- Die präsentierte Welt 33
- Das Schlachtfeld der Wirklichkeiten 38

Exkursion in die symbolische Wirklichkeit der Stämme 47
- Vom Symbol 48
- Über Rituale 52
- Personen, Selbst und Masken 58
- Zum Narren 62
- In den Randgebieten Krieg und Tausch 66

Die Fatale Welt II 73
- Splitter/n der Geschichte 75
  - Die Pyramide 75
  - Die Schrift 78
  - Der Fortschritt 83
  - Die Monster 84
  - Metastatische Medizin 86
  - Das System I 89
  - Die Müllhalde 90
- Die imaginäre Wirklichkeit 94
  - Der fröhliche Weltbürger 102
- Die Masse – in der Tretmühle der Vernunft 105

Masken der Macht 108
Die Politik 109
Zuschauerbeteiligung 110
Der Mangel und sein Bedürfnis 112
Die kritische Empörung 114
Der Kampf um die simulierte Macht 115
Auf der Kippe: die Ironie 117
Megalopolis 119
Auszeit 135

Gruppen oder Die Prozessfalle 141
Die Affirmation 145
Das Alibi 149
Die Agitation 152
Aktion und Avantgarde 157
Der Anschlag 161
Exkurs über Masse und Moral 165

Die Bewegung 169
Die grundlose Schöpfung aus dem Nichts 174
Die Beschwörung des Zeit-Geistes 181
Die Nacht 182
Ausdruck und Aktion 186
Das Feuer 187
Der symbolische Zeit-Raum der Bewegung 192
Maskenspiele 206
Katastrophenkultur 210
Autonomie 212
Die flügellahme Eule der Minerva 219
Das Abstellgleis der Geschichte 220
GOSUB 221
Revolte 233
Scheidelinien 242

Danach 251
Die Scene 257
Spiel-Räume 261
Die elektronische Welt 265

Realitätsfieber 274
Urban Riots 276
Das System II 279
Die Apokalypse 281
Ernstfall, Panik und das Ende des Voyeurs 289
Die Krieger 297
Der heitere Fatalismus 303

Epilog auf die Theorie 307

Anhang 319

Vorwort des Autors

Masse und Bewegung ist ein Buch aus einer anderen Zeit. Das war es schon in den 1980er Jahren, der Zeit seiner Entstehung. Es wurde während des langen Ausklangs der Bewegung geschrieben, die Anfang der 80er wie ein Wirbelsturm durch das System gerast war. Unvermutet hatte sich mit ihr ein Zeitraum aufgetan und bald wieder geschlossen, der – so die These des Buches – nicht deckungsgleich mit der parallel weiter laufenden Systemzeit war.
Die Bewegung war ein lokales Phänomen, das in verschiedenen Städten in Deutschland, den Niederlanden und der Schweiz auftauchte und sich hauptsächlich um besetzte Häuser abspielte. Von Februar 1979 bis Dezember 1980 waren in West-Berlin 18 Häuser besetzt worden, nach Straßenschlachten am 12. 12. 1980 stieg ihre Zahl bis Juni 1981 auf 165. Wie ein Flächenbrand breitete sich die Bewegung aus. Doch sie war kurzlebig, wie ein Strohfeuer erlosch sie auch wieder. Von außen und im Nachhinein betrachtet, hielt sich die Verlustbilanz des Systems in Grenzen, und so war die Bewegung in dessen Kalkül und seinen Chroniken schnell vergessen. Für die Akteure in ihrem Inneren aber war sie von einer ungekannten existenziellen Dichte, in der eine andere Wirklichkeit aufblitzte. *Masse und Bewegung* erzählt nicht die Geschichte dieser Hausbesetzungen, sondern will durch sie hindurch ein Phänomen erfassen, das ganz bestimmt nicht mehr so, aber vielleicht so ähnlich zu einer anderen Zeit wieder auftauchen könnte, unvermutet und plötzlich.
Um die Bewegung und ihre Diskontinuität zur Systemzeit zu verstehen, bedurfte es eines Blicks über sie hinaus auf das System, aus dem sie ausbrach (*Die Fatale Welt*), sowie auf die vergeblichen Versuche, dieses zu verändern (*Gruppen*). Dabei geriet noch etwas in den Blick: der Zeitraum *Danach*, in dem das System scheinbar unverändert weiterbestand, während für einen durch die Bewegung geschärften Blick alles anders war. Auf einmal war das System von seinem Ende her sichtbar. Dieser Blick auf die Rückseite der Dinge

stieß *Masse und Bewegung* schließlich zu einer Reflexion auf die Rolle an, die Theorie noch spielen konnte. Sie wurde im *Epilog* abgehandelt.

Nicht nur die Bewegung, sondern auch die Zeit, aus der sie ausbrach, ist in weite Ferne gerückt. Es war eine Welt ohne Handys und ohne Internet, ohne Blogger und Twitter, ohne Flachbildschirme, Satellitenschüsseln und Privatsender, ohne Euro, ohne ein Billionen schweres Brüssel, ohne staatlich gestützte Nichtregierungsorganisationen und ohne geheimdienstlich angeleitete Farbrevolutionen. Es war eine Zeit, in der man an den Säkularisierungsprozess von Religionen glaubte, in dessen Verlauf deren Heilsversprechen allerdings eine unheimliche Heimstatt im politischen Totalitarismus gefunden hatten – während heute der weltreligiöse Fundamentalismus wie dessen Wiedergänger in einer globalen Geisterbahn anmutet.

In mancherlei Hinsicht stand das Jahrzehnt vor dem Ausbruch der Bewegung noch im Schatten der Ereignisse von 1968. Die Idee der Gesellschaftsveränderung war allgegenwärtig. Über den Weg ihrer Realisierung stritt die Neue Linke, die sich in einem einig war: dass es nur noch auf den subjektiven Faktor ankäme, objektiv sei alles schon für die große Veränderung bereit. Im Hintergrund dieses Denkens stand die Systemapologie des Marxismus, der den technischen Fortschritt der Industriekultur verherrlichte und deren Produktivkräfte als Voraussetzung einer befreiten Gesellschaft feierte. Im politischen Blockdenken des 20. Jahrhunderts spielte der Marxismus die Rolle des Gegenpols zum bürgerlichen Lager, und noch für die Ideen der sich selbst als undogmatisch verstehenden Neuen Linken stellten seine Theorien und Dogmen einen Bezugspunkt dar.

Während im akademischen Milieu die Nachlassverwalter der Kritischen Theorie der Gesellschaft erklärten, dass man sich nur vernünftig miteinander unterhalten müsse, in einem herrschaftsfreien Diskurs, stritten maoistische K-Gruppen und Spontis um das Erbe des Aufruhrs, den die Studentenbewegung verursacht hatte. Jene setzten auf die allwissende Partei, deren Linienschwenks das Häuflein der Gläubigen nach und nach bis zur Selbstvernichtung durchsiebte. Diese versuchten zunächst, spontane Massenaktionen zu provozieren, bis sie sich bei der Befreiung von Ideologien, die dem Vorhaben entgegen standen, im Strudel einer zunehmend gesellschaftlich irrelevanten Nabelschau ihrer eigenen Gefühlslagen wiederfanden. Die spektakulärste Sackgasse beschritt die RAF, deren mediengestütztes Duell mit dem Staat zum Deutschen Herbst 1977 führte. Darauf kulminierte die Perspektivlosigkeit der Neuen Linken in einem erbärmlichen Repressionsgejammer.

Andere soziale Strömungen, die parallel zu den neo-marxistischen Politikansätzen entstanden, koppelten sich von der Fortschritts- und Technikeuphorie ab. Landkommunen, Öko- und Anti-AKW-Bewegung trafen in einer diffusen Alternativkultur auf Frauen-, Schwulen- und Selbsterfahrungsgruppen, Dritte-Welt-Läden und Esoterik. Diese Ansätze erwiesen sich als dauerhafter, doch während sie den einen Trittsteine in eine bessere Welt zu sein versprachen, galt ihre Entwicklung anderen bald als Beleg für die ungeheure Absorptions- und Neutralisierungskraft des Systems.

Die Zeit stand in den 1970ern nicht still, aber das System zeigte sich stabil. Es war die Ära Schmidt (1974-82), in der sich die Politik im Zeichen unerbittlicher Sachzwänge darstellte. Der Eiserne Vorhang trennte Ost und West, und zwar für immer und ewig, wie es schien. In Thatchers England und Reagans USA hielt ein bedingungsloser Ökonomismus Einzug. Im traditionell sozialstaatlich organisierten Deutschland gelang die totale Unterwerfung der Gesellschaft unter die Prinzipien der Wachstumswirtschaft erst in den 1990er Jahren nach dem Zusammenbruch des Ostblocks. Ebenfalls für immer und ewig.

Die Macht der Ökonomie noch über das, was ihrem Diktat entgehen wollte, hatte sich früh in der Kommerzialisierung der ursprünglich subkulturellen Rockmusik gezeigt. Irgendwann schien sich alle Rebellion in eine Frischzellenkur des Systems zu verkehren. Dieses System war nicht statisch, sondern lebte, auch wenn es noch nicht vom systematischen Veraltungswissen der Elektronikindustrie angetrieben wurde, von einer Dynamik der Einverleibung. So führte der Fortschritt ohne innere Korrekturinstanzen zu einer materiellen Kultur, die sich im Namen des MENSCHEN ins Monströse auswuchs. Ob im militärischen oder medizinischen Apparat, ob bei der Lebensmittel- oder der Müllproduktion – das System wucherte über den Köpfen der Menschen. Das Grundgefühl der Jüngeren, die mit der Idee der immer noch allerorten beschworenen Gesellschaftsveränderung aufwuchsen, war, dass Realpolitik und revolutionäre Politik, Sub- und Alternativkultur gleichermaßen im System mündeten. Diesem Gefühl entsprach der unaufhaltsame Niedergang der Utopien.

Masse und Bewegung wollte erklären, was das System stabilisierte und warum gegen es gerichtetes Handeln immer wieder in ihm mündete. Im Kapitel *Fatale Welt* verschränkte *Masse und Bewegung* medientheorische Überlegungen, die von Marshall McLuhan und Jean Baudrillard angestoßen waren, mit einer Phänomenologie des Anderen, deren Ausgangspunkt Jean-Paul Sartre war.
Die elektronischen Massenmedien hatten innerhalb einer Generation das Leben der Menschen und die Gesellschaft verändert. Sie waren, so die These von *Masse und Bewegung*, Welt- und zugleich Sozialmaschinen; mehr noch, sie waren das eine durch das andere. Sie lieferten nicht nur die Bilder und mit ihnen den Umfang der Welt, in der man lebte. Sie teleportierten die abwesenden Anderen des gesellschaftlichen Zusammenhangs in die Wohnzimmer, wo sie im Imaginären der Zuschauer die Wirklichkeit der präsentierten Bilder bezeugten. Zusammen mit diesen abwesenden Anderen bevölkerte man das permanente Woanders der Medien. Die moderne Gesellschaft war eine von dissoziierten Zuschauern, die zu keinem handlungsfähigen Wir zusammenfinden konnten. In den Einzelnen reflektierte sich die soziale Trennungsmacht der Medien in der Überzeugung, ganz anders als die Anderen zu sein: „Die Masse, das sind die Anderen."
Unbekannte Andere waren es auch, die geopfert wurden, wenn die Zuschauer sich zu einem imaginären Wir, der MENSCHHEIT, vereinigen sollten. Das System inszenierte eine Form des massenmedial inszenierten Menschenopfers, an dessen spektakulärer Präsentation der Zuschauer am sicheren Ort vor dem TV teilnahm. Durch Anteilnahme ließ er sich in die Opfergemeinschaft aufnehmen, als Voyeur überlebte er.

Mit seinem medientheoretisch ventilierten Massebegriff wollte *Masse und Bewegung* keine neue Entfremdungstheorie liefern. Die Masse als Spiegel der imaginären Gesellschaftlichkeit des Systems gehörte zu dessen Strukturprinzip. Sie war nicht als entäußerte Dimension des Sozialen zu verstehen, deren Entäußerung ein zu sich kommendes gesellschaftliches Subjekt hätte zurücknehmen können. In der Sicht von *Masse und Bewegung* konnte die erhoffte Veränderung nicht auf Systemebene geschehen. Dort aber hatte die politische Hoffnung wie selbstverständlich zu agieren versucht.
Das *Gruppen*-Kapitel führte die Auseinandersetzung mit Organisationsformen, in denen sich immer wieder veränderungswillige Kräfte sammelten, um unversehens ins System zurückzufließen. Veränderung auf Systemebene anstrebende Gruppen unterlagen *Masse und Bewegung* zufolge einer aufklärerischen Illusion, indem sie an emanzipatorische Bedürfnisse oder Bewusstseinspotentiale unbekannter Anderer glaubten, über die diese selbst noch gar nicht Bescheid wussten. Dadurch, dass sie sich im Besitz eines besseren Wissens über die Anliegen Anderer wähnten, und dadurch, dass sie es auf Systemebene zur Geltung bringen wollten, schwankte ihr Verhältnis zu den Anderen der Gesellschaft zwischen nutzloser Pädagogik und sich politisch legitimierendem Terror. Letztlich, so die These von *Masse und Bewegung*, unterlegten oppositionelle Gruppen den Gang der Dinge mit Sinn, indem sie auf ihn einzuwirken glaubten. De facto wirkten ihre ins Leere laufenden Aktionen als Wasser auf die Mühlen des Systems, dessen Position durch Opposition nur gestärkt wurde. Sie konstituierten keine andere Wirklichkeit. Im Gegenteil, der Glaube an Dogmen und Handlungsmöglichkeiten machte oppositionelle Gruppen blind für die Große Unbekannte im Weltlauf und ein Geschehen, das sich jenseits dieser Handlungsmöglichkeiten auftun könnte. Im entscheidenden Moment erwiesen sie sich eher als Bremsklötze für ihre Mitglieder.

Im Kapitel *Die Bewegung* tauchten statt politischer Aktivisten Akteure eines Geschehens auf, das nicht mehr von Massenmedien präsentiert und durch kein Gruppenwissen vorgedacht war, sondern sich spontan und ohne Anleitung unterhalb der Systemebene abspielte. Eine zornige Jugend hatte die Faust geballt, manchmal mit

Pflastersteinen darin. No Future hieß auf einmal nicht mehr: Alles vorbei, sondern alles offen. Statt Bekehrung und Belehrung Anderer feierte die Bewegung ein Hier und Jetzt ohne Vertröstung. Es ging nicht um Protest, Widerstand, Reformen oder Umsturz, sondern um eine Existenzform, die es nur im Kollektiv gab.
Es war die existenzielle Radikalität Einzelner, in der die Gesellschaftlichkeit des Systems implodierte, um in einer Verkettung von Ereignissen zu einer anderen Art des Sozialen zusammenzufinden. Das Phänomen war erklärungsbedürftig, da *Masse und Bewegung* das Soziale im Sinne Émile Durkheims als eine Sphäre *sui generis* verstand, die niemals durch die Summierung Einzelner entstehen konnte. *Masse und Bewegung* sah den Schlüssel zur Erklärung dieser Schöpfung aus dem Nichts in einem neuen, auf die alte griechische Wortbedeutung zurück gehenden Verständnis des Symbolischen. Hatte es die in den Massenmedien unsichtbar, aber unabdingbar mittransportierten abwesenden Anderen als konstitutiv für die imaginäre Wirklichkeit des Systems verstanden, so sah es in der Bewegung ein symbolisches Geschehen, dessen Gehalt durch das Zusammenspiel von Akteuren in einem neuartigen Präsenzraum entstand. Symbole (von griech. *symballein*: zusammenwerfen, zusammenfügen) waren demnach keine Zeichen, die für etwas anderes standen. Sie bezogen ihren Gehalt weder aus archetypischen Invarianten noch aus purer Konvention, sondern sie waren Ausdrucksformen, die miteinander korrespondierten und erst in dieser Korrespondenz ihre Bedeutung entfalteten. Niemand folgte einer Idee, jeder war Akteur eines Zusammenspiels, dessen Geschehen durch seine Aufnahme anderswo zur Bewegung wurde. Die Phänomenologie der Bewegung setzte die in der französischen Philosophie wirkmächtige Trias von Imaginärem, Symbolischem und Realem neu zusammen, und sie gab eine Antwort auf die Frage, wie man aus dem System heraus springen konnte, statt nur den Hebel in ihm umzulegen.

Masse und Bewegung verstand sich als Bewegungsbuch. Das hieß zweierlei: dass seine Sichtweise aus dem Phänomen der Bewegung gewonnen und dass es auf Seiten der Bewegung war. Es philosophierte mit dem Pflasterstein in der Hand. Das schränkte seine Geltung ein und erweiterte sie in anderer Hinsicht. Dabei gewesen zu sein, nicht nur als Augenzeuge, sondern als Akteur, verbürgte Erfahrung, nicht Wahrheit. Doch um die ging es nicht, eher um plötzliche Evidenzen, die ein anderes Licht auf die Dinge werfen. *Masse und Bewegung* wollte weder das Licht der Aufklärung durchs Land tragen, noch eine Erleuchtungsaura ausstrahlen. Es wollte die Erinnerung an ein Phänomen und die aus ihm gewonnene Sichtweise wie im flackernden Schein gedanklicher Lagerfeuer weitergeben.

Der Blick von *Masse und Bewegung* ähnelte dem des Ethnologen. Methodisch waren seine Beobachtungen aus Teilnahme an den Ereignissen gewonnen und hatten diese zur Bedingung. Inhaltlich korrespondierte *Masse und Bewegung* mit der unhintergehbaren, vor allem durch Studien des britischen Strukturalismus gewonnenen Einsicht der Ethnologie, dass andere Kulturen ein in sich kohärentes Welt- und Sozialverhältnis haben und nicht als Defizienzmodus der modernen Systemdimension verstanden werden können. Die amerikanische Bezeichnung der Ethnologie als *Cultural anthropology* und die britische als *Social anthropology* hatten den Akzent vom Volk (griech. *ethnos*) auf die Kultur bzw. die Gesellschaft verschoben.

Masse und Bewegung sah in der Bewegung ein mit dem System unvereinbares Welt- und Sozialverhältnis aufscheinen. In der Bewegung wirbelte ein Soziales auf, das sich nie zu einer wirklichen Gesellschaft, einer Kultur mit Traditionen oder einem eigenen Volk ausbilden konnte. Aber die Bewegten agierten in einem symbolisch codierten Zeitraum und waren in der Sicht von *Masse und Bewegung* so etwas wie Indigene auf Zeit. Sie hatten realisiert, was an der Zeit, doch nicht zu jeder Zeit und an jedem beliebigen Ort möglich war. Dafür stand der Begriff des Zeit-Geistes ein. Er war gegen seine trendsprachliche Verwendung konzipiert, mochte an Hegel erinnern, brachte aber vor allem den Geisterglauben alter Kulturen ins Spiel. Streckenweise wirkt *Masse und Bewegung* eher wie ein geister- als ein geisteswissenschaftliches Buch. Der Zeit-Geist war, anders als jede von einem ZK gehütete Wahrheit, vielköpfig, aber er war nicht in allem. Er konnte wie ein tautologischer Begriff wirken, der nicht mehr besagte, als dass nur dort sich etwas gestalten ließ, wo etwas nach Gestalt verlangte. Aber in ihm klang noch mehr an: zum einen, dass man eine Bewegung nicht bewirken, sondern nur beschwören konnte; zum anderen, dass in der symbolischen Wirklichkeit der Bewegung so etwas wie ein lebenshungriger Rachegeist der vom System überrollten Stämme wiederkehrte. Zeit leitet sich als Wort von derselben indogermanischen Wurzel dā[i]- (teilen; zerschneiden; zerreißen) ab wie das Wort Dämon. Nach *Masse und Bewegung* spielte der Zeit-Geist dem System als Dämon mit und teilte ihm sein Schicksal zu. Es gab eine Korrespondenz zu Kulturen, von denen die Ethnologie Kunde gebracht hatte, während das System sie ausrottete.

Stämme waren kollektive Gesellschaftsformen, die überall auf der Welt über die weitaus längste Zeit das Soziale bestimmt hatten. In unzähligen empirischen Ausgestaltungen hatten sie unterschiedliche symbolische Wirklichkeiten auf der Erde dargestellt. Manche hatten die nötige Flexibilität bewiesen, sich verändernden Umständen anzupassen und ihre Kultur über Jahrhunderte oder gar Jahrtausende relativ stabil weitergegeben. Andere hatten sich in Königtümer verwandelt oder waren aus dem Zerfall solcher entstanden. Es hatte Wandel in beide Richtungen gegeben. *Masse und Bewegung* wollte nicht in ethnologische Debatten eingreifen, ob der Begriff des Stammes als Selbstbezeichnung von Sprechern indigener Völker oder als verwaltungspolitische Bezeichnung von Kolonialbeamten rechtens war, auch wenn die mit ihm gemeinte soziale Einheit nicht von Urzeiten an durch Blutsbande existierte. *Masse und Bewegung* wollte bei seiner *Exkursion in die symbolische Wirklichkeit der Stämme* weder eine ethnographische Feldstudie noch einen universalhistorischen oder geschichtsphilosophischen Entwurf vorlegen. Gestützt auf ethnologisches Material zeichnete *Masse und Bewegung* ein idealtypisches Gegenbild zum Sozialen des Systems, das alles außerhalb seiner vernichtete. Die Stämme waren auch ein Gegenbild zu den Slums der Dritten Welt, deren Bewohner es zur Lebensform der globalisierten Städte hinzieht – was das System als Argument für sich betrachtet.
In der Bewegung zirkulierte der von nordamerikanischen Indianern überlieferte Spruch: „Nur Stämme werden überleben." Die Eine Welt, die das System durch Eliminierung alles anderen schuf,

hatte in den Augen sowohl der Stämme als auch von *Masse und Bewegung* schlechte Aussichten, sich mit den Gegebenheiten auf diesem Planeten zu arrangieren, sie würde über kurz oder lang zerfallen. Die Systemapologeten hatten zwar Recht, es gab kein Zurück, zumindest nicht willentlich. Aber die Bewegung war der Beleg dafür, dass es eine spontane Entstehung von Kollektivität als gegenläufigen Vektor zum Prozess der De-Kollektivierung durch das System gab. Ohne Tradition, ohne Ökonomie, ohne tradierbare Erinnerung, aber als Weckruf und Memento.

Masse und Bewegung wollte dem Mysterium näher kommen, wie die Bewegung ausbrechen konnte. Es wollte ihren Verlauf verstehen, ohne ihn nur chronologisch zu protokollieren. Und es wollte ihr Ende verstehen. Nach *Masse und Bewegung* gab es tausend Enden der Bewegung. Als Re-Individualisierung war das Ende der Bewegung kein kollektiver oder objektiv zu verzeichnender Akt, sondern es musste in jeder einzelnen Biographie realisiert werden. Dann war man im *Danach*. Als Schöpfung aus dem Nichts war die Bewegung entstanden, ins Nichts fielen die ehemals Bewegten zurück. Es gab zwar Wohnraum, Strukturen, Wiedersehen bei Straßenfesten, eine Szene, aber es blieb nichts an Bewegung.
Einige haben es bedauert, dass die Bewegung der frühen 80er, anders als die der 68er, so wenig Spuren hinterlassen hat. Doch *Masse und Bewegung* zitierte stillschweigend Laozi, Kap. 27: „Ein guter Wanderer hinterlässt keine Spuren." Die Spurlosigkeit der Bewegung war der Preis ihrer Radikalität. Sie war kein Gründungsereignis für einen Langen Marsch durch das System, bei dem man bleibende Spuren hätte hinterlassen wollen. Statt Spuren gab es ein Gespür, darum kreiste *Masse und Bewegung* in den Kapiteln des *Danach*.
Aus der Bewegungs-Erfahrung ließ sich kein Stand-Punkt destillieren, doch es war eine Umkehrung der Blickrichtung geschehen. Während das System wieder allmächtig schien, war der Gang der Dinge von seinem Ende her sichtbar geworden. Danach war die Nähe zu Ereignissen zu spüren, für deren Kommen die imaginäre Wirklichkeit des Systems blind war. Danach tauchten Katastrophen auf. Sie ließen die Zuschauer zu Voyeuren und die Akteure zu Krie-

gern werden. Die Katastrophe enthüllte das Reale, das etwas ganz anderes war als das, was im System als Realität galt. Das Reale war in der Sicht von *Masse und Bewegung* das Unabänderliche, aber noch Ungedeckte, noch Unwirkliche; das, was in die Wirklichkeit einbrach, sie auf die Probe und in Frage stellte. Wirklichkeit, das sozial und kulturell Gewirkte, musste jeden Realitätseinbruch in sich aufnehmen, imaginär oder symbolisch. Weil das System die katastrophale Realität nur imaginär verarbeiten konnte, stand ihm eine schmerzhafte Offenbarung, das heißt Apokalypse, bevor. *Masse und Bewegung* skizzierte in einem Realismus eigener Art, der die Große Unbekannte mit einbezog, Szenarien, die auf das System zukamen, und spielte Haltungen zu und in ihnen durch. Hatte die existenzielle Radikalität sich in der Bewegung wiedergefunden, so hielt im Danach ein heiterer Fatalismus Einzug. In ihm klang eine stoische Haltung an, die in der antiken Welt aufgekommen war, als deren Soziales nicht mehr von der Gemeinschaft der Polis zusammengehalten wurde. Sie korrespondierte mit einem alten ostasiatischen Kriegerethos, in dem die Philosophie des Wandels zur inneren Gelassenheit kultiviert war.

En passant schien *Masse und Bewegung* 1988 eine Prognostik künftiger politischer Rhetorik geliefert zu haben, als es den Gebrauch des Unwortes von 2010 in einem Szenario antizipierte: „Die Staatsmacht ... spielt den Retter in der Not und versucht, sich als *alternativloses* Krisenmanagement zu präsentieren. Sie droht mit dem Chaos, das alles verschlingen wird, wenn man sich ihren Anweisungen nicht fügt." (S. 291).
Aber *Danach* ging es um mehr als die Karikatur politischer Phraseologie. „Viren, Erdbeben, Überschwemmungen, schließlich Nahrungsmittelverknappungen" (S. 257) wurden als kommende Realitätseinbrüche benannt, die das Soziale zu einem neuen Arrangement mit dem Schicksal zwingen würden. Es sind Aussagen, die längst vom Gang der Dinge einerseits und dessen medialer Bemäntelung andererseits eingeholt sind. Noch immer geschehen, so wie in der *Fatalen Welt* beschrieben, die Katastrophen woanders, während es den Empfängern der präsentierten Welt immer leichter und bequemer gemacht wird, sich als Wohlstandskonsumenten

einer vollständig enthemmten Wachstumswirtschaft anzudienen, die seit der Erfindung des „grünen Wachstums“ nicht einmal mehr den ökologischen Einspruch kennt.
Auch das, was daraus folgt, hatte *Masse und Bewegung* beschrieben. Seit dem Jahr 2000 diskutiert die Wissenschaft den Begriff des Anthropozäns, der besagt, dass der Mensch durch sein Tun auf diesem Planeten zu einer geologischen Größe geworden ist. Das hatte *Masse und Bewegung* mit Blick auf die Müllberge bzw. den toxischen Untergrund der *Fatalen Welt* 1988 so formuliert: „Das Reich des Mülls wird den MENSCHEN nicht nur vernichtet, sondern auch erst zum Schöpfer gemacht haben. Am Ende, nicht am Anfang, wird er zum Schöpfer einer eigenen Epoche von Daseinsbedingungen auf dieser Welt geworden sein, denn Davor und Danach werden verschiedene geologische Formationen auf ihr herrschen. Erst die verbrannte Erde wird die endgültige Heimat des MENSCHEN sein.“ (S. 93)
Masse und Bewegung beanspruchte nicht, der Großen Unbekannten in die Karten geschaut zu haben, doch es behauptete, sie nicht vergessen zu haben. Mit seinem Blick auf die Rückseite der Dinge wollte es das vom System ausgeblendete Reale und soziale Ereignisse um es herum erspüren und wie durch Orakelknochen laufende Risslinien antizipierend nachahmen. Wo dabei Abbilder künftiger Ereignisse entstanden, mochte das in der Welt der Wissenschaft als prognostische Kraft wirken, im *Epilog auf die Theorie* erschien es wie eine Rückkehr an den Anfang von Theorie, die einst eher der Wahrsagerei als der Wahrheitsfindung gedient hatte. Doch der alten chinesischen Weisheit eingedenk, dass Vorherwissen des Sinnes Schein und der Torheit Beginn ist (Laozi, Kap. 38), trat *Masse und Bewegung* zu guter Letzt mit einem Augenzwinkern hinter das zurück, was eintreten würde. Seine Zeit würde gekommen sein, wenn der Zeit-Geist wieder plötzlich und unerwartet durch die Provinz der Aktualität wirbelt.

März 2015

Vorspiel oder Nullstellung

Zeitschatten

Fast hätte er Kinder gezeugt
wie spiegelnde Ebenbilder in Schaufensterglas,
der künstliche Stein
Beton, Betonung auf Ton B
wie Bürokraten, Bullen, Bomben und Befehle
Stein der Zeit,
Zeit des Steins.
Neuzeit, für die Ewigkeit gebaute –
Friß deine Kinder, Alter!
Die Herrschaft der Zeit,
die Zeit der Herrschaft geht zu Ende.
Revolte!

Schluß mit den alten Klagen
den rostigen Ketten der Väter,
die in der Quaderlandschaft lebloser Städte verhallten,
im Echo der eigenen Leere sich wiederfanden
dem Schrei der Verzweiflung,
verschenkt ans Gelächter.
Wir werden nicht mehr hilflos umherirren,
den gejagten Blick von grellem Neon treffen lassen,
um im Kreisen blinder Flecken zu erliegen.
Durch die Därme der Großstadt gezogen,
graue Hoffnung am Auspuff,
haben wir an brennenden Autos gerochen
Unsere Hände haben zu greifen gelernt,
wir lieben und hassen mit denselben Fingern.
Die Neutralität ist vorbei!
Nehmt euer plastic zurück
und gießt euch eure eigenen Totenmasken!
Euer Glück im Sonderangebot –
sogar gelacht haben wir schon besser!
Süßer Duft verbotener Drogen.
Wir werden noch ein bißchen leben,
die Takte haben eben erst begonnen

Vorspiel oder Null-Stellung

Schaut nur hin, der Tod tanzt auch mit;
ihr nehmt ihn zu ernst, ihr tut ihm Unrecht
deshalb könnt ihr ihn nicht anschauen
und seid selbst zu toten Masken erstarrt.
Habt ihr vergessen, wie man spielt?
wer besucht euch denn in euren Träumen?

Genug! Die Musikalität habt ihr noch,
zu hören, daß sich der Rhythmus geändert hat.
Schnell, schnell hinterher!
der Marschtritt verklingt schon,
der Fortschritt eilt euch davon.
Nun haßt ihr uns noch mehr –
haben wir das Tempo verändert?
Vergesst nicht zu rennen,
das Ultimatum läuft!
Dachtet ihr, es sei nichts gewesen?
nur ein kurzes Zucken?
Ihr habt nur erst ein Gähnen erlebt,
wir haben uns geräkelt,
der Aufstand kommt noch.
Wir sitzen auf dem Bettrand,
leben und träumen den Tag voraus,
unseren Tag!
Rennt, rennt nur immer weiter,
der Gegenwart voraus, dem Leben davon!
Aber versucht einmal, euch hinterher zu träumen!
Riecht ihr eure verwesenden Leichname
unter dem Gestank toter Chemie?!
Hinter dem Stampfen eurer Maschinen
grollt der Horizont.
Hört ihr nicht, wie schwarz und blutig
der Tag heraufzieht!?

Aldi O. Nysos (aus *radikal* Nr. 109, Oktober 1982)

Die Fatale Welt I

Seit dem 29. 2. 1986 haben die Feinde der MENSCHHEIT ein neues Getränk für besondere Gelegenheiten:
Seven Up, den Space-Shuttle-Gedenk-Drink.

Wer sind sie, diese Feinde der MENSCHHEIT? Ihre Verteidiger behaupten, sie seien nur eine rhetorische Figur, aber selbst würden sie sich wohl eher als Feinde einer rhetorischen Figur bezeichnen.

Die Feinde der MENSCHHEIT brauchen keine Verteidiger, denn sie nehmen nicht mehr teil am Prozeß der Geschichte, bei dem man sich im Namen der MENSCHHEIT rechtfertigen mußte. Sie haben erkannt, daß in diesem Prozeß kein Urteil mehr aussteht; daß es mit dessen Gesetz bereits gefällt war und sich unaufhörlich vollstreckt: als Todesurteil für alles, was außerhalb des Systems existiert.

Seven Up

Erregte Anteilnahme des Entsetzens zitterte um die Welt am großen Tag des Space Shuttle *Challenger*. Zumindest taten die Anteilnehmer so, als fühlte sich die ganze Welt betroffen. Sie hatten ihre Gewißheit nicht von ungefähr, sondern zumeist aus dem TV. Bis Sendeschluß konnte man sich dort immer wieder in schwarzweiß, besser natürlich noch in Farbe, jene Bilder ansehen, die als solche des Schreckens kommentiert wurden.

Zunächst lief alles programmgemäß. Letztes Frühstück der Besatzung auf der Erde, noch ein bißchen in die Kamera lächeln, dann wird es immer feierlicher. Der Blick der Kamera ruht auf dem glänzenden Geschoß, Countdown läuft. Nächste Kameraeinstellung: die Augenzeugen. Eine Tribüne mit feisten Wonneproppen, Angehörige und Bonzen, die die stolze und erwartungsfrohe Nation repräsentieren. Dann geht es ab, und zwar sehr schnell schneller als man gucken kann. Es zischt und qualmt, ein Triebwerk ist gezündet, dann noch eins, und dann, 72 Sekunden nach dem Start, qualmt es noch einmal. Der TV-Kommentator weiß bereits, daß das die Katastrophe war, während die Augenzeugen noch immer strahlen. Für sie ist es schwierig, dem Geschehen, das sich mittlerweile in 16 km Höhe abspielt, aus eigener Anschauung den rechten Sinn beizulegen. Aber sie werden umgehend informiert, und jetzt ist das Entsetzen groß. Fassungslose Gesichter, schluchzende Menschen, die sich in die Arme fallen. Keine Frage, hier herrscht das Grauen, und es wirkt alles in allem echt.

Genauso echt erscheint die Betroffenheit in den deutschen TV-Studios, um per Fernwirkung auch die Zuschauer daheim zu erfassen. Es ist ein quasi-ritueller Akt, in dem sich die Einheit der TV-Nation unter Beweis stellt. Klare Sache, ein heulender Nachrichtensprecher – das geht nicht. Daß es hier um ein katastrophales Ereignis geht, das den Zuschauer nicht nur überhaupt betrifft, sondern ihm bestürzte innere Anteilnahme abverlangt, bekommt er über eine Dramaturgie der Pannen und Versprecher vermittelt. Das Ereignis nimmt Platz eins der Wichtigkeiten ein, alles andere wird in den Hintergrund gedrängt. Aber irgendetwas scheint, genau wie beim *Challenger*-Flug selbst, ein reibungsloses Funktionieren des

Berichts zu verhindern. Der Monitor einer Direktschaltung bleibt blindes Flimmern, während ein kleines Dialogfragment mit der Regie hinter den Kulissen übertragen wird. „Nein, ich habe nicht gepiept", behauptet die Moderatorin, bevor sie sich mit demonstrativ um Fassung bemühter Miene an die immer gespannteren Zuschauer wendet.

Wenn im Medium der Objektivität, in dem jedes Gesicht einem Diener der reinen Information gehört, Pannen passieren, dann ist das eine Art Betrug am Kunden durch bedauerliche Unfähigkeit, die von den nachsichtigeren Gemütern mit Wohlwollen übergangen, von den schadenfreudigen aber mit hämischem Gelächter quittiert wird. Oder aber es ist etwas furchtbar Menschliches passiert: wenn es nicht die allgemeine und feuchte Fröhlichkeit ist, die die Menschen in der Neujahrsnacht überfällt, dann hat sich wahrscheinlich etwas so Schreckliches ereignet, daß alle noch wie benommen davon sind und der MENSCH aus Versehen auf die Bühne tritt.

Die Panne, die einen kurzen Blick hinter die Kulissen gestattet, geht als Echtheitssiegel par excellence durch. Hinter der Kulisse, das darf die bemühte Naivität erwarten, wartet der nackte MENSCH. Im Blick auf ihn holt man sich das Fieber der Anteilnahme, mit der man auf dem Parkett der Macht mitrutschen darf. Denn so inszeniert sich die Macht: sie hält ihre Bühne unsichtbar, indem sie auf ihr eine zweite errichtet, deren Schein bei geeigneter Gelegenheit durchbrochen wird, um so einen vermeintlichen Ort der Wahrheit freizulegen, den jeder als die ideelle Heimat seines MENSCH-seins erkennen soll.

Die Anteilnahme, die die TV-Zuschauer so etwas wie mitfühlende Trauer um das schnelle Ende der sieben explodierten Helden empfinden ließ, ist ein kurioses Phänomen. Würde man ihnen Heuchelei vorwerfen, zeigten sie sich ernsthaft empört. Doch warum? Sie haben die Figuren, die ihnen auf der Mattscheibe präsentiert wurden, überhaupt nicht gekannt. Um all die anderen sieben, die in jedem Moment auf dem Erdball irgendeinen Ausstieg aus dem Leben finden, trauern sie auch nicht. Es wäre eine nicht zu bewältigende Aufgabe, um alle toten Artgenossen zu trauern. Man käme aus dem Trauern gar nicht mehr heraus, bis zum eigenen Tod, mit dem man der gesamten überlebenden Menschheit (zur Zeit rund 4,8 Mil-

Es ist die Figur der Wahrheit, von deren finalem Auftritt sich die Aufklärung das gerechte Urteil im Prozeß der Geschichte verspricht. Aber seitdem sie sich im Gewand der Ideologiekritik lächerlich gemacht hat, schwindet ihr Publikumserfolg.

„Wer Menschheit sagt, will betrügen", sagt Proudhon.

Für die Feinde der MENSCHHEIT hat ein neues Spiel begonnen, ein Spiel mit der Wirklichkeit, zu dessen Leidenschaft die Zerstörung der Zerstörung gehört. Würde man ihnen vorwerfen, sie wollten das große Prozeßgebäude in Brand stecken – sie würden es nicht leugnen.

Die Feinde der MENSCHHEIT kritisieren den Prozeß des Fortschritts nicht, sie registrieren lediglich die katastrophalen Unfälle, die sich in ihm ereignen. Welche Rolle spielen sie dabei? Sie geben sich gerne als Bündnispartner des Schicksals aus. Doch sie spielen nur den Zuschauer aus, zu dem man sie gemacht hat.

„Wen meinen die wohl mit ‚uns'?"

Der moderne Mensch ist Voyeur. Der Voyeur ist Zuschauer beim Tod von Anderen, die er nicht kennt, die er aber durch sein Zuschauen überlebt. Als ob sich der Wert seines eigenen Lebens an diesem Überleben messen ließe, verschlingt er neu-gierig jede Todesmeldung. Sein eigenes Überleben dient ihm als Plausibilität des Heilsversprechens. Der Voyeur kann sich im Statistiker verbergen, der die Todeskurve immer von der oberen Hälfte des Diagramms aus zeichnet, vom Raum der Überlebenden, um mit zynischer Objektivität auf die Zahl der Toten herabblicken zu können. Er haust im Mitfühler, den er zu einem Süchtigen macht, der immer mehr Tote braucht, um noch zur Anteilnahme angeregt zu werden. Der als innerer Schweinehund verborgene Voyeur verdingt sich als Streiter einer speziellen Lehre persönlichen Auserwähltseins: Dem Zielorientierten stärkt er das Gefühl seiner Wichtigkeit und Motivation, die verbleibende Zeit zu nutzen. Dem Paranoiker verschafft er ein wenig Luft: noch bin ich nicht dran.

liarden Exemplare) nur wieder einen neuen Trauerfall reinwürgen würde. Dennoch findet sich die TV-Nation von echten Gefühlen aufgewühlt, sie ist betroffen. Der Verlauf der Nachrichtensendung soll jeden Zuschauer sein eigenes Einbezogensein in die präsentierten Vorfälle realisieren lassen. Es war *unser* Projekt, in das die Katastrophe hereinbrach. Es waren welche von uns, die um der gemeinsamen Sache willen ihr Leben lassen mußten.

Experten haben ihre ersten Reaktionen aus den Schubladen gekramt. Sie sind alle zutiefst erschüttert, aber die Erschütterung erhält jetzt ein Maß. Der Zuschauer wird ermahnt, an das zu denken, worum es ging und geht: den Fortschritt, also letztlich um ihn selbst. (Der Treffpunkt von Fortschritt und persönlichem Wohlergehen, Glück etc. ist für das Ende der Geschichte vereinbart.) Damit beantwortet sich über kurz oder lang die im Bann des Schreckens rhetorisch aufgeworfene Frage nach dem Stop des Raumfahrtprogramms von selbst. Wir müssen um die Toten trauern, aber gerade dabei müssen wir ihnen die Gerechtigkeit widerfahren lassen, die Sache, für die sie gestorben sind, zu Ende zu führen, unser aller gemeinsame Sache. Es ist am Zuschauer, die Toten als Märtyrer zu sehen, das Stichwort wird gegeben. Spätestens ab jetzt fällt die Sendung unter Anstiftung zum Menschenopfer. Die Haltung des Zuschauers soll die glorreichen Sieben noch einmal sterben lassen: für ihn. Aus Toten werden Opfer der MENSCHHEIT gemacht, indem ihr Tod von unbekannten Anderen mit Sinn überhäuft wird.

Der Fortschritt hat noch immer Opfer gefordert. Aber die moderne Gesellschaft macht es ihren Mitgliedern leicht, sie darzubringen. Jeder darf glauben, die Opfer seien stets Andere. Mehr noch, keiner braucht sich die Hände schmutzig zu machen. Im Gegenteil, die Teilnahme an der Opferung vollzieht sich als innere Anteilnahme, als Mitleid, mit dem sich das gute Gewissen solide polstern läßt.

Die präsentierte Welt

In der Welt der Moderne ist jeder, ob er will oder nicht, Zuschauer, Zeuge des Geschehens, das ohne sein Zutun abläuft. Der moderne Mensch lebt in einer Welt, über die er sich nur durch Massenmedien ein Bild machen kann. Er will informiert sein. Er muß informiert sein, um dieser Welt anzugehören. Und er wird informiert. Er lebt in einer präsentierten Welt.

Zeit und Raum dieser Welt, die Struktur ihrer Ereignisse, werden durch die Geschwindigkeit der elektronischen Medien geschaffen. Der TV-Apparat ist, wie in modifizierter Weise jedes Massenmedium, eine Weltmaschine, die jederzeit Bilder von überallher ausspucken kann. Kaum hat man das Gebäude hinter dem näselnden Reporter als das Weiße Haus in Washington identifiziert, gibt es schon Buntes aus Beirut zu sehen, das man am Konferenztisch des Bundesverbandes der Was-auch-immer vergessen kann, um gleich darauf einen Blick auf die Kraterlandschaft der Mondoberfläche zu werfen, von der einen die angeblichen Wirtschaftsnöte irgendwelcher Reisbauern wieder herunterholen. Wie mit Siebzigtausendmeilenstiefeln geht es in Sekundenschnelle zweimal um die Erde, auf den Mond und wieder zurück. Nur daß die Stiefel irgendwer anders anhat, während der TV-Zuschauer nicht einmal das Zimmer verlassen darf, wenn er am Ball bleiben will.

Die ganze Welt scheint transportabel, beziehungsweise nur was transportabel ist, gehört zur Welt. Jeder Punkt in ihr wird in die übertragbare Form der Bilder gebracht, wobei das, was in früheren Welten ortsgebundener Kontext gewesen sein muß, im Vakuum des Mediums verschwindet. Bilder von hier und dort, von überall, flimmern am TV-Zuschauer vorbei, aber die mediale Verknüpfungsform „und“ wird für ihn zum Ausschließungsverfahren: er ist weder hier noch dort. Das Weltgeschehen spielt sich stets woanders ab.

Die präsentierte Welt ist die Welt der Kopie. Die elektronische Geschwindigkeit liefert das woanders stattfindende Geschehen als simultane Kopie. Aber damit wird der Raum der Gegenwart nicht erweitert, sondern vom Gleichzeitigen okkupiert. Das Original verschwindet in dem Signal, als das es verschickt wird. Das Zeitintervall vom Ausgangspunkt der Sendung zum Betrachter ist verschwindend klein, aber es trennt die Zeit des Ereignisses von seinem Raum, um beide zum Zeit-Raum der Kopie zusammenzusetzen. Mit dem in Nullkommanix überwundenen Raum wird eine unüberbrückbare Distanz geschaffen, die den modernen Menschen im Zuschauersessel hält und es ihm verunmöglichen würde, seine Welt leibhaftig zu betreten, falls er dies wider Erwarten noch jemals versuchen sollte.

In der präsentierten Welt gibt es keine Präsenz. Dem Original ließe sich nur im verunmöglichten Zeit-Raum eigener Präsenz begegnen, aber die moderne Welt ist nicht mehr Erfahrungs- und Handlungsraum, der in der Zeit eigenen Erlebens durchschritten werden muß und kann. In ihrem medial beschleunigten Geschehen hat die Leibhaftigkeit ihren Sinn verloren. Ohne Sinne kein Sinn. Aber nicht daß Geruch, Geschmack und Berührung vor der Glotze entfallen, ist entscheidend (in einem vollständigen Simulationsraum werden sie in einer künstlichen Synthese wieder miteinbezogen sein), sondern daß die Welt der Kopie unangreifbar wird. Nur im Zeit-Raum eigener Präsenz ließe sich in den Gang der Dinge eingreifen. Die Welt des modernen Menschen aber ist eine, deren Dimensionen jeden Handlungsspielraum geschluckt haben, so daß sie nur noch von zur Tatenlosigkeit verdammten Zuschauern betrachtet werden kann.

Es gehört zum Welt-Bild der Moderne, an eine unabhängige Realität der Bilder außerhalb der Medien zu glauben. Es ist ein Glaube, denn was der Zuschauer sieht, sind Bilder und stets nur wieder Bilder, ein lebenslanger Ausschnitt aus einer unendlichen Serie, in der die Bilder immer nur wieder auf sich selbst verweisen. Die medialen Bilder verketten sich als ihre eigenen Vor- und Abbilder.

Ein Hauch von Irrealität umweht ihre Präsentation, wenn der skeptische Dämon auftaucht. „Könnte nicht alles nur eine gigantische Simulation sein?", flüstert er dem stillen Zweifler ein. Was garantiert, daß es sich bei den medialen Bildern nicht um leere Zeichen handelt, die auf nichts außerhalb ihrer selbst verweisen?

Der realistischen Weltsicht stellen sich diese Fragen nicht. Sie glaubt ohne Wenn und Aber daran, daß es sich bei dem präsentierten Geschehen um die bloß abbildende Darstellung einer objektiven Realität handelt, die selbst nicht bezweifelt, sondern nur im Gang ihrer Dinge unterschiedlich bewertet werden kann. Woher nimmt sie diese Gewißheit? Hat sie etwa Zutritt zu dieser präsentierten Welt, um deren Realität überprüfen zu können? Sie hat ihn nicht. Sie nimmt nur, ohne es zu wissen, an den Mysterienspielen des Banalen teil, bei denen unbekannte Andere als Zeugen der Realität auftreten.

Der in seiner Stube isolierte Empfänger massenmedialer Informationen, sei es in Wort, Schrift oder Bild, hat überhaupt kein Kriterium an der Hand, zwischen Realität und Simulation der ihm präsentierten Geschehnisse zu unterscheiden. Die Informationen erhalten ihr Realitätsattest allein dadurch, daß sie auch für Andere gelten. Jeder kann sich sicher sein, daß sich auch all die Anderen, die an den massenmedialen Informationsfluß angeschlossen sind, sich der Realität des Präsentierten sicher sind. Diese Anderen beglaubigen im Imaginären des modernen Menschen die Realität der präsentierten Welt.

Aber sie tun es in Abwesenheit, denn jeder hockt bei sich zuhause und keiner kennt einander. Sie beglaubigen diese Realität durch die Anwesenheit des Mediums auch bei ihnen, beziehungsweise durch ihre eigene, unsichtbare Anwesenheit im Medium. Jede massenmediale Information liefert nicht nur ein Stück Welt, sondern erzeugt mit ihr auch die Vorstellung der Anwesenheit der abwesenden Anderen in jedem Einzelnen. Das ist das Grundmuster aller Formen moderner Gesellschaftlichkeit. Der reale Ort der TV-Bilder, wie aller anderen massenmedialen Informationen auch, ist nicht der Ort des

Originals – der ist im Bild verschwunden – sondern die unmögliche Versammlung seiner Betrachter, die jeder Informationsempfänger in seiner Imagination stattfinden läßt.
Gerade der Realismus der Medienbilder, die scheinbar originalgetreue filmische Wiedergabe, spielt sich im Imaginären der Zuschauer ab, eben weil er des Realitätsattestes prinzipiell abwesender Anderer bedarf. Die zur überall erhältlichen Woandersheit aufgeblasene Welt der Präsentation ist das Niemandsland unbekannter Anderer. Ihre Dimension hat jede mögliche Präsenz überstiegen, so daß sie nur noch durch den Beglaubigungsmechanismus einer imaginären Gesellschaftlichkeit zur Wirklichkeit eines jeden Einzelnen werden kann. Massenmedien sind Zeichen generierende Apparate, die zugleich als Welt- und als Sozialmaschine funktionieren, um die imaginäre Wirklichkeit zu schaffen.

Jeder aufgeklärte Mensch weiß um die Möglichkeit der Simulation. Jeder, der es wissen will, weiß, daß die wilden Schießereien hinter dem live vom Bürgerkriegsschauplatz berichtenden Reporter gestellt sind. Aber das geht augenzwinkernd als dramaturgisches Mittel durch, schließlich wird ja nur Reales nachgestellt.
Die Möglichkeit bodenloser Simulation wird nicht verschwiegen. Sie wird ausgeschlossen, indem sie in einem erklärt fiktionalen Genre abgehandelt wird. Der amerikanische Spielfilm *Unterneh-*

men Capricorn (1978) zeigt, wie ein bemannter Raumflug zum Mars in einem Studio simuliert wird. Aber am Ende fliegt der Schwindel auf und der Zuschauer darf sich in der populären Gewißheit wiegen, daß Lügen kurze Beine haben. Zumindest glaubt er eines zu wissen: daß es auch im Zeitalter der Massenkommunikation noch einen ausmachbaren Unterschied zwischen Lüge und Wahrheit gibt.

Wir schwingen uns zu einem Flug in die Höhen philosophischer Spekulation über die Wirklichkeit auf, um uns später mit ethnologisch verklärtem oder geschärftem Blick auf den Kreuzweg der Geschichte hinabzustürzen. Landen wollen wir im Hier und Jetzt.

Das Schlachtfeld der Wirklichkeiten

Die Welt könnte als die Summe der Dinge, der Ereignisse und der Anderen gedacht werden. Es wäre eine Summe, die sich allerdings nie ziehen ließe. Die Welt als solche, pur, läßt sich weder wahrnehmen noch vorstellen. Sie taucht immer nur in einer Wirklichkeit,

das heißt in einem Zusammenhang ihrer Phänomene auf, in den wir irgendwie eingeklinkt sind.
Die Doktrin der Aufklärung, nach der es in Wahrheit nur eine Wirklichkeit geben kann, die sich objektiv und mit allgemeiner Verbindlichkeit erkennen läßt, hat ihre Glaubwürdigkeit verloren. Sie ist als Rationalisierung der imperialen Systemmacht durchschaut, deren Programm die Vernichtung all dessen ist, was nicht ihrem Gesetz gehorcht. Verschiedene Wirklichkeiten haben nebeneinander existiert, und verschiedene Wirklichkeiten tauchen aus dem Zeit-Raum ihrer Vernichtung wieder auf, um diesen Vernichtungszeitraum, das System, zu sprengen.
Menschen können sich die Welt, in der sie leben, nicht objektiv gegenüberstellen, denn zu ihr gehören die Anderen, die ihre eigene Wirklichkeit mitkonstituieren. Nur durch Kommunikation erhalten die Phänomene ihre Bedeutungen, ihre Namen und deren Ordnung, mit der Menschen ihre Orte in dieser Welt bezeichnen. Wirklichkeit ist ein kommunikativer Effekt. Andererseits gibt es Kommunikation nur auf Basis einer gemeinsamen Wirklichkeit; wenn sich das, worüber kommuniziert wird, in dieselbe Struktur von Welt-Ordnung einbeziehen läßt. In der Kategorienklammer von Ursache und Wirkung verhielten sich Kommunikation und Wirklichkeit paradox zueinander. Sie tauschen sich gegenseitig als Bedingungen ihrer Möglichkeit aus. Wirklichkeit ist nicht objektiv vorhanden, aber auch nicht bloß subjektive Angelegenheit. Sie ist die mit Bedeutungen versehene Welt, die durch Kommunikation entsteht. Wie die Welt geordnet ist, wie die Wirklichkeit, in der man lebt, aussieht, das hängt vom Rahmen der Kommunikation ab, der einen mit Anderen verbindet.
Wenn die Summe aller möglichen Anderen gebildet wird, um sie im Begriff der MENSCHHEIT zu einer Einheit zusammenzufassen, dann kann und darf es keine verschiedenen Wirklichkeiten geben; dann muß alles für alle kommunizierbar sein und es muß ein Medium universeller Kommunikation geben, das die Verständigung über die Welt ermöglicht. Eine solche universelle Wirklichkeit kann nur imaginär sein, denn in ihr beziehungsweise in sie müssen all die Anderen, die man nicht kennt, eingebildet werden. Diese Wirklichkeit kann sich nur als Totalität glaubhaft machen, dadurch wird sie tota-

litär. In ihr muß ein Bild all der unbekannten Anderen zirkulieren, dem diese, wie auch man selbst, gleichgemacht werden sollen, sei es durch christliche Missionierung, alphabetisierende Aufklärung oder ähnliches.

Nur wenn es, wie bei den Stämmen, einen fundamentalen Unterschied gibt zwischen den Anderen, mit denen man im selben kulturellen Zusammenhang steht, und jenen Anderen, die fremd bleiben, nur dann kann es verschiedene Wirklichkeiten geben. Nur dann kann die Wirklichkeit eines kulturellen Zusammenhangs in direkter Kommunikation kollektiv eingespielt werden, ohne daß sich die Einzelnen dem von unbekannten Anderen erlassenen Gesetz unterwerfen müssen. Die Größe eines sozio-kulturellen Verbandes findet dabei ihr Regulativ in der Möglichkeit kollektiver Kommunikation.

Und ferner: Nur Wirklichkeiten, die fremde Andere nicht zu integrieren versuchen, Wirklichkeiten, die noch nicht von der expansiven Macht des Sozialen besessen sind, scheinen auch innerhalb ihres Zusammenhangs das Wirken einer fremden Kraft anerkennen zu können, mit der man sich arrangieren muß. Jeder kommunikative Rahmen wird als Sozial- und zugleich als Weltverhältnis verwirklicht.

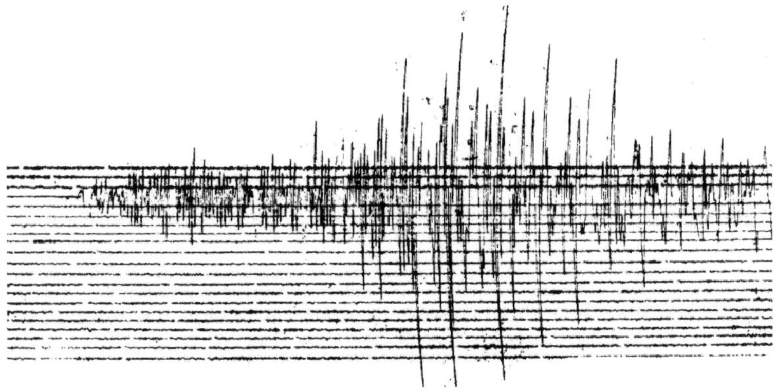

Die Welt, jene unmögliche Summe der Dinge, der Ereignisse und der Anderen, könnte auch als Boden der Realität unter jeder Wirklichkeit gedacht werden. Sie wäre das, was außerhalb und unabhängig von jeder Wahrnehmung ihrer existierte, und was in keiner Weise darauf gewartet hätte, wahrgenommen zu werden. Realität wäre das fremde Land, durch das Menschen ihre Wege finden, indem sie Wirklichkeit daraus machen. Erst als bezeichnete wird die Realität gangbar. Nur indem sie als Zusammenhang von Bedeutungen erscheint, wird sie zur Wirklichkeit von Menschen.

Aufgabe jeder Wirklichkeit ist es, sich mit der Realität soweit in Deckung zu bringen, daß Menschen darin ihren Platz finden. Ein prekäres Unterfangen: Die Realität soll in der Wirklichkeit möglichst verschwinden, aber sie darf nicht vergessen und ignoriert werden, sonst macht sie sich in ihrer Fremdheit irgendwann katastrophal bemerkbar. Mythen von untergegangenen Welten erinnern daran. Oder beschwören sie es? Restlose Deckungsgleichheit gibt es nicht. Wirklichkeit funktioniert nur als eine Art Abkommen mit der Realität, bei dem deren Unhintergehbarkeit anerkannt wird.

In jeder Wirklichkeit von Stammeskulturen gibt es Geister oder Götter, mit denen un-menschliche Mächte bezeichnet werden, und es gibt vielfältige Verfahren, mit ihnen zwecks Arrangement in Kontakt zu treten: Orakel, Beschwörungen, Opfer; Opfer, die gerade nicht der zu entrichtende Preis für das menschliche Projekt Fortschritt sind, sondern die symbolische Anerkennung, daß Menschen die fremde Macht als Regulativ ihres Tuns anerkennen. Das Wirken außermenschlicher Kräfte gehört zum Repertoire dieser Wirklichkeiten, in denen selbst der Tod, die härteste Realitätsnuß, oder das, was wir heute Naturkatastrophen nennen, ihren Platz haben.

Dennoch gibt es immer wieder namenlose Ereignisse, die unvermittelt in die Ordnung der Dinge einbrechen und einen Riß durch ihr Gefüge treiben. Sie sind Erscheinungsformen der Realität, die zu Prüfsteinen einer Wirklichkeit werden. Von der Gestalt der Wirklichkeit hängt es ab, in welcher Gestalt die Realität auftritt und ob sie sich in jene einbinden läßt.

Die Moderne will keine ihr fremde Realität wahrhaben. Sie glaubt, die Welt ginge in ihrem Bezeichnungssystem auf und diente lediglich als materielle Grundlage ihre Projekts, des Projekts der MENSCHHEIT, des Fortschritts. Sie glaubt, die Welt ließe sich vollständig kartographieren und gemäß dem auf der Kartenebene gefaßten Plan gestalten. Stets kann sie neue Erfolge vorweisen, die ihr rechtzugeben scheinen, neue technologische Erfindungen und Verfahren, neue medizinische Erkenntnisse. Sie kann diese Erfolge nur verbuchen, indem sie ihr permanentes Scheitern leugnet. Keine Welt, die so sehr von Krankheit durchsetzt und dominiert war wie die der Moderne. Krebsgang der Medizin. Aber die Pest? Nun, sie war damals keine Krankheit, sondern eine Strafe Gottes. Jede Welt hat mehrere Ereignisstrukturen parat, um Realitätseinbrüche abdecken zu können.

Immer wieder bricht die Realität als Scheitern in den Plan ein. Doch sie erhält einen Namen, der zwar mysteriös klingt, aber unfehlbar in die Welt der Moderne zurückführt. Der Unfall wird durch eine Kausalität erklärt, in der keine außermenschliche Macht mitwirkt. Menschliches Versagen war der Grund, der durch Perfektionierung des Plans ausgeschaltet werden soll. Noch Naturkatastrophen, Erdbeben oder Vulkanausbrüche, werden als Probleme von Warn- und Sicherheitssystemen, als Sache des Menschen verhandelt. Realität als unbekannte Größe soll in immer komplexeren Rechnungsarten verschwinden, um der Welt den Stempel des Plans aufzudrücken.

Die Gestalt, in der die Realität in diese Wirklichkeit einbricht, wird entsprechend gigantischer sein. Je komplexer die Ordnung der Willkür, desto katastrophaler ihr Zusammenbruch. Die höchstentwickelten Technologien richten Energie zu einem Höchstmaß an Ordnung, entsprechend setzt sich die verplante Kraft am Punkt ihres Scheiterns in einem Höchstmaß an Chaos frei. Tschernobyl läßt grüßen. Eine offizielle Untersuchungskommission hat zur Erleichterung aller grobe Fahrlässigkeit als Ursache des Reaktorunfalls festgestellt, eine Form menschlichen Versagens also. Wir werden ihm noch öfter begegnen.

Aber wir werden auch einer Besessenheit von dieser katastrophischen Realität begegnen, die sich nicht mehr durch die Welt-Ordnung der Moderne codieren läßt; einer Besessenheit, die zur katastrophischen Realität der Sozialstruktur des Systems wird, wenn es ihr gelingt, sich kultisch in Bewegung zu setzen.

Die letzte Bastion der Einen Wirklichkeit wird vom spätaufklärerischen Gedankengut des Marxismus verteidigt. Was nicht ins

System passt, erklärt er zu einem Teil der sich nur über Widersprüche prozessual im Geschichtsprozeß enthüllenden Einen Wahrheit. Denen, die sich nicht einpassen wollen, verspricht er die Öffnung der Pforten des irdischen Paradieses, wenn sie nur weiter als historische Frühgeburten am Geschichtsrad drehen. Als Theodizee für Atheisten propagiert er den auf den ersten Blick nicht immer sinnvoll erscheinenden Weltlauf als Heilsgeschehen. Dritte-Welt-Experten und Repressionslogiker gehen mit einem universellen Leiden hausieren, das zur modernen Form des Opfers stilisiert wird. Alles hat Sinn, weil im künftigen Glück, das die Summe und Frucht aller historischen Anstrengung sein wird, nichts verloren ist. Noch ist es nicht ganz ausgewickelt, das Glücks-Ei, aber deutlich, immer deutlicher läßt sich erkennen, daß alles, auch das scheinbar etwas übereifrig und rabiat Betriebene, zu seiner Ent-wicklung gehört. Das revolutionäre Denken schwankt zwischen abgeklärtem Zynismus und biederer Realitätstüchtigkeit, wenn es das Loblied auf die Zerstörung der Subsistenzwirtschaften sowie den Aufbau des Welthandels und eines weltweiten Kommunikationsnetzes singt. Rechtfertigung statt Destruktion des zivilisatorischen Zerstörungswerks steht auf seinen Fahnen.

Doch nicht nur die Zeit der historischen Vertröstungen ist vorbei. Selbst wenn sie hier und heute möglich wäre, hat Gesellschaftsveränderung – in den 60er und 70er Jahren noch die heiligste aller Vokabeln – als selbstverständliche Perspektive ausgespielt. Die Dimension jener Gesellschaften, die verändert werden sollten, *ist* das System. Es geht nicht mehr um neue Wahrheiten über die alte Gesellschaft, sondern um Zeit-Räume inkompatibler Wirklichkeiten. Ereignisse, die chaotisch vagierende Kräfte freisetzen, läuten die katastrophische Realität für das System ein. In dem System, das die Welt okkupiert hat, tun sich immer wieder Rißstellen auf, in deren undefinierten Zeit-Räumen neue Kulturen ihr Milieu finden. Diese Kulturen korrespondieren mit jenen, die das System vernichtet hat – als ob aus dem Nichts ihr Rachegeist auftauchte.

Systemfeindliche Subkulturen korrespondieren mit Stammeskulturen, auch wenn sie sie nicht wörtlich zitieren können. Nicht, weil es „kein Zurück" mehr gibt, sondern weil erst wieder ein Äon mythischer Jahre vergehen müßte, um bis zu ihnen zu gelangen. Neu entstehende Subkulturen haben ein anderes Welt- und Sozialverhältnis als die traditionalen Kulturen der Stämme. Dennoch werden wir einen Blick auf diese werfen, um eine Kontrastfolie zur Be- und Abschreibung der imaginären Wirklichkeit des Systems zu gewinnen. Es kann dabei nicht darum gehen, in eine andere Wirklichkeit einzudringen, eine Wirklichkeit, die ihr Selbstverständnis nicht in Texten äußert, aufgrund von Texten verstehen zu wollen, die fremde Andere über sie geschrieben haben oder die bestenfalls von Stammesmitgliedern als Text für fremde Andere diktiert wurden. Verstehen heißt, über gemeinsame Bedeutungsgehalte zu kommunizieren, was nur möglich ist, wenn man in der gleichen Wirklichkeit lebt. Von hier und heute aus kann sich alles, was wir über die Stämme wissen, nur zu einem Bild zusammensetzen; zu einem Bild, aus dem wir unsere Möglichkeit relativierender Skepsis gegenüber gesellschaftlich gültiger Wirklichkeit nicht mehr verbannen können, auch und gerade, wenn es eine Ordnung jenseits von Glauben und Skepsis darstellen soll; zu einem Bild, das nicht das Selbstverständnis von Stammesmitgliedern nachzeichnen kann, das aber als Gegenbild zur imaginären Wirklichkeit der Moderne dient und als Kontrastfolie hilft, sowohl deren kategoriale Fesseln noch in ihrer inszenierten Pseudo-Opposition ausfindig zu machen, als auch die sich in ihr auftuenden Bruchstellen besser verstehen und verorten zu können.

Exkursion in die symbolische Wirklichkeit der Stämme

Vom Symbol

Das Wort Symbol ist griechischen Ursprungs und leitet sich von dem Verb *symballein*, zusammenfügen, her. Seine erste Substantivierung als *symbolon* soll die Bedeutung des Erinnerungs- und Erkennungszeichens gehabt haben. Mit ihm wurde jener frühe griechische Brauch benannt, bei dem ein Gast die Hälfte eines zu diesem Zweck zerbrochenen Rings oder eines ähnlichen Gegenstandes erhielt, die er und noch seine Nachkommenschaft als Zeichen der Freundschaft aufbewahrte. Durch Aneinanderlegen der zusammenpassenden Hälften konnte sie ins Gedächtnis gerufen werden.

Später erhielt das Wort eine quasi-rechtliche Bedeutung. Zu einer Zeit, da noch kein allgemeiner Begriff des Vertrags existierte, bezeichnete er, unter anderem als Pfandquittung bereits ökonomisch konnotiert, eine gemeinsame Abmachung, unter Umständen auch vor Zeugen, für die es aber zunächst keine öffentlich-rechtliche Erzwingungsmöglichkeit gab.

Mit Etablierung des Staates wurde aus dem Wort ein Rechtsbegriff. Er konnte nun Identitäts- oder Eintrittsmarken bezeichnen, die in Athen zum Besuch der Volksversammlung, der Gerichtssitzungen, des Theaters oder auch zum Empfang des Soldes berechtigten. Was vormals Zeichen der Freundschaft war, somit einer Freiwilligkeit, in die nur aufgrund der Gültigkeit eines Ethos Vertrauen gesetzt werden konnte, war nun zum Zeichen der Macht geworden, die über die Legitimität von Ansprüchen entschied. Dieser Bedeutungsumschwung ermöglichte die Verwendung desselben Begriffs *symbolon* für die Norm- und Meßinstrumente des Eichamtes, mit denen Gewichte und Maße des Verkehrs festgelegt und überprüft wurden.

Gleichzeitig entwickelten sich aus dem selben Wortstamm noch andere Bedeutungen. *Symboli* wurde der Getränke-, dann auch Geldbeitrag genannt, den jeder Teilnehmer zur Kostendeckung eines gemeinsamen Gelages beizusteuern hatte. Mit demselben Wort konnte auch der Beitrag zur Unterhaltung während eines Gastmahls bezeichnet werden.

Diese Konnotationen gehen einher mit der weiteren Bedeutung von *symbolon* als Beitrag zu öffentlichen Veranstaltungen, Opfern und Fei-

Stämme sind Gesellschaften ohne Politik, ihr Zusammenhang wird kulturell geschaffen. Ihre Kultur ist noch eine des Zusammenhangs. Die Moderne kann auch als Kulturform betrachtet werden, aber sie basiert auf einem anderen Prinzip, nämlich dem der Trennung, welche durch die Fiktion einer zu repräsentierenden Allgemeinheit überbrückt wird. Politik ist Repräsentation des Sozialen, und umgekehrt gilt bis zu den banalsten Spielformen des TV-Spektakels: Repräsentation des Sozialen ist Politik. Die Vorstellung der Repräsentation schließt sich mit der medialen Präsentation der Welt kurz.

Stammeskulturen stellen dagegen eine Wirklichkeit von Kollektiven dar, eine kollektive Wirklichkeit. Darin liegt ihr fundamentaler Unterschied zu modernen Gesellschaften begründet. Sie kennen keine Allgemeinheit, weder politisch noch kategorial. Der Einzelne gehört einer Gemeinschaft an, in der er soziale Person ist. Die Gesellschaft ist nicht, wie in der Moderne, ein imaginärer Zusammenschluß unbekannter Anderer, sondern die Bühne einer Wirklichkeit, die sich nur im Präsenzraum abspielen kann, in dem jeder unabdingbarer Akteur ist.

Die Bedeutungen der Welt und ihre Ordnung sind in heiligen Gegenständen wie auch in den Dingen des Alltags dargestellt, in Form und Anordnung der Behausungen, in Form und Bemalung von Küchen- und Jagdgeräten, Waffen, Schmuckstücken et cetera. Alles ist bezeichnet. Die gegenständlich symbolisierte Wirklichkeit ist kein Museum von Anschauungsobjekten, sondern die Ausstattung des Präsenzraumes, der durch das Treiben des Stammes entsteht. Heiratsregeln, Tabus, Trauervorschriften und dergleichen weisen den Menschen ihre Orte und Bahnen. Die richtigen Bezeichnungen der Wege auf der Erde entscheiden über deren Gelingen. Das Leben ist ein Lesen der Zeichen, das sich als ein gemeinsames Zeichnen abspielt.

Es ist ein geordneter Kosmos, aber kein Universum der Wahrheit. (Es ist immer die bloß geglaubte Wahrheit, die sich universalisieren

erlichkeiten. Von hier aus verliert sich vielleicht ein Bedeutungsstrang im Dunkel vorstaatlicher Zeit. Auf seine Spur könnte noch jene merkwürdige Bedeutung führen, die dem *symbolon* in der Religion zukam. Dort meinte es einen nur dem Kenner verständlichen Hinweis auf Dinge, über die öffentlich und direkt nicht zu reden war, wie Fruchtbarkeit, Tod oder Götterkräfte. Es bezeichnete ein Unsagbares, besonders in Mysterienkulten, Geburts-, Mannbarkeits-, Hochzeits- und Begräbnisritualen.

Auf der einen Seite war das Symbol also ein Erkennungszeichen, das als kommunikative Brücke zu Fremden verwandt wurde, auf der anderen Seite meinte es aber geradezu ein Verbergungszeichen, mit dem sich das Kollektiv ein eigen-artiges Geheimnis sicherte. Das Geheimnis der Eigen-Art einer Gemeinschaft, die nach außen fremd und unverständlich wirkt, muß auch in deren Innerem dem alltäglichen Diskurs entzogen bleiben. In ihm verbirgt sich die intime, nur in eigenen Ritualen erfahrbare Kenntnis der fremden Realitätsmacht, deren Namen und Verkörperungen nicht wie das Geld, die Wahrheit oder der Witz grenzenlos zirkulieren können.

Das Geheimnis des Kollektivs ist die Kenntnis der Umgangsregeln mit der Realität. Das Geheimnis der Umgangsregeln mit der Realität ist das Kollektiv. Das Geheimnis des Kollektivs ist – es selbst. Einzig die Begrenzung der sozialen Gemeinschaft durch das Maß kollektiver Kommunikation macht den Ausgleich mit der Realität möglich. Deren nach außen verborgene Verkörperung ist keine Entäußerung des Sozialen, deren Potenz nach Meinung des anthropozentrischen Denkens der Hegel-Feuerbach-Marx-Tradition wieder angeeignet werden kann und muß. Sie ist die Einbeziehung jener äußeren Mächte, ohne deren Anerkenntnis die Spielregel des Lebens verfehlt wird.

Was immer die erste Bedeutung von Symbolen gewesen sein mag, falls es eine solche überhaupt gegeben hat, keiner wird sie je erfahren, da ihre Spuren nur soweit reichen wie ihre Dokumente, die, zumindest in schriftlicher Form, von der aus alleine sich ihre sprachliche Verwendung erschließen läßt, immer schon zum Gedächtnis der Macht gehören.

In dieser Schrift stehen Symbole für Ausdrucksformen eines kollektiven Lebens, dessen Sinn sich im Wechselspiel der Akteure ergibt. Sie stehen damit im Gegensatz zu den massenmedialen Zeichen der Infor-

muß.) Die Kosmologie eines jeden Stammes unterscheidet sich von der eines anderen, aber keine erteilt einen Missionsauftrag, die Unterschiede zu vernichten. Die symbolische Wirklichkeit eines Stammes versteht sich als substanziell, und dennoch ist ihr der imperialistische Gedanke der Wahrheit mit seinen universalistischen Expansionsgelüsten fremd. Sie gilt innerhalb ihres Geltungsbereichs, als ob es nicht anders sein könnte, aber über diesen hinaus erhebt sie keine Ansprüche. Sie kennt kein logisches Schlußverfahren, das alle Gültigkeiten universalisieren muß.

Alles gilt nur, wo es gilt. Aber niemals kann dieser Geltungsbereich durch Willkür abgesteckt werden. Er hat ein Maß, das durch die fremde Realität auferlegt wird; ein spezifisches Maß, je nach Beschaffenheit der Erde und des metaphorischen Dialogs, den der Stamm mit ihr führt.

Das Wissen von der Welt wird tradiert, aber es steht nicht fest. Es stammt von den Ahnen, aber nur die Lebenden können es verwirklichen; und sie können es nur kollektiv, das heißt so, daß das, was bei dem auf sich allein gestellten Einzelnen ungewisser Glaube an Bedeutungen und Werte bliebe, ihm von den Anderen als Wirklichkeit zurückgespielt wird. Nur als zirkulierende können die Bedeutungen verwirklicht werden, außerhalb der lebendigen Kommunikation haben sie keinen Bestand. Deswegen verschwanden auch die Geister und frühen Götter mit der Vernichtung symbolischer Wirklichkeiten. Seitdem geistert das, was an der Realität nur benannt, nicht aber beherrscht werden kann, namenlos durch die Geschichte.

Mythen sind es, die in die Zeit der Ahnen zurückreichen und das Wissen überliefern, durch das sich die Welt begehen läßt. Sie müssen erzählt werden, von Zuhörern aufgenommen und irgendwann weitergegeben werden. Ihr Sinn liegt darin, denen, die den Kreis ihrer Geltung bilden, ihr Selbst-verständnis in der Welt zu vermitteln. Sie können nur tradieren, in-

mationsgesellschaft, deren Bedeutung einzig die Unangreifbarkeit der Macht ist, indem sie jeden ihrer Empfänger in eine Welt versetzen, in der er nicht anwesend ist.

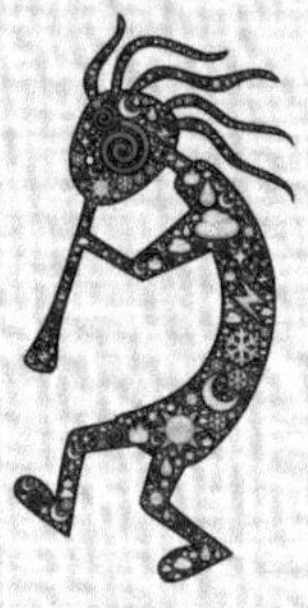

Über Rituale

Schwarzer Hirsch, ein Medizinmann der Ogalalla-Sioux, erzählt in seiner Lebensgeschichte, wie eine Vision, die ihn mit dem Wahnsinn bedrohte, durch ihre rituelle Inszenierung zur Kraft in der Gemeinschaft seines Stammes wurde. Bereits als kleiner Junge hörte er Stimmen und erlebte Gesichte. Mit neun Jahren kam ihm während einer schweren Krankheit, als er zwölf Tage für die Anderen wie tot dalag, seine große Vision:

Aus einer Wolke erscheinen ihm zwei Männer, die ihn mit sich führen und ihm ein Pferd zeigen. Dieses Pferd läuft in die vier Himmelsrichtungen, in denen je zwölf andere Pferde stehen, die zu einem Sturm von Pferden werden, sich in Tiere aller Arten verwandeln und wieder verschwinden. Eine Wolke verwandelt sich in ein Zelt, in dem sechs alte Männer sitzen. Sie sind die Mächte der Welt: die Macht des Westens, des Nordens, des Ostens, des Südens, des Himmels und der Erde. Sie haben ihn zu sich kommen lassen, um ihm ihre Kraft mitzuteilen. Er empfängt eine Wasserschale als Macht des Lebens, einen Bogen als Macht der Zerstörung, ein Heilkraut, eine heilige Pfeife und einen heiligen Stab, der den Mittelpunkt des Kreises (des Volkes und des Kosmos) symbolisiert. Als er dem Geist der Erde ins Gesicht blickt, wächst dieser in seine Jugend zurück und Schwarzer Hirsch sieht: sich selbst.

dem sie das, was bleiben soll, immer wieder in der Wirklichkeit des Stammes aktualisieren. Ihre schriftliche Fixierung des „So war es" und „So ist es" nähert sie bereits dem Gesetz; oder der Kunst, wenn ihre Ausdeutbarkeit sich in individueller Rezeption zerstreut, die zu keiner Gemeinsamkeit mehr führt. Das Gesetz ist zwar auch ausdeutbar, aber nur noch von den Institutionen der Macht. Für die ihnen Unterworfenen wird es zum unverständlichen Sinn fremder Gewalt. Mythen sind weder literarische noch Gesetzestexte, sie gehören zum Text des Lebens, dessen Bedeutungen Wirklichkeit werden, wenn die Stammesmitglieder in den durch sie begründeten Verhaltensweisen als soziale Personen agieren.

Die Mythen der Stämme handeln von Ahnen oder anderen, zwitterhaften und metamorphen Figuren, die noch mit größerer Kraft, der Realität zu begegnen, ausgestattet waren als die in der Jetztzeit Lebenden. Von damals stammt auch das Wissen um die sozialen Rollen, deren Zusammenspiel das Leben bewahrt. Die Jetztzeit ist Entfernung vom Ursprung, dessen Kraft nicht gesteigert, sondern nur möglichst erhalten werden kann; anders als in der Moderne, deren größte Kraft als Omnipotenzvorstellung in die stets ausstehende Zukunft projiziert wird. Hätten Zahlen einen Wert, so sprächen sie für Stämme, die sich über Tausende und zum Teil Zigtausende von Jahren mit der Realität austauschen konnten, während es der Moderne in einer Zeitspanne von nur ein paar hundert Jahren lediglich gelungen sein wird, ihre eigene Existenzbedingung zerstört zu haben.

Die außermenschliche Größe ist in Stämmen zur Unbekannten geworden – Zeichen der Entfernung vom Ursprung, in dem die Welt noch keine Grenze hatte. Baum und Mensch waren damals noch eins, wie die Asmat sagen, die in einer vegetationsreichen Gegend Neuguineas leben. Es gibt kein Leben ohne Kontakt zu dieser Größe, die auch die Fruchtbarkeitsmacht ist. Ihr Name mag noch bekannt sein, aber eine Sprache, die sie versteht, können die menschlichen Wesen nur sprechen, wenn sie sich mit der Kraft der mythischen Figuren aufladen. Jenseits des modernen Paradigmas von Beherrschung der Natur oder Unterworfensein unter ihre Zwänge geht es darum, mit jener außermenschlichen Macht, auf die alles menschliche Leben notwendig bezogen ist, in eine Art Dialog treten zu kön-

Wieder erscheinen Pferde, auf ihnen Reiter, und er muß den Pfad des Unheils ziehen. Er bezwingt die Dürre in Gestalt eines blauen Mannes und er heilt sein Dorf von einer schweren Krankheit. Dann zieht er mit seinem Volk auf dem heiligen Pfad. Doch der Kreis zerbricht, Unheil und Hunger kommen wieder über den Stamm. Er stimmt ein Lied der Kraft an und ruft die Mächte der Welt.

Ein Hengst beginnt zu singen, und in einer auf alles Lebendige übergreifenden Bewegung gerät der Kosmos ins Tanzen. Danach wächst und blüht die Welt wieder. Er kehrt zurück zu den sechs alten Männern, die seinen Sieg feiern und ihn, nun mit ihrer Kraft begabt, zu seinem Stamm zurückschicken. Aus den Wolken sieht er sein Volk, gesund und lebensfroh bis auf einen, der daliegt wie tot: er selbst. Ein Gefühl der Einsamkeit und Verlorenheit überkommt ihn und mischt sich mit Heimweh, als er auf sein Dorf zugeht. Er betritt sein Zelt, sieht seinen Vater und seine Mutter sich über einen kranken Jungen beugen: ihn selbst. „Der Junge kommt wieder zu sich", sagt jemand. Schwarzer Hirsch richtet sich auf und ist traurig, daß niemand weiß, wo er war.

Der Stamm glaubt, ein Medizinmann habe ihn geheilt, doch Schwarzer Hirsch ist sich sicher, daß es die sechs alten Männer aus dem Wolkenzelt gewesen sind. Aber er hat Angst, von seiner Vision zu erzählen. Er fürchtet, nicht für voll genommen, vielleicht sogar für wahnsinnig gehalten zu werden, wenn sein Gesicht falsch ausgelegt wird. Über Jahre, bis er sechzehn ist, bleibt er allein mit den Erinnerungen an seine Vision, auf die er zunehmend alles, was ihm begegnet, bezieht, und mit den immer wieder sich meldenden Stimmen, die ihn schließlich zu verhöhnen scheinen. Er versucht, vor den Stimmen zu fliehen, rennt und rennt, bis er vor Erschöpfung umfällt. Bald glaubt er selbst, wahnsinnig zu sein. Seine Eltern ziehen einen alten Medizinmann zu Rate, dem er von seinem Gesicht erzählt. Dieser sagt ihm, daß es seine Pflicht sei, seine Vision für sein Volk zu verwirklichen. Dazu müsse er sie vor den Augen des Stammes als Pferdetanz ausführen. Dann werde ihn die Furcht verlassen, ansonsten stoße ihm Schlimmes zu.

Unter Beteiligung des ganzen Dorfes wird der Pferdetanz inszeniert. Mit Gesängen wird das Ritual eingeleitet und es steigert sich, jede Einzelheit der Vision darstellend, bis zum ekstatischen Tanz, den alle als befreiende Kraft erleben. Am Ende macht die heilige Pfeife die Runde durch das Dorf. Schwarzer Hirsch hat seine Furcht verloren und kann

nen – oder im leerlaufenden Monolog über die Welt zugrunde zu gehen.

In Ritualen werden die Stammesmitglieder zu den Wesen, die mit dieser Macht kommunizieren können. Sie werden es, indem sie unter deren Masken schlüpfen, sich kultische Bemalungen auftragen und die Geschehnisse der mythischen Urzeit inszenieren. Immer wieder, zu festgelegten Anlässen, müssen die traditionellen Texte rituell inszeniert werden. Es gibt kein Ein-für-alle-Mal ihrer Ereignisse (keinen einmal und dann nie wieder gekreuzigten Christus), da es nicht um ihre den Lauf der Zeit überdauernde Wahrheit geht, die ein Glaube bewahren könnte, sondern um die permanente zyklische Einbindung der Stammesmitglieder in die symbolische Wirklichkeit. Diese ist überhaupt keine Vorstellungsordnung, die Gegenstand eines Glaubens wäre, sondern ein taktil inszeniertes Spiel traditional verknüpfter Bedeutungen, deren kollektive Zirkulation metaphorisch zur Wirklichkeit wird.

Die von beschwörender Nachahmung geprägten Regeln des Umgangs mit der Realität, nach denen die Inszenierung der Rituale abläuft, werden nicht als von Menschen erfunden gedacht. Sie scheinen einer substanziellen Ordnung der Welt zu entsprechen, deren Kenntnis der mythische Text in seiner rituellen Inszenierung ohne Differenz zwischen seinen Zeichen und ihrer Bedeutung überliefert. In Ritualen finden Stammesmitglieder Zugang zum mythischen Austausch mit der Realität. Sie scheinen ihre eigene Entfernung von diesem frühen Zustand metamorpher Geschehnisse überbrücken zu können, um als Darsteller mythischer Rollen zu deren Person selbst zu werden. Deren Kraft nehmen sie, wenn auch vermindert, mit in den wiedereinsetzenden Alltag.

Ohne die beständig erneuerte rituelle Aktualisierung der mythischen Bedeutungen ginge der symbolische Kontakt zur Realität verloren. Der zur beliebigen Konvention einer Glaubenswahrheit und damit dem Zweifel verfallene Mythos erreichte die fremde, unverständliche Macht nicht mehr, sowenig wie der durch das Gesetz willkürlich festgeschriebene. Die gesetzlich (das hieß einmal: durch geheimes Priesterwissen) verordnete Geltung von Bedeutungen kann sich mit der Todesmacht der Realität nicht mehr austauschen.

mit seinen Stimmen und Gesichten als einer Kraft umgehen. Er wird Medizinmann.

Ob er die von ihm in unzähligen, bei den Sioux symbolträchtigen Einzelheiten beschriebene Vision als Neunjähriger tatsächlich so gehabt hat, ob er vielleicht in fiebrigem Zustand unbewußt rituelle Formeln und Gesänge des ihn behandelnden Medizinmanns aufgenommen hat, oder ob er aus der Erinnerung an den Pferdetanz einiges in die Vision zurückverlegt hat, spielt keine Rolle. Entscheidend ist, daß er selbst, der die Brücke in die Welt der Anderen zuvor nicht mehr hatte überschreiten können, fortan der ist, der diese Vision gehabt hat, dessen kollektive Darstellung ihm durch die Beteiligung der Anderen seine Eigenart als Kraft in der Stammeswirklichkeit zurückgespielt hat.

In Stämmen geht es nicht darum, die Gesellschaftsmitglieder zu Funktionen des Systems werden zu lassen, sie Bildern der Macht anzugleichen, sondern darum, ihrer Existenz Wirklichkeit zu verleihen. Darin liegt der Sinn der Kollektivität.

Rituale leisten vieles und Verschiedenes. In jedem Stamm gibt es diverse, an Jahreszeiten gebundene Fruchtbarkeitsrituale, in denen der Kontakt zur Realität, jener lebensbedrohenden, bei adäquatem Umgang aber auch -spendenden Macht aufrechterhalten wird. Daneben gibt es Initiationsriten, in denen der Wechsel einer sozialen Rolle durchgespielt wird. Jeder Junge muß symbolisch sterben, wenn für ihn die Zeit gekommen ist, als Krieger geboren zu werden, das heißt als eine andere soziale Person, unter Umständen mit einem anderen Namen. Und es gibt jene Rituale, die eine woher auch immer auftauchende Differenz von mythisch tradierten Rollen und denen, die sie zu spielen haben, in eine Sonderrolle umwandeln. In ihnen wird die Metaebene der ontologischen Unsicherheit durchwandert, um zu einer höheren metaphorischen Ebene zu gelangen. Ohne Rituale versteht man sich nicht, lehrt die Weisheit der Stämme.

Wo ganze soziale Gruppen aus dem rituellen Leben herausfallen, weil sie als Un-Personen gelten, können Sub-Kulte entstehen, in deren ritueller Welt andere, von außen unkontrollierbare Regeln des Personseins gelten als in dem gesellschaftlichen Feld um sie herum. Der im Sudan praktizierte Zar-Kult demonstriert das auf eigen-artige Weise. Er ist ein Besessenheitskult, dessen Gemeinde so gut wie nur aus Frauen besteht. Diese gelten in der islamisierten Region als Un-Personen,

Innerhalb des Gesellschaftskörpers tritt das Gesetz selbst an deren Stelle. Das ein-für-alle-malige Substitut beendet den Austausch und eröffnet das Duell der Todesmächte der verborgenen Realität und des machtbesessenen Gesellschaftskörpers. Dessen monologische Struktur läßt ihn sich durch Akkumulation von Zerstörung aufblähen und krebsartig wuchern – bis die Realität ihn platzen läßt.

Das Repertoire an gegenständlichem Wissen ist in Stämmen groß genug, die Welt, so wie sie ist, begehen zu können. Und dennoch, plötzlich kann die Realität in einer unvermuteten, namenlosen Gestalt auftauchen, mit der sie die eingespielte Wirklichkeit in Frage stellt. Als während des Zweiten Weltkrieges zum ersten Mal Flugzeuge über das Land eines Papua-Stammes donnerten, war ein bedrohliches Faktum, ein durch keine symbolische Übereinkunft gedecktes Weltding, in ihre Wirklichkeit eingebrochen. In der symbolischen Wirklichkeit ist kein Platz für namenlose Fakten, sie lösen die Dichte des Raums der Wirklichkeit auf. Traumatisiert von dem Keil, der eine Kluft zwischen Welt und Wirklichkeit aufgerissen hatte, erfanden sie einen Ritus, in dem sie das Flugzeug durch Nachahmung als Geist beschworen. Das fremde Weltding wurde symbolisch in ihre Wirklichkeit überführt und der für die Wirklichkeit der Gemeinschaft und daher ihren Bestand gefährliche Dämon gebannt.

Rituale antworten auf die Fragen der Welt. In ihnen wird das Wissen gespeichert, mit dem die Welt zur Wirklichkeit geordnet werden kann. Aber sie leisten noch mehr, sie halten das Grundlegende der Stammesgesellschaften, nämlich ihre kollektive Lebensform, fraglos, indem sie jeden die Rolle eines unabdingbaren Akteurs in ihrer Wirklichkeit einnehmen lassen.

Von außen mag ihre Theatralik auffallen, der Als-ob-Charakter der Darstellung, aber in ihnen muß die Darstellung mit der Wirklichkeit verschmelzen. Der Darsteller wird zur Person der mythisch überlieferten Rolle. Er wird es für sich selbst, indem er Anderen als dieser gilt. Wirklichkeit ist nie das An-sich-sein der Welt und der sie wahrnehmenden Personen, sondern die Geltung jener Metaphern, die sowohl erst ihr Phänomene kommunizierbar machen, als auch das eigene Selbst-verständnis bestimmen. Rituale vermitteln das

im Zar-Kult werden sie zu Personen auf der Bühne einer eigenen Wirklichkeit. Der Kult ist zugleich Heilverfahren, Einweihungsritual und Spiel. Der Geist, der Besitz von einer Frau ergriffen hat und sie zittern und beben läßt, soll nicht ausgetrieben, sondern „geheiratet" werden. Wer mit ihm vermählt ist, wird schön und wortgewandt, und kann dabei dichterische und prophetische Eingebungen haben. Oft entsteht die Besessenheit während des Kultes aus einer spielerischen Parodie rituellen Ernstes. Die ZuschauerInnen bleiben keine neutralen Beobachter, sondern das Tanzen, Klatschen und Singen der kollektiven Inszenierung wird auch zu ihrem Medium. Merkwürdigerweise gibt es kaum soziale Un-Personen, die in der dortigen Gegend nicht irgendwann besessen werden. Wie zum Spiel entstehen Zustände, die einem westlichen Beobachter als Symptome pathologischer Störungen erscheinen könnten, die aber, umgesetzt in eine ekstatische Bewegung, zur Pforte einer anderen Wirklichkeit werden, die nur für dieses Kollektiv Gültigkeit hat.

Personen, Selbst und Masken

In Stämmen scheint man die Differenz zwischen Darsteller und Person sehr deutlich empfunden zu haben; als eine Problematik, die von der Entfernung zum Ursprung herrührt. Aber ursprünglich war die Substanz metamorph, und so hat man mit der rituellen Wiedergewinnung der metamorphen Kraft eine Lösung gefunden. Man lebt unter den Masken der Vergangenheit.
Masken werden von Akteuren getragen, die erst unter ihnen zu Personen werden. Noch im lateinischen Ursprungswort *persona* spiegelt sich diese Einsicht. Es bedeutet 1. Maske, 2. Rolle im Schauspiel, 3. Rolle im Leben, 4. Person, Persönlichkeit.

Selbst-sein der eigenen Person durch das Zurückspielen des Für-Andere-seins der gespielten Rolle. Mit der eigenen Person ist es wie mit den Bedeutungen der gegenständlichen Wirklichkeit. Sie gilt, indem der Als-ob-Charakter ihrer metaphorisch kommunizierten Bedeutungen vergessen wird.

Der Text ist in Stammesgesellschaften nicht fraglich, sein Wissen hat sich bewährt. Aber er muß in einer Szenerie verwirklicht werden, in der die Bedeutungen, deren Geltung den Boden der Wirklichkeit abgibt, zirkulieren, ohne sich im Niemandsland unbekannter Anderer zu verlieren. Nur Akteure, nicht Zuschauer präsentierter Geschehnisse, können in direkter Kommunikation das Band der Gemeinsamkeit knüpfen. Es besteht im Geist des Kollektivs, jenem immateriellen Fluß des Zusammenspiels, der sich in Symbolen verkörpert. Diese wären nichts, wenn sie nicht von ihm durchströmt wären. Als Fixsterne an einen Wertehimmel des Glaubens gebannt, verlieren sie ihre Bedeutung. Stämme schaffen eine Szene, aber kein Spektakel der Wirklichkeit. Im Pendel zwischen theatralischem Spiel und Besessenheit von der mythischen Kraft verschwimmt die Differenz von Darsteller und Person, Szenario und Wirklichkeit. Sofern es spezialisierte, zum Beispiel durch Clanzugehörigkeit festgelegte Darsteller mythischer Figuren gibt, stehen ihnen keine teilnahmslos beobachtenden oder nur innerlich Anteil nehmenden Zuschauer gegenüber. Jedes Ritual spielt sich in einem Präsenzraum ab, der erst durch das taktile Einbezogensein aller konstituiert wird.

Rituale inszenieren, was immer abläuft: daß alle Wirklichkeit – die stets das eigene Person-sein mit einbezieht – in einem sozialen Rollenspiel entsteht. Sie gemahnen daran, daß diese Wirklichkeit nur fraglos bleibt, wenn sie von Akteuren konstituiert wird, deren wechselseitiger Bezug aufeinander jenen Geist entstehen läßt, dessen Symbole der selbst-verständliche Halt in einer sonst über-mächtigen Welt sind. Ein Stamm ist wie eine Truppe von Akteuren, die nach mythisch überlieferten Regeln das

Die Person ist ein Spiegelphänomen. Sie entsteht in den Blicken der Anderen, in denen sich spiegelt, was man selbst ist. Die Maske ist das Spiegelbild der Person.

In verfallenden Kulturen gerinnt die Maske zu einem bizarren Zeichen, unter dem sich das Selbst nicht mehr versteht. Vielleicht ist auch nicht die Maske, sondern das Selbst geronnen, das seine metamorphe Fähigkeit endgültig verloren hat – weil das, was es ist, nicht mehr kollektiv zurückgespie(ge)lt wird.

In der stoischen Philosophie spiegelt sich die zerfallende Gesellschaftsordnung der Spätantike. Die Stoa baut ihre Freiheitslehre auf der Differenz zwischen Person und Selbst auf. Der Darsteller ist das Selbst, das unter allen Umständen frei ist, egal welche Rolle ihm in der Welt zugeteilt ist. So waren die Stoiker Kaiser oder Sklaven, die, auf welchem Platz auch immer, ihre Rolle spielten, sich dabei aber nur einer kosmischen Vernunft, die sie in ihrem Inneren auffinden konnten, überantworteten. Dem Treiben der Welt konnte ihrer Auffassung nach sowieso kein Bestand zukommen.

„When play dies, it becomes the game." (Jim Morrison)

Wenn das Spiel aus ist, wird die ganze Ordnung der Welt zu einer Frage des Glaubens – und damit zur Beute möglicher Skepsis. Die cartesianische Selbstgewißheit, die die Welt zugleich als von Gott geordnet erkennen darf, ist längst dahin. Der Kierkegaardsche Sprung in den Glauben mag Einzelnen gelingen, aber gesellschaftlich ist Gott tot. „Gott ist die Gesellschaft." (Durkheim) Das moderne Individuum, das seine eigene Privatperson ist, bleibt leer. So wurde Selbstverwirklichung das große Losungswort der Moderne. Was nicht stattfindet, steht nur aus. Das Individuum hat sich über die Zukünftigkeit der Zeit zu realisieren, es hat sich über Pläne und Ziele auf die Kartenebene der Zeit zu entwerfen, die sich am Ende durch Anerkennung der geleisteten Arbeit mit dem Territorium des Sozialen decken wird. Person ist, wer durchhält, wer mit seinen Zielen durch methodische Lebensführung identisch bleibt.

Die mythische Vergangenheit wird gemeinsam bewohnt, der modernen Zukunft ist das Individuum allein ausgeliefert.

Stück ihres Lebens aufführen. Sie sind dabei ihr eigenes Publikum. In Ritualen tauchen sie ein in die mythische Urzeit, um die Regeln des Umgangs mit der Realität zu bewahren, an denen sich ihr Alltag orientiert. Sie tun es in einem kollektiven Spiel, in dem die Darsteller von Rollen zu deren Personen werden. Damit verdichten sie zugleich in einer Form von Meta-Theater den Alltag ihres sozialen Lebens.

Es ist nicht nur das rituelle, sondern auch das alltägliche Leben von Stämmen, das symbolisch geordnet ist. Die Rituale, die seine Zeit interpunktieren, um es immer wieder in die Zyklik des Ausgleichs mit der Realität münden zu lassen, sind kein Karneval der Wirklichkeit, keine in einen Bereich des Heiligen ausgegrenzte Umkehrung seiner Regeln, sondern deren Verdichtung in die Zeit des Ursprungs.

In dieser erlangen die Stammesmitglieder die metamorphe Fähigkeit, als Maskenträger die Person zu werden, als die sie von Anderen angesehen werden und als die sie sich selbst verstehen. Mit dieser Fähigkeit gleiten sie in den Alltag, in dem das Spiel mit der Wirklichkeit weitergeht; bedroht vom tödlichen Ernst, dem Einbruch definitiver Realität, der wieder rituell in die symbolische Ordnung der Welt eingebunden werden muß.

Im Stammesalltag geht es nicht darum, mythischen Vor-Bildern, die als unerreichbare Ideale an einem Wertehimmel schwebten, hinterherzueifern. Jeder ist die mit mythischen Wesen in Verbindung stehende Person, so wie er diese ist. So wie er sie ist, ist er der, der die Kraft des Ursprungs

Man vermutet den Ursprung des lateinischen Wortes *persona* im Namen des etruskischen Totengottes *farsu*. Er geleitete die Verstorbenen ins Reich der Toten und war für den Transfer der Seele in eine andere Existenzweise zuständig.
Vielleicht ist es die älteste Aufgabe sozialer Gemeinschaften, die Rißstelle ihrer Wirklichkeit, den Einbruch der Realität, der beim Tod einer der ihren entsteht, wieder zu kitten. Die Gemeinschaft muß sich schließen, indem sie den Toten einbezogen hält. Sie muß alles tun, damit der Tote sich nicht im Niemandsland der Realität verliert, sondern heil im jenseitigen Reich ankommt; denn dort stellt er ein weiteres Kettenglied zur Ursprungsmacht dar. Nur wenn der Kontakt zu den Ahnen nicht verloren geht, kann der Schrecken des Todes gebannt werden.
Der Tod ist der Schlund der jenseitigen Welt, der sich jederzeit und überall öffnen kann. Dann wird man diese Welt begehen müssen, was schwierig ist, „weil wir dessen Regeln nicht kennen", wie die Elema, ein Papua-Stamm, sagen. Jedes Todesritual ist eine Art Übergangsritual, das dem Verstorbenen bei der Bewältigung seiner schwierigen Aufgabe helfen soll. Es wird von Personen vollzogen, die die Erfahrung eines initiatorischen Todeserlebnisses gemacht haben, dessen Lehre ist, daß man immer schon vergangen ist und nur die Anderen bleiben – und man Selbst als Anderer.

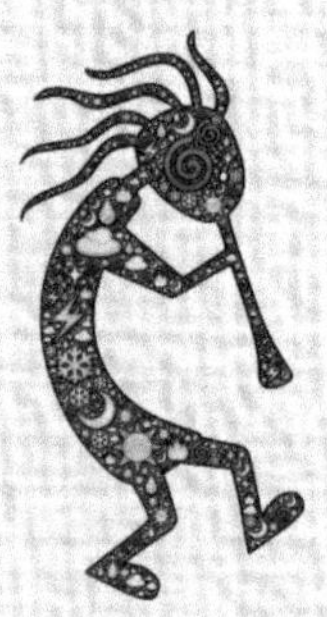

Zum Narren

Die Indianer Nordamerikas kannten wie wohl alle Stämme den Unterschied zwischen dem weisen und dem törichten Narren. Der weise ist

bewahrt. Der Sinn der symbolischen Wirklichkeit besteht gerade darin, keine Differenz zwischen der kollektiv geteilten Bedeutung und der einzelnen Existenz aufkommen zu lassen.

Es geht um das Spiel mit der Wirklichkeit, deren Regeln kollektiv eingespielt werden. Es kann nur stattfinden in Abwesenheit einer Gesetzesmacht im Gesellschaftskörper. Die Gemeinschaft wahrt ihre Ordnung nicht institutionell, sie wahrt ihre Autonomie. Die indianischen Häuptlinge waren Männer mit hohem Prestige, nicht aber mit Zwangs- und Sanktionsgewalt ausgestattete Amtsträger, sie konnten keine Befehle erteilen. Häuptlinge, die zum Ursprungsort sozialer Macht werden wollten, mußten den Stamm verlassen oder wurden umgebracht. Eine vom Alltag abgetrennte und dessen Gesetze bestimmende politische Sphäre ist den Stämmen unbekannt, sie kennen keine Allgemeinheit. Ein Stamm kann nur segmentär geschichtet sein. Besteht er aus mehreren Dorfgemeinschaften, so gibt es keine ihnen übergeordnete Institution, die ihnen Vorschriften machen könnte. In Konflikten können sich nur gleichstufige Segmente gegenübertreten, eine über ihnen thronende, im Namen aller sprechende, das heißt richtende, institutionelle Gewalt ist ihnen fremd. Der höherstufige Zusammenhang kann wieder nur kollektiv, nicht aber repräsentativ verwirklicht werden. Das geschieht bei rituellen oder kriegerischen Anlässen, oder auch als gültige Heiratsregel. Das Leben der Stämme spielt sich immer im Präsenzraum ab, nur durch Anwesenheitsbeziehungen können die mythischen Gehalte verwirklicht werden.

Darin liegt die Unterscheidung zwischen einem Drinnen und einem Draußen. Jenseits der Ränder der eigenen Wirklichkeit bleibt die Welt fremd, und noch innerhalb der eigenen Wirklichkeit spielt eine fremde Macht mit, mit der allein tradiertes Wissen den Umgang erlaubt.

Das Land der Stämme ist kein umgrenztes Territorium, wie es der Staat für sich definiert. Es ist die Erde, ein Wesen, das kein Besitz sein kann und sich auf keiner Kartenebene abbilden läßt. Es ist eine Landschaft voller Gefahren und Geheimnisse, und es ist das Land der Ahnen. Beide Bedeutungen fließen zusammen, denn nur durch den Kontakt zu den Ahnen läßt sich das Wissen übermitteln, wie einer, der es schafft, mit seiner Eigen-Art soziales Prestige zu erlangen, während der andere, der dumme und tölpelhafte Clown, der seinen Spleen nicht symbolisch zirkulieren lassen kann, in seiner Einsamkeit zurückbleibt. Er wird verlacht, nicht ernst genommen. Aber er bleibt der Begleiter der Anderen. Im Lachen über ihn erkennt die Gesellschaft die Regelhaftigkeit ihrer Regeln.

Sein unerklärliches Anders-sein ist ein Erinnerungszeichen des Als-Ob-Charakters der Wirklichkeit. Es ist der Spiegel des Stammes im permanent stattfindenden Umkleideraum der ontologischen Doppelexistenz von Person und Darsteller. Eine Gesellschaft, die diesen ihren Spiegel nicht zerschlägt, die ihrer eigenen Desillusionierung lachend begegnet, ist eine ironische Gesellschaft.

Der weise Narr spielt nicht nur nicht gemäß der Regeln, sondern er spielt mit ihnen. Er ist ihr Wächter, der ihre Erstarrung zum Gesetz verhindert. Daher haben die Gesellschaften des Gesetzes ihn ausgegrenzt und kaserniert. Der Narr spielt mit der Wirklichkeit. Aus ihrem Raum macht er einen 3-Torus, einen Raum, durch dessen Rückwand man erscheint, wenn man ihn an seiner Stirnseite verläßt. Er ist die überraschende Verkehrung der ehernen Ordnung, die einen mit der Rückseite der Erscheinungen konfrontiert. Ein merkwürdiger Spiegel, der nicht das Selbst-Bild, sondern den Hintergrund der eigenen Existenz zurückwirft.

Der Narr ist die Bedeutungslosigkeit des Unterschieds und die Bedeutsamkeit des Gegenteils. Er ist die Verkehrung des Männlichen ins Weibliche und umgekehrt. Er sagt nein statt ja und ja statt nein, er geht das Leben rückwärts und wird vom Krieger zum Kind. Oder er verläßt die Ordnung der Krieger, um wie die irren Hunde der Krähen-Indianer zum Über-Krieger zu werden, dessen Name selbst dem Tod gehört.

Der Narr ist töricht oder weise, er steht am Anfang und am Ende des Lebens, aber er ist auch die Implosion der Pole. Als Un-Person ist er die unbezeichnete Null, er schließt den Kreis, dessen Schein er durchbrochen hat. Er ist Zerstörer und Schöpfer. Aus dem Ende macht er einen Anfang, womit alles weitergehen kann. Wo der verbissene Wille zur Wahrheit auftaucht, durchwandert er das Nichts, das Land ohne *prima causa*, dessen Schwerkraft im System des Glaubens vom Zweifel zur Verzweiflung zieht.

der Stamm sich mit der Realität dieses Landes austauschen kann. Nie kann es bloß zweckdienliches Ressourcenlager, menschlichen Plänen nützliche Materie sein. Es ist ein Wesen, mit dem es nur einen geheimnisvollen Umgang geben kann, der den Kosmos eines jeden Stammes von den Kosmen anderer Wirklichkeiten unterscheidet.

Die Geheimnisse dieses Landes werden kulturell bewahrt, sie nehmen Gestalt an in spezifischen Mythen und Ritualen, in der stammeseigenen Ökonomie und im medizinischen Wissen. Die Masken und Bemalungen, die ihre Träger mit der Kraft der mythischen Wesen dieser Landschaft aufladen, signalisieren bei der Begegnung mit fremden Anderen den Heimvorteil des Stammes. Die Kenntnis der Erde und nicht politische Grenzen machen das Land der Stämme aus. Daß es in der Wirklichkeit von Stämmen ein Drinnen und ein Draußen gibt, hat die Ideologie der Moderne zu einem Bild des begrenzenden Mangels verkehrt. Sie hat die Stämme von dem her definiert, was sie nicht sind und dieses Nichtseiende als Mangel in sie hineinverlegt. So hat sie die Stämme als Gesellschaften beschrieben, die *noch* keinen Staat, *noch* keine Geschichte, *noch* keine expandierende Marktwirtschaft, *noch* keine analytische Wissenschaft, *noch* keine wissenschaftliche Medizin und noch keine Schrift entwickelt hatten. Die Ent-wicklungstheorie, das gedankliche Saatgut des Imperialismus, basiert nicht nur auf Ignoranz, die Unfähigkeit der Mo-

In den Randgebieten Krieg und Tausch

Wie verschieden im einzelnen ihre Struktur auch sein mag, ist allen Stämmen doch gemeinsam, daß sie ein Verbund mehr oder weniger zahlreicher Segmente sind. Familien, Clans, lokale Gruppen und eventuell deren exogame Hälften stellen verschiedene Grade der Zusammengehörigkeit und Solidarität dar. Meist wiegt Blutszugehörigkeit bei Stammesmitgliedern mehr als der Stamm selbst. Dieser entsteht erst als ein subtil gesponnenes Netz von Regeln, die das Gleichgewicht unter den verschiedenen Segmenten bewahren müssen. Jedes Verhältnis zwischen Segmenten eines Stammes muß geregelt sein, ohne das Gesetz auf dem Thron Platz nehmen zu lassen. Die Regeln müssen von ritueller Anschaulichkeit sein. Oft sind den Clans verschiedene Funktionen im Ritual zugeteilt, verschiedene Masken und Geheimnisse, die sie bewahren und im Zusammenspiel mit denen der Anderen zur Darstellung bringen müssen. Es ist, als ob der Stamm das Ergebnis einer subtilen Sozialstrategie wäre.

Wer von außen kommt und nicht in die Regeln des sozialen Verbandes integriert ist, ist auch nicht Spielpartner der eigenen Wirklichkeit. Der Fremde ist ein potentieller Feind, und es wird ihm mißtrauisch, wenn nicht gleich kriegerisch begegnet. Der Stamm scheidet drinnen und draußen; nicht durch politische Grenzen, sondern durch den Geltungsbereich der kulturellen Gemeinsamkeit, der sich in seinem symbolischen Ausdruck mythisch mit der Landschaft verbindet. An den Rändern der Gemeinsamkeit droht der Krieg. Aber dessen Funktion und daher auch sein Verlauf unterscheiden sich von den Kriegen, die Staaten führen. Es geht in ihm nicht um territoriale oder wirtschaftliche Expansion, und es wächst kein Vernichtungswille aus seiner Dynamik. Er wird durch ein Ethos des Ausgleichs reguliert.

derne zur Relativierung der eigenen Werte ist strategisch zu sehen. Mit zielsicherem Gespür frißt sich ihr Krebsprinzip in alles, was dem Gesetz des expandierenden Fortschritts zuwiderläuft.

Die Ausrottungspolitik mit Musketen oder im Dschungel ausgelegter Lepra-Hemden ist längst durch ein subtileres Anfixen auf Zivilisationsgüter ersetzt. Ethnolinguisten spielen über Helikopterlautsprecher Götterstimme, deren Klang, unverständlich und faszinierend, noch aus den abgeworfenen Transistorradios nachhallt. Sobald deren Batterien leer sind, wird die Zeit zu einem Warten auf die Händler, in deren Begleitung ein Arzt auftaucht mit Wundermitteln gegen die durch das Tragen der ebenfalls aus der Luft abgeworfenen Stoffkleider entstandenen Hautkrankheiten. Eine friedliches Vernichtung.

Die Alphabetisierung darf zwangsweise durchgeführt werden, da mit ihr die Chance des MENSCH-seins erst anfängt. Nichts hat sich geändert, die modernen Missionare wissen sich in einem unhinterfragbaren Recht, wenn sie Die Schrift verbreiten. Und haben die Schulen die Wilden erst einmal an einen in quantifizierte Zeitsegmente zerlegten Tagesablauf gewöhnt, fällt auch die Arbeit in der anzusiedelnden Industrie leichter.

Ein von verschmutzter Luft und industriell erzeugten Nahrungsmitteln genährtes Denken vertritt die These vom materiellen Wohlstand als Folge der Modernisierung. Er soll jene Stämme aus der Armut befreien, die eigene Rituale ersonnen haben, um ihren regelmäßig erzeugten Überschuß zu vernichten. Es ist ein Überschuß, der durch Tätigkeiten erwirtschaftet wird, für die nicht einmal der Begriff der Arbeit existiert.

Die Stämme haben keine Schrift entwickelt, weil es in ihnen keinen Raum für anonyme Kommunikation gibt. Sie haben Subsistenzwirtschaft betrieben, weil es ihnen um ihre Autonomie geht und ihnen daher das Prinzip Arbeit, Produktion für Andere, fremd ist. Ihre Me-

Auf Neuguinea führen Stämme quasi-rituelle Kriege. Zu festgelegten Zeiten treten sie an festgelegten Orten gegeneinander an, um mit erbittertem Ernst gegeneinander zu kämpfen. Kommt es zu Todesfällen, vertagt man sich auf den nächsten Termin. Eigene Verluste müssen gerächt werden, was zu einer langwierigen Angelegenheit führen kann, bis ein Ausgleich erzielt ist, da der Kampf mindestens für die Zeit der Totenrituale unterbrochen werden muß. Es wird von Fehden berichtet, die Jahrzehnte dauerten, wobei die Anzahl der Toten dabei auf einige Dutzend stieg. Ist der Ausgleich der für die kleinen Gemeinschaften bitteren Todesfälle geschaffen, wird Frieden geschlossen, bis zum nächsten Anlaß. Der Kampf selbst ist Prestigeangelegenheit für die Krieger. Dieses Prestige dient als Regulativ gegen die Erfindung strategischer Vernichtungswaffen, die die Geschicklichkeit und Stärke einzelner Krieger bedeutungslos machen würden. Das Leben ist der Einsatz, und um Prestige zu gewinnen, kann es auf der anderen Seite genommen werden. Aber es geht nicht um dessen Vernichtung. In der indianischen Kriegskunst ging es darum, *Coups* zu sammeln, die erlangt wurden, wenn es gelang, dem Feind einen Schlag mit einem abgerundeten Holzstock zu versetzen. Während der Krieg der Staaten das Ziel hat, Andersartigkeit zu eliminieren, wahren die Stämme kriegerisch ihre Unterschiede. Der Krieg dient zur Regulierung der Randzonen und stellt selbst eine Meta-Regel zwischen verschieden geregelten sozialen Verbänden dar.

Die verschwiegenen Regeln des Stammeskrieges sind nicht die einzige Form des interkulturellen Kontaktes. Daneben gibt es den Gabentausch, wie ihn die Trobriander mit ihrem von Malinowski beschriebenen *Kula* praktizierten. Halsketten aus roten Muscheln wurden im Uhrzeigersinn gegen Armreifen aus weißen Muscheln in entgegengesetzter Richtung über einen weit verstreuten Ring melanesischer Inseln getauscht. Die Gabe hat keinen ökonomischen Wert, sie funktioniert wie eine Spielmarke im intertribalen Verkehr, mit dem unblutige Bande auf dem verbleibenden Untergrund von Mißtrauen gegenüber den Fremden geknüpft werden. „Einmal im Kula, immer im Kula." Die einseitig überreichte Gabe verpflichtet, unter Drohung des Prestigeverlustes, zur Gegen- und zur Weitergabe und schafft somit ein befriedetes Verhältnis der Tauschpartner über die Zeit hinweg.

dizin hat nicht nur den Gefahren ihres Landes begegnen können, sondern im Verbund mit kulturell eingespielten Heiratsregeln und Stillgewohnheiten auch über Jahrtausende den demographischen Ausgleich gesichert, durch den das Leben des sozialen Verbandes in direkter Kommunikation gehalten werden konnte.

Das Leben der Stämme kreist in sich. Sie haben das Geheimnis bewahrt, daß das kollektive Einspielen der Wirklichkeit zugleich das Maß für den Austausch mit der Realität ist. Die Moderne besitzt noch eine Ahnung davon, sonst würde sie sich nicht mit dem Wust ihrer propagandistischen Entstellungen um dessen Verdeckung bemühen.

Ihr unveränderbares Ziel ist es, den Kreis des Stammeslebens aufzubrechen, um es der linearen Zeit des Fortschritts zu unterwerfen. Sie ist es, die Krankheiten und durch Zerstörung der Subsistenzwirtschaften Hunger einschleppt, um dann mit Medizin und Industrie zu Entwicklungs-Hilfe zu eilen.

Keine innere Begrenzung, kein Mangel ist es, der den Kreis des Stammes zerbricht, sondern das Werk einer von außen kommenden Zerstörungsstrategie. „Mag sein, daß das der Gang der Dinge war", winkt der aufgeklärte Zyniker ab. „Das Ergebnis ist der Stand der Dinge, von dem auszugehen ist. Orientierung an Vergangenem ist Romantizismus." Er hält eine schützende Hand der Gleichgültigkeit über den Prozeß, der den Millionen noch in Stämmen Lebenden anläßlich von Staudammprojekten, Dschungelrodungen oder Bodenschürfungen gemacht wird.

Noch immer gibt es Stämme, die sich wehren. Noch immer gibt es Ränder der Zivilisation und damit Geschichte, die alles außerhalb

Wie der melanesische Kula-Ringtausch stellte auch der *Potlatsch* der nordwestamerikanischen Indianer unblutige Prestige-Beziehungen zwischen rivalisierenden Gruppen her, die sich ursprünglich vielleicht bekriegt haben. Der Potlatsch wurde innerhalb eines Stammes wie auch intertribal veranstaltet. Er bezeichnet Feste, bei denen der gesamte Reichtum des Veranstalters aufgeboten werden mußte – um ihn zu vernichten. Wer einen Potlatsch gegeben hatte, starb wahrscheinlich als bettelarmer Mensch, aber von ungeheurem Ansehen. Wer einmal eingeladen worden war, war verpflichtet, innerhalb einer bestimmten Zeit ebenfalls einen Potlatsch zu veranstalten, bei dem er mindestens ebensoviel, besser jedoch noch mehr Reichtum vernichten mußte. Kam einer seiner Potlatsch-Verpflichtung nicht nach, so wurde er verachtet und galt als aus der Prestigeordnung verstoßen. Vielleicht standen so oder ähnlich geregelte Spielformen des Kontakts am Anfang kultureller Gemeinsamkeiten. In Melanesien sagen kleine Siedlungsgemeinschaften über die Leute entfernter Gruppen, mit denen sie aufgrund des eigenen Exogamie-Gebots in Heirats-Verbindung stehen: „Sie sind unsere Feinde, wir heiraten sie." Vielleicht sind die großen Stämme mit ihren zahlreichen Clans aus solchen Kontakten entstanden, deren Untergrund von Mißtrauen durch die Erfindung gemeinsamer Regeln überbrückt wurde. Aber das sind Spekulationen über einen Ursprung, der zum Geheimnis der Stämme gehört. Fest steht, daß die kollektive Einspielbarkeit von Wirklichkeit das Maß für die Scheidelinie zwischen drinnen und draußen war und blieb.

ihrer liegende unterwerfen muß. Die historischen Siege scheinen der Zivilisation gewiß, doch es werden Pyrrhus-Siege gewesen sein. Im Kampf *gegen* die Geschichte hat das System keine Chance. Als schicksalhafte Realität schlägt der Rachegeist der Stämme zurück. Als unbekannter Todesgott ist das System in die Stämme hereingebrochen, als eine Realität, der sich nicht siegreich begegnen ließ, nicht im offenen Kampf. Nur Unsichtbarkeit hat die Stämme geschützt. Diese Unsichtbarkeit dauert an. Selbst wenn der letzte kulturelle Schlupfwinkel der Erde vom System erschlossen sein wird, werden die letzten Stämme nicht entdeckt sein. Sie sind die verschwundenen Stämme, die plötzlich wieder auftauchen werden – mit der Katastrophe, die den Triumphzug der Moderne auslöschen wird.

Das unerklärliche Aussterben zahlreicher Stämme nach ihrer Niederlage im historischen Kampf war ein Symbol des Verschwindens der Letzten Stämme, die als Rachegeist der Zeit auf der Lauer liegen. Die Unbesiegbarkeit der letzten Stämme liegt in ihrer metamorphen Fähigkeit, wie ihre mythischen Ahnen verschwinden und plötzlich aus dem Nichts wieder auftauchen zu können. Noch sind ihre Symbole unsichtbar, auch wenn es Zeichen ihrer Existenz gibt. Noch weiß keiner, wer ihnen angehören wird. Aber mit der katastrophischen Realität, die kommen wird, werden sie plötzlich sichtbar werden, als deren Bündnispartner. Nur Stämme werden überleben.

Die Fatale Welt II

Splitter/n der Geschichte

Die Welt ist voller Spuren, überall ragt scheinbar Vergangenes in die Gegenwart hinein. Es ist die MENSCHHEIT, die sich als Erbe dieser Hinterlassenschaft betrachtet. Die MENSCHHEIT betreibt die Nachlaßverwaltung der diffusen und heterogenen Zeichen, um in ihnen eine Ordnung ausfindig zu machen, deren Sinn noch heute gilt. Dabei findet sich überall das Gesetz der Ent-wicklung, das auf das Projekt der MENSCHHEIT verweist. Die Geologie, die Paläontologie, die Archäologie und in gewissem Sinn die Ethnologie beschäftigen sich mit der Entzifferung „vor"-schriftlicher Zeichen. Deren Sinn führt sie immer aus der von Rätseln umstellten Vergangenheit heraus, um in ihrer schriftlich fixierbaren Erklärung aufzugehen. Die Vergangenheit, die Geschichte heißt, soll das gelöste Rätsel der Spuren sein, die die Welt bevölkern. Die Geschichte hat eine Richtung, die unweigerlich im Projekt der Zukunft von heute mündet. Der Sinn alles Seienden, das war, bestand darin, zugrunde zu gehen, um den Durchgang zur Ordnung von heute zu öffnen, die sich selbst von morgen her legitimiert. Die Zukunft ist die restlos entschlüsselte Welt, die dem MENSCHEN vollständig zur Verfügung steht, das Ende des Geheimnisses. Die Welt ist ein Gebilde, das darauf wartet, erklärt zu werden. Es enthüllt sich, was war. Der Sinn dessen, was war, besteht in seiner Enthüllung. Denn mit dieser Enthüllung offenbart sich der MENSCH.

Die Pyramide

Die Macht, die von außen kommt, bricht den symbolischen Kreis der Stämme auf, sie durchbricht den Zyklus des Werdens und Vergehens, den Kreislauf der ausgleichenden Zeit, in dem sich Schöpfung und Zerstörung die Waage halten. In den Stämmen dreht sich das Rad des Lebens noch um eine Achse, auf der die Toten zu Ahnen transformiert werden, die als Kontaktpersonen zur Fruchtbarkeitsmacht wirken. Die Macht ist ein Keil, der diese Achse zertrümmert, um die Zeit künftig linear auf ein Ziel zu hetzen.
Die Macht entwirft sich als Plan, der nur ins Werk gesetzt werden muß, um der Vergängnis zu trotzen. Sie kristallisiert in einer Ge-

stalt, deren Urform die Pyramide ist. Das Grab des Pharaos, das zu seinen Lebzeiten errichtet wird, soll als Monument des ewigen Lebens Verfall und Vergessen überdauern.
Aus dem Meer des Wüstensandes, der alle Spuren tilgt, ragt der steinerne Berg auf, dessen fensterlose Höhlengänge das Geheimnis der Ewigkeit bergen und verbergen sollen. Es ist der Name des Pharaos, der die Zeit der Geschichte überdauern soll. Die zukünftig orientierte Zeit, die den rituellen Rückweg zum mythischen Ursprung abgeschnitten hat, glaubt, sich ins Unendliche zu entwerfen. Sie brennt der Materie das Zeichen ihrer Dauer ein. Damit beginnt das tödliche Duell mit der Zeit des Verfalls, die jedes Zeichen zum Untergang verdammt.
Der Weg der Macht hinterläßt eine Spur: die verendenden Zeichen, die vom Plan abfallen. Von der Vergängnis umzingelt, wird dieser in die Perfektionierung seiner Methoden getrieben. Er wird zum Unterfangen des Fortschritts, bei dem der MENSCH als Transformationsmaschine der Materie eingesetzt wird. Die schimärische Jagd nach dem ewigen Bestand führt in immer phantastischere Struktu-

ren der Materie, die die Wissenschaft erkundet, um zu möglichst unzerstörbaren Synthesemöglichkeiten vorzudringen.
Die Pyramide aber, die das Geheimnis der Dauer darstellt und in sich verbirgt, bleibt rätselhaft. Was haben ihre Lageanordnung, ihre Abmessungen, ihre Hieroglyphen zu bedeuten? Bedeuten sie überhaupt etwas? Ist nicht jedes Werk ein Sinnspeicher, dessen Textur entschlüsselt werden muß, um es dem Versinken in die pure Faktizität der Natur zu entreißen? Aber das Double der Macht ist verstummt, es schweigt wie die Sphinx, und vielleicht zeugt dieses Schweigen nur von einem: der Unmöglichkeit der Re-präsentation. Der vom Boden der Rituale in den hierarchisch geordneten Himmel des geheimen Priesterwissens erhobene Sinn bleibt zukünftig unauffindbar. Die Verdammnis der Zeichen ist eine doppelte: entweder verfallen ihre Träger oder ihre Bedeutungen. Letztlich wird alle Überlieferung durch Werke zur Illusion. Sobald sich die Macht ein Double in endgültiger Gestalt geschaffen hat, verschwindet sie selbst in dessen Dauer.
Pharao Amenophis III. (reg. ca. 1388 - 1351 v. Chr.) läßt riesige Steinmonumente zu seiner Verherrlichung über die Zeit hinweg errichten. Die Rückbindung an die Ursprungsmacht soll wie bei seinen Vorgängern nur über seinen Namen und sein Bild erreicht werden können. Die Vergangenheit existiert als Zeichen. Wer diese Zeichen be-

herrscht, beherrscht die Zeit, die man Geschichte nennt. Immer wieder ergänzen Pharaonen dieses Verständnis der Geschichte als Hinterlassen der eigenen Spuren durch das seiner Umschrift, indem sie die Namen von Vorgängern beseitigen und ihren eigenen einmeißeln lassen. Ramses II. (reg. ca. 1279 - 1213 v. Chr.)

läßt nicht nur seinen eigenen Namen eintragen, sondern steinerne Gestalten von Amenophis III. gemäß dem veränderten Bildideal seiner eigenen Zeit umgestalten. Wo Name und Bild in Monumente ausgelagert werden, um zu überdauern, provozieren sie ihre Manipulation und werden zum Material des MENSCHLICHEN Mutwillens. Der französische Fernsehfilm *Pharao und Sklave* (1985) schildert eine Geschichte, die nur fiktiv überliefert werden kann. Ein Wüstensohn rettet den Pharao und seine Leute. Zum Dank will der junge Pharao den Namen des Sklaven in Stein meißeln lassen. Aber die Priester verwalten die Schrift, mit der das Geschehene für die Nachwelt aufgezeichnet wird. Sie entscheiden, daß der Sklave sterben muß, und zwar ohne seinen Namen und seine Geschichte zu hinterlassen. Er hatte, als der Pharao ohnmächtig war – und mit ihm seine umzingelten Krieger, die auf ein Zeichen von ihm warteten – sich dessen Haube aufgesetzt, den Feind mit tödlichen Pfeilen angegriffen und so das Blatt gewendet. Sein Frevel bestand darin, das Geheimnis der Zeichen verstanden zu haben. Für einen Moment lang, solange wie er die Haube trug, übte er die Macht des Pharaos aus. Er hatte die Bedeutung der Macht verstanden, indem er ein Spiel mit ihren Zeichen trieb; in ihrem Dienst zwar, doch auf eigenmächtige Weise. Die Geschichte, die aufgeschrieben wird, soll aber illustrieren, daß die Macht nur oben empfangen wird, an jenem Punkt, wo die Spitze der Pyramide den Himmel berührt; und daß sie nicht in Zeichen gründet, sondern umgekehrt die Zeichen in ihr.

Die Schrift

> „Und zieh eine Grenze um das Volk und sprich zu ihnen: Hütet euch, auf den Berg zu steigen oder seinen Fuß anzurühren; denn wer den Berg anrührt, der soll des Todes sterben."
>
> (2. Moses 19/12)

Gott selbst ist hier zugange. Es ist ein grausamer, unberechenbarer Gott, der nur über Mittelsmänner mit sich reden läßt. Er läßt es donnern, blitzen und rauchen, so daß Moses zu seinem Volk sprechen muß:

> „Fürchtet euch nicht, denn Gott ist gekommen, euch zu versuchen, damit ihr es vor Augen habt, wie er zu fürchten sei, und ihr nicht sündigt. So stand das Volk von ferne, aber Moses nahte sich dem Dunkel, darinnen Gott war."
>
> (2. Moses 20/20f)

Der priesterliche Mittelsmann ist nötig geworden, um mit der außermenschlichen Macht Kontakt zu halten. Er erscheint nicht als Machtusurpator, sondern als begnadete Kontaktperson, auf die nicht nur die Drohgewalt übergeht, sondern von der damit auch das Wohl des Volkes abhängt.

> „Und als der Herr mit Moses zu Ende geredet hatte auf dem Berge Sinai, gab er ihm die beiden Tafeln des Gesetzes; die waren aus Stein und beschrieben von dem Finger Gottes."
>
> (2. Moses 31/18)

Die Schrift wird als Gesetz geboren, und zwar als eines, das direkt von Gott kommt, auch wenn es dem Volk durch Priester überbracht werden muß. Moses' Enttäuschung ist groß, als er feststellen muß, daß sein Volk nicht darauf gewartet hat, sondern schon wieder um ein Kalb tanzt.

> „Her zu mir, wer dem Herrn angehört! Da sammelten sich zu ihm alle Söhne Levi. Und er sprach zu ihnen: So spricht der Herr, der Gott Israels: Ein jeder gürte sein Schwert um die Lenden und gehe durch das Lager hin und her von einem Tor zum andern und erschlage seinen Bruder, Freund und Nächsten. Die Söhne Levi taten, wie ihnen Mose gesagt hatte; und es fielen an dem Tage vom Volk dreitausend Mann."
>
> (2. Moses 32/26ff)

Es handelt sich nicht einfach um einen cholerischen Racheakt, sondern um einen praktischen Anschauungsunterricht in Sachen Gesetz. Denn wo es gelten soll, müssen alte Verwandtschafts- und Stammesbindungen aufgetrennt werden, um die Wahrheit des neuen Wortes zur Wirklichkeit kommen zu lassen. In den Stämmen gibt es keine schlimmere Untat als den Brudermord, die Treue zum Gesetzeswort beweist sich dagegen im Kappen der Blutsbande. Der Staat ist entstanden, noch bevor er sein Territorium umgrenzt hat. Er ist der Geltungsbereich des Gesetzes, an dem nichts verändert werden darf, denn nun ist es an die Stelle des Ursprungs getreten.

> „Hüte dich, einen Bund zu schließen mit den Bewohnern des Landes, in das du kommst, damit sie dir nicht zum Fallstrick werden in deiner Mitte; sondern ihre Altäre sollst du umstürzen und ihre Steinmale zerbrechen und ihre heiligen Pfähle umhauen; denn du sollst keinen anderen Gott anbeten. Denn der Herr heißt ein Eiferer; ein eifernder Gott ist er."
>
> (2. Moses 34/12ff)

Die Schrift ist Gesetz, und das Gesetz ist Vor-Schrift der Wirklichkeit, in die nichts Begegnendes eingehen darf. Man kann mit der Schrift die Vergangenheit als Geschichte festhalten, das heißt als Auslassung und als Umschrift; aber man kann es nur, weil sich auf einmal der Raum der Zukunft geöffnet hat. Die Schrift ist die Möglichkeit des Plans: Zeichen der Zeit, die sich beherrschen lassen.
In allen ihren frühen Formen imitierte die Schrift noch die heiligen, nicht von Menschenhand hergestellten und auch nicht kopierbaren Zeichen aus Holz oder Stein, in denen sich, deutlicher als in jedem anderen Stück Erde, die Seinsregeln symbolisch verdichteten. So gehört sie in den Tempel, den ausgegrenzten Bezirk des Heiligen, innerhalb dessen das Geheimnis verwahrt wird. Die Schrift ist das Geheimnis der Macht. Für das wandernde Staatsvolk wird eine transportable Tempelminiatur in Form der Bundeslade hergestellt, in der die Gesetzestafeln aufbewahrt werden.
Anfangs ist die Schrift noch ein einziges geheiligtes Stück, aber aus ihrem Geltungsbereich (der Allgemeinheit) und ihrem Geltungsgrund (Gott, der sich vermittelst der Priester offenbart) wird irgendwann die Idee der Wahrheit geboren, die nicht mehr an die Materialität dieser Welt und ihre lokalen Verschiedenheiten gebunden ist. Die jüdischen Propheten und der griechische Philosoph Xenophanes sind sich einig darin, daß jede materielle Verkörpe-

rung von Geistern, Kräften oder auch Göttern an der Wahrheit des reinen Wortes auf groteske Weise vorbeizielt.

Sobald der Träger der Schrift beliebig geworden ist, kann sie vervielfältigt werden. Ihre identische Bedeutung kann aber nur reproduziert werden, solange die Auslegung der Schrift durch eine institutionalisierte Autorität monopolisiert bleibt. Das Wort ist immateriell und vergeistigt und es steht für eine Welt, die sich nicht mehr in besonderen Zeichen verdichtet, sondern von nun an repräsentiert wird.

Mit dem Buchdruck greift das Medium ein und verändert die Welt. Es schafft eine Öffentlichkeit, die aus Der Schrift die Schriften werden läßt – eine lästerliche Vielheit, die zu den millenaristischen Entladungen des verdampfenden Sinnsystems im 16. Jahrhundert beitrug. Die Kommune der Wiedertäufer von 1534-35 war eine davon. Die eigene Auslegung hatte das Dogma gesprengt, dessen Zerbrechen als Bersten der Welt ausgelegt wurde; denn Wort und Welt waren bis dahin eins, im Glauben. Und dieses Bersten wurde als Verruchtheit, als die Herrschaft des Antichrist ausgelegt, der das Ende der Welt einleitete. Die eigene Auslegung der Welt konnte nur noch in deren Vernichtung einen Sinn erkennen.

Erst wird der Träger beliebig, dann wird die Bedeutung ungewiß. Mit der Ausdeutbarkeit aber wird die Wahrheit der Worte zum großen Verweis. Ihr monopolisierter Ursprungsort ist aufgelöst, doch ihr Ziel, den Weg durch die Welt zu weisen, ebenso. Am Ende, wenn alle Zeichen beliebig zirkulieren können, wenn die Kommunikation total ist, wird ihr Sinn vollständig verloren sein. Die ganze Bibliothek steht zur Verfügung, aber damit ist sie auch schon verschwunden, denn sie ist zur Welt selbst geworden, zu einem Dschungel von Zeichen, von deren Lesbarkeit die Existenz abhängt. Die Karte ist zum Territorium geworden, der Weg ist im Treibsand der Zeichen verloren, übrig bleiben unverständliche Runen.

Mit der Apokalypse des Sinns er-findet sich die Schrift in neuen Aufzeichnungssystemen, deren Aufgabe zunächst nichts weiter als die Erfassung der Welt ist. Ihr Erkenntniswert hängt nicht mehr von Wahrheitsinterpretationen ab, sondern bestenfalls noch von erkennungsdienstlichen Einsichten zum Zweck militärischer Aufklärung. Foto, Film, TV und Video sollen zunächst nur möglichst exakt abbilden. Ein neues Pathos der Realität entsteht, die, wenn auch nur für das Auge und das Ohr, so unmittelbar vorgestellt werden kann, daß sich ein Evidenzgefühl gegenüber der Welt einstellt wie einst gegenüber den alten heiligen Zeichen. Nur der Schauer der Heiligkeit fehlt, weil es kein Geheimnis mehr zu geben scheint. Doch das Geheimnis ist ein Schalk. In der Möglichkeit der Simulation hockt es im Medium, in dem erst die Träger der Zeichen formiert werden. Es schickt seinen Dämon aus, um dem Skeptiker zuzuflüstern, daß auch die öffentlich gelieferte Realität nur ein mediales Genre ist. Thomas von Aquin hatte im intellektuellen Vermögen des Menschen die rettende Kraft der Welt gesehen. Unbefleckt von deren Sünde sollte der Geist durch Angleichung an diese den Schöpfungsakt Gottes nachvollziehen können. Die technischen Medien haben sich von der Verpflichtung zur Wahrheitserkenntnis (und damit von deren Bezweifelbarkeit) freigemacht, die Kamera ist nur noch Zeuge eines Geschehens, in dem sie nichts mehr erkennen kann, und das sie, wie im Pressefoto, nur noch einsammeln muß.

Die Zeichen der Welt, die erst im Medium entstehen, machen dieses zu einem Schöpfungsapparat. Die Welt entsteht als mediale Schrift. Video-Clips sezieren den Körper, verdoppeln ihn, lassen ihn verbrennen, verschwinden und wieder auftauchen. Das mediale Wort ist zur Schöpfungskraft geworden, vermindert gegenüber derjenigen Gottes nur um einen gewissen Wirklichkeitsgrad. Schließlich steht der Einzelne einzig als Zeuge auf der Höhe der Schöpfungskraft des MENSCHEN. Es ist die Welt des Zuschauers, deren Sinn darin besteht, mit der Einschaltquote die Wirklichkeit ihrer Schöpfung zu bezeugen.

Der Fortschritt

Der Fortschritt ist das Gesetz des Systems. Er ist das Prinzip der metastatischen Wucherung, des verlorenen Maßes. Wenn heute errechenbar ist, daß auf einem Siliciumchip nicht mehr als 16 000 000 Bits untergebracht werden können, dann ergibt sich für den Fortschritt daraus die Notwendigkeit, Laser- und Glasfasertechnologien zu entwickeln, mit denen noch mehr Informationen noch schneller verarbeitet und übermittelt werden können.

Der Fortschritt ist eine permanente Grenzüberschreitung. Er ist das Prinzip imperialer Macht, die alles codieren muß. Er basiert auf der Idee, daß es kein Refugium geben darf, nicht im Dschungel, nicht im All und nicht auf dem Meeresboden, der ebenfalls industriell erschlossen wird. Als Prinzip restloser Erfassung braucht der Fortschritt den Hyperapparat, den Komplex aus Staat und Industrie, um sich zu materialisieren. Die ganze Welt ist sein Experimentierfeld.

Wir alle leben im Labor, es gibt keine Grenze zwischen Forschung und Nutzanwendung.
Der Fortschritt hat die Vorstellung einer in sich ruhenden Gestalt der Unendlichkeit, die am Ende der Geschichte auf den MENSCHEN wartet, aufgelöst. Er hat sie in seinem Projekt der ewigen Grenzüberschreitung aufgehoben. Ihm dienen keine stummen Monumente, keine Gestalten der Endgültigkeit mehr. Er braucht Vehikel durch die Zeit, die sein Projekt transportieren. Ihr Sinn liegt darin, ihrer eigenen Überschreitung zu dienen. Sie müssen tätig sein, um ihrer eigenen Vermehrung in der Zukunft zu dienen. Dazu müssen sie das Vergangene in diesem Sinn interpretieren und ausrichten.

Die Monster

Die Vehikel des Fortschritts sind rauchschwadenverhängte Monster, deren Röhren zum Sound der Erde geworden ist. Zu festgelegten Zeiten nehmen sie Menschenströme in sich auf, die sie dann wieder ausspeien. Nachts sind sie beleuchtet, damit sich ihnen niemand unbemerkt nähern kann. Sie verzehren das Biotop Erde. Das Prinzip ihrer Art ist ein anorganischer Virus. Sie vermehren und entwickeln sich, indem sie das zerstören, was außerhalb ihrer existiert. Sie sind Transformatoren und Exterminatoren, der in Industrieanlagen, Städten und Staudämmen formierte Tod.
Die Monster sind das Schöpferzeichen des MENSCHEN. Er hat eine neue Gattung geschaffen, die sich in der Zeit der Geschichte entwickelt hat, der Zeit des MENSCHEN. Oder ist es das Monster, das sich den MENSCHEN als Arbeiter seiner Zeit geschaffen hat, der Zeit des Werks – und damit der Illusion der Dauer? Beides ist eins, der MENSCH und das Monster sind siamesische Zwillinge. Sie haben die Welt zusammen betreten und sie werden sie zusammen verlassen. Sie sind die Verkörperung ihres immateriellen Erzeugers, der eine

reine Imagination ist: des Gedankens der Macht. Die Macht ist die Illusion der Dauer ihrer selbst. Alles andere soll ihr Zeichen tragen. Als wäre ihre Gestalt für die Wahrnehmung aus der Luft durch außerirdische Ankömmlinge bestimmt, wie es eine Science-Fiktion ausgemalt hat. Eine Vision von einem Standpunkt danach. Längst hat die Moderne begonnen, sich Wesen einer anderen Art auszudenken, die eines Tages ihre Zeugen spielen könnten. Denn die Monster sind der Krebs, das maßlose Wuchern, dem nur die Katastrophe Einhalt gebieten kann. Wenn alles getan ist, werden ihre verendeten Körper als stumme Zeugnisse eines unauffindbaren Geschehens zurückbleiben, als sinnlose Monstrosität.

Alles wird wieder Hieroglyphe geworden sein. Vielleicht wird es nicht einmal mehr die geben, die sie nicht entziffern können. Muscheln, die schon einmal für Millionen von Jahren die dominierende Population der Erde waren, sind eine unarchäologische Gattung. Die in elektronische Immaterialität aufgelöste Information wird spurlos verschwunden sein. Nicht einmal ein Anzeichen wird den Stolz der Informationstheoretiker überliefern, auf so wenig Raum – auf viel weniger Raum, als die in Stein gemeißelten Hieroglyphen – unendlich viele Daten gespeicherte zu haben. Was bleibt, die Hardware der Geschichte, die Gerippe der Monster, wird archaisch geworden sein, schwerwiegende Spur eines unauffindbaren Sinns.

Metastatische Medizin

Die westliche Medizin ist eine Domäne des Fortschritts par excellence. In ihr geht es weder um Krankheit noch um Gesundheit, sondern um das Eindringen in immer abstraktere, nur noch mit immer komplizierteren technischen Apparaturen zugängliche Materiestrukturen.

Der Code des MENSCHEN beginnt dort, wo das Auge nicht mehr hinreicht. Dieser Code wird als Struktur des körperlichen Substrats und nicht als die Matrix der wissenschaftlichen Betrachtungsweise vorgestellt. Der Code ist die Natur des MENSCHEN als biophysischem und intelligentem Wesen, das durch Informationen gesteuert wird. Sobald der Code vollständig entschlüsselt ist, ist der MENSCH in der Lage, die ihm zusetzenden Zufälligkeiten, die heute noch zur Natur gehören, unter Kontrolle zu bringen. So das Pathos der Medizin.

Aber, soviel darf man verraten, der Code wird nie entschlüsselt werden. Er ist eine Idee des wissenschaftlichen Fortschritts und unterliegt dessen Gesetz, das da heißt: jede Annäherung an sie bedeutet zugleich eine Entfernung von ihr. Das einzige Ziel des Fortschritts ist sein Fortschreiten.

Die Wissenschaft wird immer weitere Synthesemöglichkeiten entdecken, die sie zur Anwendung bringen kann. Die Flut an Medikamenten und Behandlungstechniken wird immer weiter ansteigen. Aber die Medizin hat sich längst von ihrem alten Zweck, für die Gesundheit von Menschen zu sorgen und Kranke zu heilen, emanzipiert. Die Gesundheit des MENSCHEN ist kein Ziel mehr, sondern, als zukünftige, Alibi für das Fortschreiten der Forschung.

Nicht zufällig hat der medizinische Fortschritt seine größten Erfolge auf dem Gebiet der Bakteriologie, das heißt im Kampf gegen lebendige Organismen gefeiert. Aber statt daß die Menge der Krankheiten immer mehr eingekreist würde, ufert sie aus. Die Medizin hat sich vom Wissen um den Austausch mit der Natur so weit entfernt, daß sie heute höchstens für 10 – 20 % der Krankheiten noch über zuverlässige Behandlungsmethoden verfügt. Die moderne Gesellschaft hat Pest und Cholera besiegt, aber sie ist von Krankheit durchsetzt wie vielleicht keine gesellschaftliche Formation vor ihr.

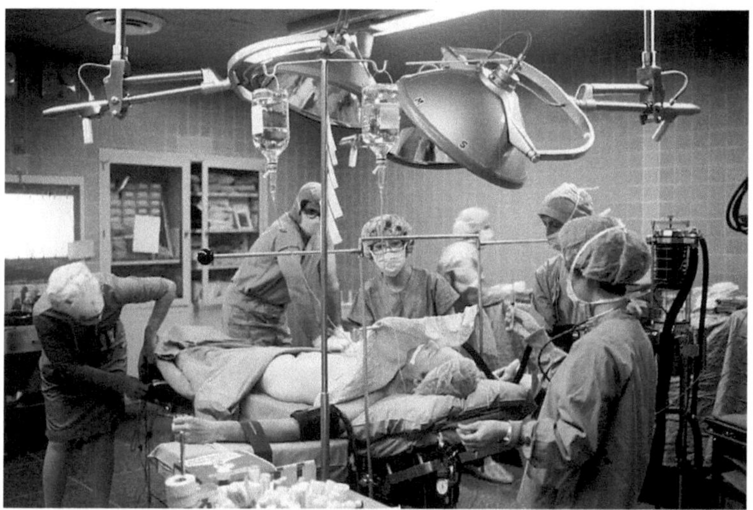

Die moderne Medizin ist eine Bastion der planenden Subjektivität, ihr Vorgehen ähnelt militärischen Kampfhandlungen. Jedes Symptom bedeutet eine Art Feindpräsenz, die es zu vernichten gilt. Die Methodik der Medizin bedarf dazu einer Vorstellung der Funktionsweise des Körpers, die es erlaubt, Phänomene zu isolieren, um möglichst kontextfrei gegen sie vorgehen zu können. Daß der Körper anders funktioniert und daß sich materielle Substrate nicht nach dem Wunschbild einer eingeengten Kausalität einsetzen lassen, wird durch eine mystifizierende Wortbildung zugegeben und zugleich verschleiert. Die sogenannten Nebenwirkungen sind genauso Wirkungen wie die erwünschte Wirkung. Weil sie unerwünscht sind, werden sie mit dem Präfix „neben" versehen. Die erwünschte Wirkung wird als Erfolg gefeiert und die Neben-wirkung entweder ignoriert oder dem großen Noch nicht des Fortschritts überantwortet – um weiterzuforschen. Immer tiefer dringt die chemische Industrie in die Materie ein, um sie zu zerrütten, und die heraufbeschworenen Rachegeister dienen nur als Vorwand, immer weiter zu gehen. Prinzipiell bleibt es der modernen Medizin versagt, ihre Methodik als Paradigma des Komplexes zu verstehen, von dem es sich zu heilen gilt.

Im Kampf gegen den Krebs feiert die militärische Metaphorik der Medizin ihre Superlative. Monoklonale Antikörper werden als „Trägerraketen" gezüchtet, um Immuntoxine als „Gefechtsköpfe" in von Antigenen befallene Zellen zu schicken. Vielleicht ist es möglich, auf diese Weise einzelne Krebszellen zu vernichten, aber eines ist sicher: den Krebs wird man so nicht ausrotten. Im Gegenteil, er wuchert in Gestalt der medizinischen Forschung. Deren Ausufern ist der Krebs. Das ungehemmte, maßlose Wuchern von Zellen ist nur eine Erscheinungsform des Krebses, dessen Struktur das Gesetz der Wissenschaft selbst ist.

Das verlorene Maß zeigt sich als abwesendes beim bewußtlosen Patienten, der nur noch als Impulsspender für technische Apparaturen dient. Wer ins Krankenhaus eingeliefert worden ist, ist der Definition seines Todes durch den Stand der Medizin ausgeliefert. Dieser entscheidet darüber, welche Behandlungsmethoden am Patienten ausprobiert werden. In seiner Verfügungsgewalt wird der Patient zum Test-Fall innerhalb des Anwendungsbereichs der wissenschaftlichen Methodik. Immer wieder gibt es die spektakulären Fälle, in denen ein monate- und jahrelang im Koma liegender Patient nicht sterben darf. Nicht nur die Öffentlichkeit sondern auch die Ärzteschaft ist dabei mit einem Grenzfall konfrontiert, für dessen Problematik es keine andere als eine willkürliche Lösung gibt. Alle Ethik, die dann gefordert wird, kommt zu spät. Die Erhebung über das, was die Maschine anzeigt, mag im einzelnen als heroischer Ausweg erscheinen, aber um sich fundieren zu können, müßte der gesamte Weg annulliert werden, der zu dem Stand der Technik geführt hat, in dem jede Entscheidung so gut ist wie ihr Gegenteil. Der Grenzfall enthüllt sich als paradigmatischer Fall. Die zu entscheidende Frage nach dem, was Leben ist, kann nicht erst im Grenzfall beantwortet werde. Sie ist bereits in der Methodologie der Medizin sedimentiert.

Wie in der Atomphysik oder der Gentechnologie kommen alle Versuche, das Grauen durch politische oder ethische Entscheidungen Einzelner zu limitieren, hoffnungslos zu spät. Das Gesetz des Fortschritts ist anonym, und der durch es in Gang gesetzte Prozeß rollt unaufhaltsam voran. Die Wissenschaft wuchert und die Medizin treibt ihre Metastasen.

Die Welt ist zu einem gigantischen Labor geworden, in dem sowohl Patienten als auch Ärzte Teil der pharmazeutisch- und technisch-industriellen Versuchsanordnung sind. Aufgrund einer sprachlichen Konvention darf sich der Mensch, an dem die chemischen Medikamente und operativen Verfahren zur Anwendung kommen, von dem Tier unterschieden fühlen, am dem sie „getestet“ wurden. Der auf seine moderne Medizin so stolze MENSCH ist zu einem Wesen auf dem Experimentiertisch geworden, dessen Bild er sich gerne als Pavian vorstellt.

Das System I

„Kekulé träumt die Große Schlange, die sich in den eigenen Schwanz beißt, die träumende Schlange, die die Welt umschlingt. Doch welche Niedrigkeit, welcher Zynismus wird sich diesen Traum zunutze machen. Die Schlange, die verkündet: „Die Welt ist ein geschlossenes Ding, zyklisch, in sich schwingend, ewig wiederkehrend“, sie wird ausgeliefert an ein System, dessen einzige, erklärte Absicht darin besteht, diesen Kreislauf zu sprengen. Es nimmt und gibt nie zurück, es proklamiert ein ständiges Wachstum von „Produktivität“ und „Einkommen“ mit der Zeit, es entzieht dem Rest der Welt ungeheuerliche Mengen von Energie, nur um seine winzige, zu allem entschlossene Fraktion in der Gewinnzone zu halten: und nicht allein der größte Teil der Menschheit – der größte Teil der Welt, der Tiere, Pflanzen, Mineralien, wird dabei in Wüstenei verwandelt. Das System mag begreifen, vielleicht auch nicht, daß es sich nichts kauft als Zeit. Und daß Zeit zunächst nichts weiter ist als eine künstliche Ressource, für nichts und niemanden von Wert als nur für das System, das sich früher oder später selbst zu Tode stürzen muß, schuldlose Seelen aus allen Lebensstufen mit sich reißend, sobald seine Sucht nach Energie so groß geworden ist, daß der Rest der Welt sie nicht mehr zu befriedigen vermag. Innerhalb des Systems zu leben ist wie eine Überlandfahrt in einem Bus, der von einem Wahnsinnigen gesteuert wird, der seinen Selbstmord plant."

(Thomas Pynchon)

Die Müllhalde

Wurden die Kirchen früher so errichtet, daß es möglichst keinen bewohnten Flecken Land geben sollte, der nicht durch ihre Glockenbotschaften erreicht wurde, so hat der Glasmüllcontainer deren Nachfolge in der modernen Stadt angetreten. Der Klang klirrenden Glases ist zum Alltag geworden. Er ist der Sound eines Krieges gegen die überflüssig gewordene Materie, die die Moderne zu ersticken droht. Detonationen, deren Wirkung nicht Zerstreuung sondern Sammlung sein soll, nicht Auflösung, sondern Herstellung von Ordnung.

Auf einmal ist der Müll zum Problem geworden, als Drohung des Chaos, aus dem sich die Moderne herausgearbeitet zu haben glaubt. Gerade ihre Passivität macht die unbrauchbar gewordene Materie so widerspenstig. Sie stellt eine eigene Zeitform dar, die den hyperschnellen Raum der Moderne überlagert. Immer schnellere Produktions- und Konsumtionsverfahren bringen entropische Reste mit immer längeren Zyklen hervor.

Im symbolisch regulierten Leben, das heißt dort, wo das Soziale durch die Dimension des Kollektiven begrenzt bleibt, hat das Ausgeschiedene noch an den natürlichen Zyklen von Werden und Vergehen teil. Die Fäkalien können als Dung zum Gesellen der Fruchtbarkeitsmacht werden. In den ersten großen Städten im Zweistromland fängt es auf den Straßen mächtig zu stinken an, denn dorthin wird der Hausmüll, der noch hauptsächlich aus Fäkalien besteht, geworfen. Noch kann man es sich erlauben, nach der Devise „Tritt sich fest!" zu handeln, und so baut man die Türschwellen der Häuser Generation für Generation ein Stückchen höher, während die alten in ihrem eigenen Abfall verschwinden. Der Müll ist von Anfang an der Schatten der urbanen Lebensweise. Aber lange bleibt er eine lästige Plage, die nicht als ernsthafte Bedrohung auftritt. Das ändert sich mit den modernen Produktionsverfahren des 20. Jahrhunderts.

Der Schrott ist die Visualisierung des Problems, das die Haltbarkeit der Materie darstellt, wenn die Dinge einmal ihre Brauchbarkeit verloren haben. Schrott ist Abfall, Abfall von der Vergangenheit, aber auch Abfall von der Zukunft, der das Material nicht mehr dienen will, reines Dasein gewordene, absolut überflüssige Gegenständlichkeit. So wurden alle möglichen Reste des Verwertungsprozesses von der Kunst wieder eingesammelt, um mit ihnen dem Wertlosen die Würde und das Recht der Mitbürgerschaft in der Welt der Werte und des Nützlichen zu verleihen. Die Produktion, der Plan, will ein Plus erzielen, heraus kommt ein Minus, der Rest, der nicht aufgeht. Die Kunst spielt ein Nullsummenspiel vor, in dem alles gleichberechtigt nebeneinander steht.

Aber die Rechnung geht nicht auf. Das unnütz Gewordene stellt sich dem Nutzen in den Weg. Allein die Hunderttausende Tonnen Hausmüll, die jährlich von einer Stadt abfallen, die Ausscheidungen der Industrie, gefährlich gewordene Materieverbindungen – es bleibt ein Rest, der bedrohliche Dimensionen annimmt.

Eine fieberhafte Aktivität hat eingesetzt, um den Abfall zu analysieren und zu sortieren. Bereits im Haushalt soll er getrennt werden, um dann von den zuständigen Unternehmen weiterbefördert zu werden. Das Branchenbuch zeichnet das Geschäft mit Altglas, Altmetallen, Altpapier als einen ihrer blühenden Zweige aus. Wohlorganisiert und wissenschaftlich angeleitet wird betrieben, was die Bewohner der Mülldeponien von Kairo oder Manila in mühsamer Handarbeit verrichten: das noch und das wieder Verwertbare in den Kreislauf des Nützlichen zurückzuführen. In der DDR hat man für diesen Seinszustand der Dinge einen eigenen Namen gefunden, „Sero", von sekundärer Rohstoff. Das Verfahren bezeichnet man westlich als Recycling. Das Ausgeschiedene wird zum zweiten Außerhalb erklärt, um erneut das Zeichen des Plans eingebrannt zu bekommen. „Ich war eine Dose", verkündet ein Nagel. (War nicht schon das erste Außerhalb, der „Rohstoff", eine Art Abfall, fossiler Tod von unvordenklichen Zeiten?) Aber nicht nur das Papier wird dunkler und die Kontraste unschärfer, der Aufwand, um die verendenden Zeichen für die Zivilisation wiederzugewinnen, steigt unerbittlich im Verhältnis zu seinen Früchten. Der Inzest mit den eigenen Ausscheidungen führt zu einer schleichenden Degeneration. Zeichen der Verendung, die sich von der Zeit des Plans abgekoppelt haben.

Der Giftmüll hat kein Bürgerrecht in dieser Welt, er gehört nicht dazu. Er wird auch nicht als Kunstwerk ausgestellt. Aber er ist da und jetzt ist das Problem, wie man ihn am besten verschwinden läßt. Keiner will ihn haben. So müssen in internationale Handelsverträge

Klauseln einbezogen werden, die festlegen, wer wem wieviel Müll abnimmt. Eine bestimmte Menge kann nach Maßgabe der Umweltbestimmungen immer in der Natur untergebracht werden, genauso wie ein weiterer Teil, der dann auf das Skandalkonto eingetragen wird. Wird das Skandalkonto überzogen oder türmen sich die Deponien zu hoch auf, kann das den Widerstand der Bevölkerung heraufbeschwören.

In nordamerikanischen Städten sind die Müllhalden überfüllt und die Nachbargemeinden weigern sich, fremden Müll aufzunehmen. Der Müll hat kein Asylrecht. So hat man versucht, den ungeliebten Müll mit riesigen Schiffen nach Mittelamerika zu verfrachten. Aber ein Land nach dem anderen, bis hinunter nach Südamerika, verweigerte die Annahme. Das weitere Schicksal des Schiffes und seiner Ladung steht außerhalb des Zuständigkeitsbereichs einer Zeitungsmeldung. Aber viele wissen es bereits: der Müll ist die Entgrenzung, die Entzeichnung der Dinge, ihre Rückseite, die überall ist. Wir alle leben auf dem Schulhof, unter dem die Giftfässer begraben liegen.

Die Gesamtheit der Dinge existiert nicht mehr synchron. Es stellt sich die Frage, welche Teilmenge die andere zum Anachronismus erklären kann. Früher mag der Müll das Veraltete gewesen sein, das man wegwarf, um es der Verwesung zu übergeben, aber der Atom-Müll hat alles verändert. Er ist es, der über unabsehbare Zigtausende von Jahren Bestand haben wird und damit uneinholbar vor der Zivilisation, die ihn hervorgebracht hat, im Rennen liegt. Schon überlegt die Wissenschaft, welche Zeichen man verwenden könnte, um die Botschaft der Gefahr über einen solchen Zeitraum zu transportieren. Hinweisschilder, Piktogramme, sogar quasireligiöse Kulte hat man sich überlegt. Aber es ist zwecklos, keine Zivilisation der Geschichte hat ihre Zeichensysteme über einen so langen Zeitraum weitergeben können. Die einzigen Kulturen, die auch die Orte gefährlicher Strahlung über Jahrzigtausende tabuisieren konnten, waren die Stämme. In den Wüsten Australiens oder Arizonas waren die Plätze, an denen die Moderne später Uran fand, geheiligt und mit besonderen Meidungsregeln belegt. Die Frage stellt sich nicht erst für die Zukunft. Alles ist bereits passiert. Der Sinn der Zeichen, die den Weg auf der Erde leiten konnten, ist bereits vergessen.

Aus dem Reich des Mülls strömt ein Geruch des Grauens. Visionen von der Erde jenseits der Zeichen steigen auf, einer Erde, deren Gleichgültigkeit durch keinen menschlichen Plan mehr getilgt werden wird. Ein Land ohne Karte und Leser, schweigender Hohn der Erde auf ihre menschliche Bestimmung als *causa materialis*.

Aber das Reich des Mülls wird den MENSCHEN nicht nur vernichtet, sondern auch erst zum Schöpfer gemacht haben. Am Ende, nicht am Anfang, wird er zum Schöpfer einer eigenen Epoche von Daseinsbedingungen auf dieser Welt geworden sein, denn Davor und Danach werden verschiedene geologische Formationen auf ihr herrschen. Erst die verbrannte Erde wird die endgültige Heimat des MENSCHEN sein.

Die Macht hat ihren Keil auf die Zukunft ausgerichtet, aber zugleich wird sie von dieser verfolgt. Denn ständig muß die Macht ihre eigenen Spuren durch die Historie rekonstruieren, um sich selbst vorzufinden. In aller Vergangenheit ist die Codierung noch mangelhaft, schimmert die *terra incognita* noch durch, die die Erde früher war. Nie war es der MENSCHHEIT möglich gewesen, die Umstände und Bedingungen ihres Daseins gänzlich selber zu bestimmen. Erst am Ende, wenn die Zeit des Verfalls die Spuren auslöscht statt sie im Prozeß des Fortschritts endlos weiter zu verfolgen, wird die Macht *ens causa sui* dieser Epoche geworden sein.

Die imaginäre Wirklichkeit

Information ist alles, oder anders herum: alles ist Information in der modernen Welt, die nur aus und in diesen Informationen besteht. Informationen formieren das Welt- und Sozialverhältnis des modernen Menschen, sie sind sein quasi-ontologischer Äther.
Informationen werden durch Massenmedien verbreitet, deren Message sich darauf reduziert, daß die Welt der Information feststeht. Tendenziöse Aussagen, Lügen, Verdrehungen oder Hetzkampagnen erwecken den Anschein, daß das Problem mit den Medien ihre Verwendung zu ideologischen Zwecken sei, und daß es entsprechend darauf ankäme, sie sich anzueignen, um über sie richtiges Bewußtsein zu vermitteln. Aber die Inhalte sind beliebig, sie spielen keine Rolle. Die transportierten Informationen sind nur ein Vorwand für ihren Transport, für die Überbrückung und damit Schaffung der Distanz zwischen Sender und Empfänger. Die Massenmedien schaffen den sozialen Abstand, der den Lauf der Dinge hat fatal werden lassen.
Informationen funktionieren als Vektoren, sie haben eine unumkehrbare Richtung. Anders als das zirkulierende Spiel der Bedeutungen in der symbolischen Wirklichkeit bleibt Kommunikation über massenmediale Informationen Einbahnstraßenverkehr auf dem Highway des Fortschritts. Selbst wenn die demokratische Medienutopie realisiert würde, nach der jeder Empfänger auch ein Sender sein sollte, entstünde mit jeder Information, die einen Empfänger erreicht, der leere Raum zwischen ihm und dem Sender, der Raum der Abwesenheit, der nur imaginär gefüllt werden kann.

Der Fluß der Informationen durch das mediale Netz bedeutet Massenkommunikation. Sie konstituiert eine Spielform von Wirklichkeit, die sich von der symbolischen Wirklichkeit unterscheidet. Sie wird nicht von Akteuren in einem gemeinsamen Spiel mit der Welt geschaffen, sondern durch die Fiktion einer allgemeinverbindlichen Bedeutung der präsentierten Geschehnisse, auch und gerade wenn sich diese Fiktion in einer Pluralität von Meinungen über sie auflöst.

Die analogisierte, in elektronische Impulse aufgelöste und in mediale Bilder verwandelte Welt kommt als Flut von Informationen an. Aufgabe des Zuschauers ist es, sich aus dem flüchtigen Gewimmel der Zeichen ein Welt-Bild herauszufiltern, das ihn miteinbezieht. Er löst sie fast automatisch, indem er sich Meinungen zu ihnen bildet. Die Zeichen der Welt werden bereits mit Bedeutungen serviert. Die Nachrichten bringen ihre Meldungen nach Wichtigkeiten sortiert, das Erfreuliche läßt sich vom Unerfreulichen meist schon in ihnen, spätestens aber in den Kommentarsendungen unterscheiden. Der Zuschauer muss sie nur innerlich abnicken oder den Kopf schütteln. Oder er informiert sich weiter und differenziert bei seiner eigenen Meinungsbildung.

Während dem ungeübten Zuschauer – wer ist das noch? – eine Woge von Nichtigkeiten über dem Kopf zusammenschlagen würde, weiß der medial sozialisierte Mensch sofort bescheid, wenn vom Bruttosozialprodukt, von Lebensstandard oder von Unterentwicklung in der Dritten Welt die Rede ist. Er weiß um Bonn und Washington als Orte lebenswichtiger Entscheidungen, und die Bilder der Politiker zeigen ihm alte Bekannte. Bei Militärhilfen und Gesetzesentwürfen gibt es Pro und Contra, und bei kriegerischen Auseinandersetzungen wissen die meisten besser über die zugrundeliegende Problematik bescheid als diejenigen, die sich da fanatisch die Köpfe einschlagen. Jeder, der informiert ist, weiß, worum es geht und kann Meinungen dazu abgeben.

Meinungen werden gegen zumindest virtuelle andere Meinung gebildet, und so treten mit ihnen zugleich die abwesenden Anderen auf den Plan, die die Wirklichkeit des Zuschauers dimensionieren. Diese abwesenden Anderen sind im Vakuum der Medien zuhause. Sie sind nicht die auf dem Bildschirm präsentierten Gestalten, sondern die nie sichtbaren quasi-transzendentalen Kommunikationspartner, die den Rahmen der Wirklichkeit bilden. Sie fungieren als deren imaginäre Zeugen. Im Meinungsstreit entfaltet sich der soziale Diskurs, der die Dimension der Abwesenheit in die Wirklichkeit eines jeden einläßt.

In Politiksendungen kann man sich abgucken, wie es gemacht wird, Kommentare und Hintergrundberichte dienen als Interessensverstärker. Geübt wird mit unbezweifelbaren, konkreten und handgreiflichen Anderen, die den sozialen Diskurs beleben. In Pausenräumen, in nachbarschaftlichen Gesprächen oder freundschaftlichen Diskussionen vergewißert man sich mit ihrer Hilfe der Bedeutsamkeit des Zeitungswissens und anderweitig erworbener Informationen. Wie intensiv das Hineinimaginieren in die Welt der Medien betrieben wird, ist individuell und milieuspezifisch verschieden. Manchen genügt es, das Fenster zur Welt offen zu halten und das laufende TV zu einem Rauschen verschwimmen zu lassen, aus dem man nur ab und zu gerade soviel an Information aufschnappt, um den Gesprächen Anderer folgen zu können. Bei anderen entwickelt sich das Informationssammeln zur Passion oder gar zur regelrechten Obsession, der in nervösen Cafeterias oder an stickigen Veranstaltungsorten freier Lauf gelassen wird.

In welcher Form auch immer, die handgreiflichen Anderen ersetzen nie die abwesenden Anderen. Im Gegenteil, selbst im Gespräch mit jenen sind diese, die schon bei der einsamen Meinungsbildung das imaginäre Gegenüber darstellten, zu Gast. In ihrer fiktiven Summe werden sie zum unbekannten Dritten, der das, worüber geredet wird, bezeugt. Sie sind die Bürgen der universellen Dimension des medialen Welt-Raums. Sie werden dem Bewußtsein als die MENSCHHEIT vorgestellt, um die es in der Geschichte geht. Man streitet nicht um nichts, auch und gerade wenn es für den Gang der Dinge völlig egal ist, wer dabei welche Position einnimmt. So werden die Zuschauer, ob sie sich anschreien, miteinander tuscheln oder für sich allein ihre Meinung bilden, zu Mitarbeitern der Wirklichkeit, deren Stoff ihnen frei Haus geliefert wird.

Das System lebt von der Op-position, vom Stimulus des Gegenteils. Durch jene, die mit Gegeninformationen das, was von offizieller Seite weggelassen wurde, einholen, und durch jene, die mit kritischen

Berichten, das, was falsch dargestellt wurde, korrigieren, frißt es sich erst richtig fett. Das System ist die Dimension unbekannter Anderer, in der weder die Einzelnen noch ihre Summe eine Rolle spielen. Die unbekannten Anderen verlassen die Welt nicht mehr, in der sie einmal als abwesende aufgetaucht sind. Sie umreißen die Bahnen der Wirklichkeit des modernen Menschen. Wer ihren Orbit diskursiv durchläuft, zeigt sich ein-verstanden mit dem Bestand der Macht, jenen Bedeutungen, die sich im Niemandsland des Imaginären verlieren.

Der soziale Diskurs der Meinungen bemäntelt die Fatalität der Fakten. Sie wird in der Fiktion von Geschichte vergessen gemacht, die mit diesem sozialen Diskurs einhergeht.

Diese Fiktion von Geschichte stellt das Versprechen der Reversibilität dar, indem sie die Meinungsinhaber glauben läßt, daß es Einwirkungsmöglichkeiten gibt und daß alles, was am Gang der Dinge schief läuft, korrigierbar ist. Aber der Gang der Dinge steht fest, nicht trotz, sondern gerade wegen der imaginären Größe MENSCHHEIT, die seine Geschichte in die Hand nehmen sollte. Wenn die Informationen ankommen, ist bereits alles zu spät. Der MENSCH hat jede Möglichkeit des Austauschs mit der Realität, die ihm auflauert, verloren. Der moderne Mensch pickt sich aus dem Wust von Informationen das heraus, was paßt, um weiterzumachen beziehungsweise weiter nichts zu machen wie bisher. Es ist alles vorhanden, zu jeder besorgniserregenden Information läßt sich ein beruhigendes Pendant finden. Sind die Seuchen im Anmarsch, steht die Medizin schon bereit. Wird Smog gemeldet, ist der Osten schuld, dem man schon noch den nötigen Druck machen wird. Das vorgestellte Problem und seine Lösung liegen wie bei den Arbeitsplätzen, die die radioaktive Strahlung kompensieren, nicht immer auf der selben Ebene, aber es wird keiner gezwungen, sich bei den Informationen, die ihm nicht zusagen, länger als der Nachrichtensprecher aufzuhalten.

Es geht auch mal etwas schief, was sich nicht wieder gut machen läßt, glatt läuft er nie ab, der Gang der Dinge. Störungen, Unfälle, sogar kleinere Katastrophen gehören dazu. Aber zum Glück erwischt es nie den Zuschauer selbst, wenn Busse in den Abgrund purzeln, wenn Flugzeuge in Hochhäusern landen oder Kanalfähren samt Passagieren auf Tauchstation gehen. Auch die Erdbebenopfer und die in Dürregebieten oder eingeschlossenen Flüchtlingslagern Verhungernden sind Andere, die man nicht kennt. Das ergibt sich aus dem Wesen der Information, die nur Geschichten aus dem Niemandsland unbekannter Anderer erzählt.

Weil man selbst davongekommen ist und der Unfall die Ausnahme ist, läßt sich aufs Ganze hochgerechnet doch wieder sagen, daß alles seine Richtigkeit hat. Als Bürger dieser Welt nimmt man innerlich Anteil. Wer sich dankbar fürs eigene Wohlergehen zeigen will, steckt eine Kerze in der Kirche an oder überweist einen Hilfspfennig auf ein Spendenkonto. Am nächsten Tag, spätestens am übernächsten ist schon wieder etwas ganz anderes passiert, draußen in der Welt, in der wir alle leben. In einer Welt, in der die Orte ihre lokale Verankerung verloren haben, tauchen allerdings, und das immer häufiger, auch Meldungen von einem Unheil auf, das nicht mehr nur irgendwo anders passiert. Der Zuschauer sitzt mitten drin. Da die Landwirtschaft industriell okkupiert ist, bleiben Skandale nicht aus. Hin und wieder werden Vergiftungen von Nahrungsmitteln veröffentlicht, die zur Effektivierung der Produktion oder des Transports vorgenommen wurden oder dem Geschäft auf andere Weise dienen. Da die Produktion zentralisiert und der Verkauf der Waren überregional organisiert ist, ist jeder betroffen, genau wie bei der Vergiftung der Fische durch in die Flüsse geleitete Chemie-Abwässer. So tragen die Nahrungsmittelskandale, längst zu einem eigenen Informationsgenre geworden, einen Hauch von Panik mit sich.

Aber der Zuschauer ist nicht ohne Chance. Er muß nur seine individuelle Vernunft aufbieten und so lange, wie die Wirkung der Information andauert, sich von dem Produkt fernhalten – und schon ist es nur noch nebenan, wo das Unheil passiert. Solange die Meldungen gebracht werden, ißt man möglichst keinen Fisch oder keine Eiernudeln, je nachdem was saisonal gerade out ist – und schon legt sich wieder ein Schleier des Vergessens über die Informationen von gestern. Der porös gewordene Film von Aktualitäten fügt sich wieder geschmeidig zusammen, um wie eh und je weiterzulaufen. Alles kehrt zurück in die Normalität, in der auch den Waren nicht mehr das Stigma der erloschenen Information anhaftet. Nur eine Information hatte sie aus der Normalität herausgesetzt; ausgesehen, gerochen oder geschmeckt hatte nichts anders als vorher auch. Das war als das Bedrohliche erschienen: daß der Skandal in die Normalität eingreift. Aber das wird auch zum Grund der Beruhigung: daß nichts außergewöhnliches festzustellen ist, sofern keine Information Panik macht. Der Zuschauer hat Glück, die sichtbaren Katastrophen passieren woanders; diejenigen, die ihn in seinem Normalltag umschleichen, um plötzlich gemeldet zu werden, verschwinden auch wieder in ihrer Unsichtbarkeit.

Die mediale Welt spielt sich immer noch als Drama ab, aber als das der Anderen. Seine Realität bleibt auf Distanz zum modernen Menschen, dem sie nur in Form bereits wieder codierter Zeichen erscheint. Sie codieren seine Zuschauerhaltung. Daß es eine Realität geben könnte, deren Unheil durch kein Meinungsgeplänkel, keine innere Anteilnahme oder eine befristete Meidungsregel abwendbar ist; eine Realität, die ihm direkt auf den Leib zu rücken droht, so daß er zu einer existenziellen Entscheidung aufgerufen wäre – das kann dem Zuschauer ganz einfach nicht passieren. Wenn er darüber informiert wird, daß die Zerstörung der Ozonschicht durch den steigenden CO_2-Gehalt in der Luft zum sogenannten Treibhauseffekt führt, der um die Jahrtausendwende zur Versteppung weiter Teile der Erdoberfläche bei gleichzeitiger Überschwemmung der flachen Küstenlandschaften durch das Schmelzen der Polkappen geführt haben wird, dann handelt es sich für ihn eben doch nur um eine Information, deren Realität auf Distanz bleibt und sich, wenn überhaupt, woanders abspielt, so daß sie ihn nicht direkt betrifft. Er hat verstanden: auch das ist nur eine Information.

Das TV gibt sich Mühe, die Information anschaulich zu machen. Da die Katastrophe ein zukünftiges Ereignis meint, ist sie noch unsichtbar, aber über den kausalen Zusammenhang der Welt ist sie prognostizierbar. Das TV zeigt Bilder von öden Wüstenlandschaften, in denen Insekten über die Skelette von Säugetieren krabbeln. Es zeigt, wie Springfluten wüten, denen kein von Menschenhand geschaffener Damm trotzen kann. Aber wenn Alarm gegeben wird: Die Realität kommt, sie kommt auf uns alle zu, und auch du, DU bist gemeint – dann bleibt der Zuschauer, was er ist: Zuschauer. Er winkt ab und denkt sich, das kennen wir doch schon, die einen behaupten dies und die anderen behaupten das, die einen reden vom Treibhaus, die anderen von einer neuen Eiszeit, und am Ende ist nichts zu Ende, sondern alles geht weiter.

Nicht, daß der Zuschauer das System des Wissens anzweifeln würde, dem diese Information entstammt. Er glaubt, daß Physiker, Meteorologen oder Klimatologen ein unanfechtbares Wissen über die Welt erstellen können, aber es erreicht ihn nur als Information eines Bildschirmgeschehens oder auf bedrucktem Papier. Jetzt verschanzt er sich hinter dieser Distanz, die ihn von den Ereignissen der Welt trennt und ihm auf einmal die Möglichkeit eröffnet, die Information von einem Träger des Wissens in einen Gegenstand des Glaubens zu verwandeln. Daß es weitergeht, gilt als stillschweigender Konsens über die Wirklichkeit. Das Schweigen der Masse setzt sich instantan als Trägheit fort, um alle zu Empfängern eines Welt-

Bildes zu machen, in dem nur Narren versuchen könnten, in das Geschehen einzugreifen.
Informationen, deren Realitätsanerkennung eine existenzielle Entscheidung fordern würde, stellen ein Dilemma dar, sie verlangen etwas Unmögliches: Entweder tatenloser Zuschauer bleiben, bis die Realität über den Bildrand schwappt und einen erwischt; das hieße, sich vom Prozeß des Fortschritts opfern zu lassen, was sinnlos ist, weil dessen Sinn gerade darin besteht, daß es immer Andere erwischt. Oder Akteur werden, um vielleicht noch in den Gang der Dinge eingreifen zu können; was als Option noch aussichtsloser scheint in einer Welt, zu der Akteure keinen Zutritt finden.
Doch die Welt der Massenmedien hat eine Lösung für ihr Dilemma parat. Es ist eine Art Meta-Lösung, bei der das Problem zu seiner eigenen Lösung wird, indem es sich verschwinden läßt. Daß sich nichts rührt, daß all die Anderen in den Sesseln bleiben und der Aufstand ausbleibt, löst stillschweigend die Realität der Information auf und verhindert das Auftauchen der existenziellen Entscheidungsfrage. Als wenn es nur ein Spuk gewesen wäre. Die ausbleibende Konsequenz löscht die Situation, die jene gefordert hätte. Es gibt keine Informationen, die eine andere Haltung als die des Zuschauers fordern könnten. Mit der Trägheit der Masse überträgt sich das Schweigen der Anderen auf jeden Einzelnen, um ihn bleiben zu lassen, was er ist: Zuschauer.
Nur die Kenntnis jener Informationen, die mit der Trägheit der Masse der Anderen imaginär beglaubigt werden, gilt als Wissen. Informationen, die nicht bezeugt werden, weil sie solcher Art sind, daß das nur durch die unmögliche Schaffung eines Präsenzraumes geschehen könnte, werden zu Gegenständen des individuellen Glaubens, und damit des Zweifels. Ihre Realität wird nicht direkt geleugnet, aber ihre Relevanz verliert sich in der Folgenlosigkeit ihrer Kenntnis. Je häufiger sie wiederholt und erweitert werden, desto gründlicher wird das existenzielle Entweder-Oder vergessen gemacht, das sie in den Raum zu stellen drohen. Bald kann keiner mehr die neusten Umweltskandale, neue Daten zur Verseuchung der Nahrung und Meldungen zu immer perfideren Errungenschaften der Overkill-Kapazitäten hören. Die Wiederkehr des verschwiegenen Dilemmas führt zum Rückkoppelungseffekt,

bis alle Informationen dieser Serie sich zu dem Rauschen verloren haben, das die Welt grundiert. Ihnen kommt kein Neuigkeitswert und damit (!) kein Informationswert mehr zu. Sie dürfen vergessen werden.
Der moderne Mensch ist das Wesen, das vergessen darf. Gerade indem er immer wieder mit Informationen belästigt wird, die er am besten vergessen würde, lernt er etwas anderes vergessen: das existenzielle Entweder-Oder, seine eigene Möglichkeit des Aufstands, der unmöglich scheint. Die Zeichen der Katastrophe sind katastrophale Zeichen, fatale Fakten, wie alle anderen Informationen auch. Sie sprengen nicht den sozialen Diskurs, sondern sie konstituieren seine Ränder, innerhalb derer jede Meinung die Akzeptanz ihrer Folgenlosigkeit in einer zurechtgeschwätzten Welt bedeutet. Die massenmedialen Zeichen haben ihre Bedeutungen nivelliert, das ist ihre Apokalypse, die Apokalypse des Sinns. Jedes Verständnis von ihnen bleibt eine Initiation in die Zuschauerhaltung, der nur das als Wirklichkeit gelten kann, dessen Realität auf Distanz bleibt. Aber die Realität wird zum Schicksal des MENSCHEN werden, dessen imaginärem Konsens sie nicht unterliegt.

> Die Feinde der MENSCHHEIT geben nichts auf das Wissen der Wissenschaft, aber die Informationen von der bevorstehenden Katastrophe glauben sie. Sie wissen, daß es nur ein Glaube ist, aber für das Echte gibt es keinen Ersatz, und das läßt sich in der Welt der Medien nur als Glaubensgegenstand haben.
> Die Feinde der MENSCHHEIT wissen, daß es im Normalltag egal ist, ob sie eine Haltung einnehmen, und wenn ja, welche. Sie wissen aber auch, daß diese Haltung nicht egal gewesen sein wird, wenn der Zeit-Geist unvermutet vorüberhuschen sollte, um ihr die Chance ihrer Verwirklichung zu geben.

Der fröhliche Weltbürger

Es werden Stichproben dessen, was der moderne Mensch für die Realität seiner Welt hält, organisiert. Und siehe da, alles stimmt mit den zuvor präsentierten Bildern überein! Touristen sind die Exkursionsteilnehmer und Zeugen dieser Stichproben. Sie sind die Verwirklichung und Karikatur der demokratischen Utopie des Weltbürgers.

Der Weltbürger war einst Angehöriger einer Aufklärerelite, die sich an Plätzen gepflegter Öffentlichkeit über die Bestimmung des MENSCHEN erging. Heute, nachdem die allgemeine Nachkriegsmobilität das Recht auf Urlaub und die soziale Verpflichtung zu verreisen mit sich gebracht hat, sind seine Namen Dieter Durchschnitt und Frau Musterfrau. Wie ihre vornehmen Geistesväter und -mütter fühlen sie sich in der ganzen Welt zuhause. Dieses Zuhause beginnt in Kultursendungen, die Verstehen genauso verunmöglichen wie das Gefühl des Nicht-Verstehens. Die Massenmedien eliminieren das Fremde in der Welt durch seinen Transport in Form von Bildern. Wenn der Weltbürger dann als Tourist auf Reise ins Territorium geht, ist es auch dort verschwunden. Das Territorium kann die historische Altstadt im eigenen Land oder eine malerische Landschaft mit alten Kulturdenkmälern in einem unterentwickelten Land sein. Aus dem Inneren von Glaskuppelbooten und Reisebussen wird die Welt um sie herum mit Hilfe des dritten Auges zu einem vertrauten Hologramm. Sobald der Tourist dort ist, deckt sich alles mit den Bildern, die er kennt. Die Leute in den Ländern mit niedrigerem Bruttosozialprodukt sind arm, aber hilfsbereit. Sie hausen in einfachen Verhältnissen, und man hilft ihnen gerne mit den eigenen Devisen, irgendwann auch an der elektrifizierten Menschenwürde teilzuhaben. Die Landschaften, die nur ein paar Schritte vor dem Bungalow mit Aircondition und Süßwasserdusche beginnen, sind exotisch wie im Prospekt, die anerkannten Kulturdenkmäler weisen den Weg zu ihren Betrachtern. Die Geschichte ist überall und stets weist sie in die Eine Zukunft der MENSCHHEIT, bei deren Projekt sich der Tourist als Teilnehmer fühlen darf. Die Geschichte ist in der Horizontale des voyeuristischen Blicks nicht verschwunden, sie tritt als Ausbreitung der Gegenwart über alles Vergangene in Erscheinung. Von heute aus betrachtet erscheint es sogar fraglich, ob es je anders war. Der Tourist ist der Beweis des MENSCHHEIT, der seine medial geprägte Wahrnehmungsform überall mit hinnimmt, um dort die ihr entsprechenden Objekte vorzufinden. Woanders als in seiner Welt kann er nicht ankommen, denn diese Welt ist von vorneherein ein-ge-bildet und sie entsteht überall da, wo er auftaucht. Der touristische Blick schafft das, was er sieht, die Welt ist der Spiegel seiner Ein-bildung. Das Fremde implodiert in der Spiegelreflexion seiner Bilder.

Dieser Spiegel ist ein soziales Phänomen, denn er bedarf der Blicke Anderer. Nur durch sie wird das transportfähige Dokument, das Urlaubsfoto, zum Vertrag über die Welt. Zuhause ratifizieren die Daheimgebliebenen durch ihre staunende Bejahung, was die Ansammlung der Schar dort verbürgt hat: die Realität der objektiven Welt, der der MENSCH seine Bedeutung verleiht.

An den Rändern der massiven Ausleuchtung der Welt dort draußen streunen hyperindividuelle Suchscheinwerfer nach noch unerfaßten Gebieten. Ihre Orientierung weg vom Hauptstrom ihrer Mitweltbürger macht sie zu den Scouts der Moderne. Wie der Lederstrumpf fliehen sie vor dem Massentreiben, das sie unweigerlich hinter sich herziehen, bis es keinen Ort mehr für sie gibt. Sie sind die Vorboten der totalen Erfassung. Sie, die glauben, in der Fremde erst richtig bei sich selbst zu sein, sind die Frontliner einer welterobernden Message: daß es überhaupt nichts Fremdes gibt, daß die Entfernung verschwunden und die Zirkulation unbegrenzt ist. Der MENSCH ist überall.

Die Masse – in der Tretmühle der Vernunft

Das enthüllte Geheimnis der unbekannten Anderen, die eine MENSCHHEIT, existiert nur als Ideal. Im Streit der Meinungen wird sie beschworen, aber sie tritt nicht dortselbst in Erscheinung. Als quasi-transzendentaler Zeuge des medialen Welt-Raums ist sie der Sinn- und Legitimationspool der eigenen Meinung, und das bedeutet zugleich, daß sie in der Meinung der Anderen noch nicht zu sich gekommen ist. Dasein hat sie nur als Geistkörper des eigenen Ideals.

Es gibt Verkörperungen der unbekannten Anderen. Sie erscheinen als verhindertes Ideal, schlimmer noch, als Verhinderungsgrund des Ideals.

Es handelt sich um die Masse. Bevor die Masse auf der Straße, in Sportpalästen oder an ähnlichen Plätzen sichtbar wird, nimmt sie in der Vorstellung Gestalt an. Sie wird als Subjekt (der Befreiung) oder als (entfremdetes) Objekt betrachtet, je nachdem, was man in sie hineinprojiziert. Aber in ihrem Wesen ist sie weder das eine noch das andere. Genauer: sie hat überhaupt kein Wesen, denn sie ist eine Struktur; eine Struktur, die sich in all ihren Erscheinungsformen versteckt hält, um aus dem Verborgenen ihre Ohn-/Macht zu entfalten.

Die Masse ist kein bloß nomineller Sammelbegriff für viele Einzelne, aber sie ist auch nicht das Produkt aufeinander wirkender Individuen. Sie ist die Struktur des sozialen Zusammenhangs in der Moderne, durch den sich das System die zu seiner Erhaltung notwendige Trägheit sichert. Sie besteht darin, jeden Einzelnen mit der Abwesenheit der Anderen zu beehren, um mittels ihrer Abwesenheit das Verhalten der Anderen auf systemkonformen Kurs zu steuern. Die einzige Gemeinsamkeit aller besteht in der Abwesenheit der jeweils Anderen, die sich in den Einzelnen in der Vorstellung von sich als Individuum und den Anderen als Masse reflektiert. So entsteht die imaginäre Subjekt- oder Objekt-Masse als Verkörperung der unbekannten Anderen. Als Struktur erfaßt die Masse jeden, aber sie erscheint nur in den Anderen, von denen sich der Einzelne als Individuum abgestoßen fühlt. Jenseits aller Inhalte, die sie beliebig und

folgenlos macht, wirkt die Masse durch das Gesetz ihrer Erscheinung als Trägheitsprinzip des Systems.
Man hört es allerorten: „Die Masse ist dumm." Es sind Andere gemeint. Man selbst hat Öko-Bewußtsein, ist für Frieden, Gleichheit und Freiheit, und wenn der Zustand der Welt dem nicht entspricht, ist daran die dumme Masse schuld, die das Treiben der Mächtigen befürwortet. Geht man zu einem dieser Anderen, um ihn zu befragen, hört man von ihm ein ähnliches Urteil, ohne daß er sich selbst mit einbeziehen würde. Die Masse, das sind stets die Anderen, und diese sind stets abwesend.
Wo man der Masse auch nachspürt, immer ist sie schon woanders. Als ob sich Hase und Igel diesmal nicht zu einem Wettlauf sondern zu einem Stelldichein verabredet hätten, der Igel sich aber immer wieder in Luft auflöste, sobald der Hase auf ihn zuläuft. Die Masse ähnelt einem Phantom. Sie bleibt anonym, und es ist unmöglich, in einen direkten Kontakt mit ihr zu treten.
Die Anderen, die die Masse bilden, sind abwesend. Gleichwohl sind diese abwesenden Anderen in jedem auf eine eigenartige Weise anwesend, je nach Selbstverständnis mehr oder weniger explizit. Ihre Abwesenheit löst sie eben nicht in Luft auf, so als wären sie einfach nicht, sondern sie verleiht ihnen eine Wirklichkeitsmacht eigener Art.

In Diskussionen über die Realisierbarkeit anderer Gesellschaftsformen hört man: „Ich würde ja, aber denk doch an die vielen Anderen - die Masse." Gemeint sind die völlig Verbohrten, diejenigen, die nie nachdenken, solche, die immer eine Autorität brauchen. „Die wirst du nie überzeugen." Die Masse erscheint unwillig, und dadurch erzeugt sie auch bei einem selbst Un-Willen. Wer an die Masse denkt, der will nicht mehr.

Oder der vernünftelnde Hinweis, daß man mit diesen oder jenen Mitteln einer an und für sich guten Sache nur schade, weil sie dann den Anderen, der Masse, nicht mehr verständlich gemacht werden könne. Die Masse, das sind die anonymen Anderen, von denen man immerhin so viel weiß, daß man ihnen die eigenen Einsichten nicht vermitteln kann. Deswegen kann man auch selbst nicht gemäß dieser Einsichten leben, das Soziale wird von der Masse dominiert.

Es gibt sogar eine Vernunft der Masse: sich selbst und sein mögliches Handeln im Hinblick auf die Anderen zu relativieren; auf die Anderen, die durch ihre imaginäre Anwesenheit eine unüberwindbare Hürde für die individuelle Vernunft schaffen. Eine banale Spielform dieser Massenvernunft stellt die Wahl des kleineren Übels dar. Man wählt. Ist zwar alles nicht das Gelbe vom Ei, aber man wählt, damit nicht nur die Anderen entscheiden. Und da man schon wählt, wählt man gezielt ein Übel, nämlich das kleinere, damit die Anderen in ihrer Dummheit einem nicht noch das größere bescheren. Daraus läßt sich dann eine realpolitische Utopie konstruieren: wenn jeder ein kleineres Übel als der Andere wählt, müßte sich dieses in einer unendlichen Annäherungsbewegung an Null befinden.

Der Verweis auf Andere begründet die eigene Passivität, das Phlegma, die Inkonsequenz. Aber verhalten sich nicht alle genauso wie diese Anderen? Irgendwann dämmert der Verdacht, sie könnten selbst diese Anderen sein! Wären die Anderen nicht, würde jeder selbst ganz anders handeln, als er es tut. Doch es geht nicht, im sozialen Feld ist der Sinn des eigenen Tuns nicht unabhängig von Anderen. Alle sind die Anderen und nicht sie selbst. In der Masse ist jeder ein Anderer als er selbst.

Das Sozialverhältnis der Moderne ist ein Kopierverfahren des Verhaltens der Anderen, bei dem das Betrachten das Selbstbewußtsein der eigenen Andersheit zu den Betrachteten verleiht. Aus der medialen Dimension des Systems erwachsen mit dem Individuum und der Masse zwei imaginäre Größen, deren Relation die Trägheit des Sozialen sichert.

Aus der Wirklichkeit der Masse kommt man in der modernen Gesellschaft nicht heraus. Jeder ist überall in sie verstrickt und ver-

woben. Alle Versuche, ganz bei sich selbst und damit ganz anders als die Anderen zu sein, verbergen nur, daß die Masse nicht um einen herum, sondern man selbst in ihr beziehungsweise sie in einem selbst ist. Der moderne Mensch lebt in einer Dimension, in der die Masse bereitsteht, um jeden Zugriff aufs Soziale zu vereiteln, sie neutralisiert jeden Ein- und Widerspruch.
Doch eine Wirklichkeit muß nicht an ihren eigenen Widersprüchen zugrunde gehen. Sie kann von außen überwunden werden, durch eine andere Wirklichkeit, die sich ihren eigenen Zeit-Raum schafft.

Masken der Macht

Die fatale Welt wird ohne Eingriffsmöglichkeiten präsentiert. Jeder gehört zum Publikum in einem Stück aus dissoziierten und doch immer wieder zusammenlaufenden Szenen, die woanders spielen, in denen es aber um niemand anders als um einen selbst geht. Es geht um einen selbst als gesellschaftliches Wesen, das diese Welt bewohnt. Doch es sind Andere, die handeln. Keiner kommt aus dem Publikum heraus, alle sind Zuschauer ihrer selbst.
An die Zuschauer werden anstelle von 3D-Brillen Masken ausgegeben, unter denen es möglich ist, seine in die fatale Welt der Fakten fragmentierte Existenz wieder einzusammeln und zur Einheit einer Person zu ordnen, die bei sich ist. Der Fluß ihrer Informationen spannt jeden in eine Dimension ein, in der er sich nur verorten kann, wenn er sich unter Masken der Macht begibt. Durch sie wird man an Verhaltensmodelle angeschlossen, mit denen sich alles zusammenzufügen scheint. Man darf das Modell als Spiegel seiner selbst verkennen.
Wir befinden uns im Zentrum der Macht, das heißt an seiner Peripherie; denn die Macht kommt stets von dort, wo die imaginäre Wirklichkeit stattfindet: von woanders. Wer ihr nachspürt, jagt ein Phantom. Gestaltlos wie die Masse, läßt sie sich nur an den Personifikationen ablesen, die sie jedem als persönliche Existenzstrategie abnötigt.
Wenn es von außen so aussieht, als komme die in die Welt der Fakten zerstreute Existenz geballt als Wirklichkeit der Macht zurück,

so verbirgt sich unter der Maske zweierlei: man selbst und die Macht.

Die Politik

Da das Stück, das auf der imaginären Weltbühne gegeben wird, Geschichte heißt, muß es Andere mit besonderer Kompetenz geben, die in ihr handeln. Ihre Personifikationen werden als Politiker vorgestellt. In das Stück, das sie zum besten geben – ein Stück ohne Ende, wie sie hoffen – läßt sich nicht einfach hineinplatzen. Aber es heißt, die Stelle des Autors werde durch all diejeinigen ausgefüllt, die sich interessiert zeigten und deren Meinung bei der Besetzung der Rollen den Ausschlag geben könne. Für den Zuschauer geht es darum, sich vorzustellen, sie handelten in seinem Sinn, er denkt sie als Repräsentanten.

Die Politik unterstellt, der Zusammenhang ihrer dekollektivierten Zwangsmitglieder würde durch eine Allgemeinheit gestiftet. Diese muß sich nicht, wie die symbolische Gemeinschaft der Stämme, kollektiv zur Darstellung bringen, denn sie ist bereits an sich vorhanden. Die Allgemeinheit ist die behauptete Substanz der Gesellschaft, deren Elementarteilchen die Einzelnen sein sollen. Alle zusammen sind jedoch nicht handlungsfähig, es sind zu viele. Daher bedürfen sie der Repräsentanten, derer es viele gibt, damit auch die Verschiedenheit zu ihrem Recht kommt.

Die Vorstellung einer Allgemeinheit und ihrer Repräsentanten soll der Welt im Vorfeld ihrer Strukturierung jeden fatalen Charakter nehmen. Es gibt ein Lenkrad, mit dem der Lauf der Dinge gesteuert wird, und jeder, der sich zum Teil des Ganzen substanzialisiert, sitzt mit dran. Die mediale Geschwindigkeit, die die Unerreichbarkeit der Anderen mit sich gebracht hat, verdichtet sich in den Einzelnen zu sozialen Atomen, die sich als Teil des ganzen Gesellschaftskörpers nur noch über den imaginären Spiegel ihrer Repräsentanten verstehen und äußern können.

Der substanzielle Zusammenhang der Allgemeinheit läßt sich für den Einzelnen allerdings nur wieder über die Abgrenzung von der Masse der Anderen realisieren. Diese sind die drohende Unvernunft, bisweilen sogar der schlechte Wille. Er selbst, ganz im eigenen Interesse, muß dem wehren und vernünftig wählen. Ist es ihm zu peinlich, sich vor Anderen mit einer Partei zu identifizieren, bleibt immer noch die Massenvernunft, die die Wahl des kleineren Übels legitimiert.

Wenn mit den Wahlen in wohldosierten Abständen die Parole „Mach mit!" ausgegeben wird, ist alles schon passiert. Die Alternativen sind vorgegeben, und es gibt nur Ja-Stimmen zum System. Wer sich nicht beteiligt, wird ebenfalls mitrepräsentiert. Der Staat gehört zur Ordnung des Faktischen, die Politik repräsentiert deren Verdoppelung zur Illusion der geteilten Macht.

Jeder ist Zwangsmitglied des Staates, das System erfaßt alle. Darin erschöpft sich die Allgemeinheit. Das hat die revolutionäre Hoffnung nie wahrhaben wollen, ihre Utopien waren für eine ideale Allgemeinheit geschneidert, die den vermeintlichen Usurpatoren das Steuer entreißen sollte. Sie wollte sich politisch durchsetzen, aber alle Politik, auch die gescheiterte Opposition, bedeutet die Anerkennung der medialen Dimension des Sozialen und ihrer Gespinste. Der Zusammenbruch dieser Dimension und das Ende des Systems sind Synonyme.

Zuschauerbeteiligung

Sich über die Einreihung in eine postulierte Allgemeinheit als Mit-Autor des Geschehens zu fühlen, ist zu Zeiten des Wahlfiebers eine klare Sache. Ist dieses abgeebbt, kann dieselbe Haltung noch in zahlreichen Zirkeln zelebriert werden, in denen der unaufhörliche Informationsfluß heiß diskutiert wird, um sich für die nächste Entscheidung zu rüsten.

Es geht aber auch anders. Man braucht sich nur in die Kette der medialen Zeichen einzureihen, um mit von der Partie zu sein, und zwar als Mitspieler. Für jeden sind wie in Computerformularen Leerfelder freigelassen, in die er sich eintragen kann. Publikumsbeteiligung ist erwünscht. Die Zuschauer werden auf die Bühne gebeten, beziehungsweise die Differenz von Rang und Bühne wird aufgehoben. Die Medien führen jetzt kein Repräsentationsgeschehen mehr vor, und sie wirken auch nicht mehr als Faktenschleuder. Der Mitspieler soll realisieren, daß es kein Drinnen und Draußen mehr gibt, keine Differenz von Hier und Dort, daß das Woanders überall und er in ihm zuhause ist. Anruf genügt, um sich präsentieren zu lassen. Live dabei, auch Zuschriften sind erwünscht. Es geht um engagierte Aufmerksamkeit, die durch das Medium in eine imaginäre Versammlung versetzt wird, in der jeder eines jeden Nachbar ist. Man kann mit dem Kandidaten mitfiebern, der bei der Preisfrage zu seinem Spezialthema zu schwitzen anfängt, oder man kann sich als Freiwilliger vor die Kamera stellen lassen, um für jedermann eine Aufgabe zu lösen. Man kann auch dem Ernst der Sache treu bleiben und sich in diesem Modus an der Politik beteiligen. Denn auch sie wird als Mitmachsendung angeboten. Bei Hearings, Rundfunksendungen, Meinungsumfragen können die Bürger ihre Beteiligung als ernsthafte und effiziente Angelegenheit feiern. Alles macht mit. Was wäre das System, wenn keiner mehr seine Quizfragen beantworten würde, wenn keine Bürger mehr Fragen stellten, auf die Politiker antworten könnten, wenn keiner sich mehr am großen Preisausschreiben beteiligte? Aber das Studio ist überall und jeder kann sich gemäß seines Temperaments einbringen, vom Musik- und Filmwunsch bis zum Finger auf der Wählscheibe bei Eduard Zimmermanns nervenkitzelnder Menschenjagd. Ein Spiel ohne Grenzen, dalli-dalli. Sogar ganze Städte können mitmachen, wir dürfen die Massenmobilisierung noch einmal als harmloses Spektakel genießen. Wer kein Miesepeter sein will, ist dabei, wenn es heißt, sich vor der Kamera zu versammeln.

Die Versammlung der leeren Zeichen, in die man sich nur einreihen muß, ist an die Stelle euphorisierender Ansammlungen getreten, die von Führern eingepeitscht wurden. Es geht nicht mehr um den Rausch, ganz in einer gelenkten Masse aufzugehen, sondern nur darum, Anschlußstellen zu seinen medialen Nachbarn zu finden. Alles hat seinen tödlichen Ernst verloren, man kann ja miteinander reden, ist ja nur ein Spiel.

Der Mangel und sein Bedürfnis

Das gesellschaftliche Feld wird durch verschiedenartige Zeichen der Macht besetzt. Wird den politischen Zeichen durch die imaginäre Allgemeinheit eine Substanz unterstellt, die sie repräsentieren sollen, nämlich das gigantische Wir-Subjekt, in dem jeder Einzelne am Sinn des Weltgeschehens mitwirkt, so bleiben die Zeichen im großen Gesellschaftsspiel referenzlos und verweisen nur auf die Leerstellen an ihren offenen Rändern. In den Bedürfnissen nun wird den Zeichen der Macht eine Natur als Referenzpunkt zugewiesen, deren gegenständliches Korrelat sie sein sollen. Als konsumierbare Dinge entsprechen die Zeichen der Macht der bedürftigen Natur der Einzelnen. Die in der medialen Bilderwelt aufgelöste Realität kehrt wieder, als deren Abbilder. Das imaginäre Weltbild materialisiert sich.
War die Erfindung der Druckerpresse Voraussetzung des Siegeszugs der Moderne, so war der Übergang zur Vorherrschaft audiovisueller Medien nur dessen letzte Konsequenz. Die mediale Bilderflut prägt die Bedürfnisse ein, die hinter den Schaufenstern, in Farbe und echt, ihr Gegenüber finden. Es sind ein-gebildete Bedürfnisse. Hat die Welt sich in ein Gewimmel von Zeichen aufgelöst, deren Sinn so fraglich ist wie der Inhalt mancher Verpackung im Supermarkt, so hat das, was wiedererkannt werden kann, weil es schon als Bild eingeprägt ist, mehr Realität als etwas, was sich ohne Vor-Bild vorfindet. Die Bilder müssen nur schneller als das Bewußtsein sein, um die Waren als ihre Abbilder wiedererkennen zu lassen. Die einmal gespeicherte immaterielle Information setzt sich durch Erinnern und Wiedererkennen in ein materielles Bedürfnis nach dem Gegenstand um.

Das Bedürfnis kann spontan beim Anblick des Gegenstandes entstehen oder durch das Erinnern von Bildern. Dann bekommt es eine Zeitrichtung: eine Orientierung auf die Zukunft, in der man sich verschaffen wird, was man nicht hat, sei es durch Arbeit, Glücksspiel oder Revolution. Es ist die schwarze Mangelmagie, mit der dem Produktionskomplex Energie injiziert wird. Denn komme, was wolle, vom Standpunkt der Bedürfnisse aus muß es weitergehen, und so regiert die Wunschvorstellung, daß es Kein Zurück mehr gibt. Durch einen Vorstoß in die Zukunft sollen die Vor-Bilder eingeholt werden. Doch vergeblich, ihre Materialisierung kostet zuviel Zeit, die Bilder sind dem Leben stets voraus.

Die Macht der Medien, die von den Anderen trennt und diese doch als die stummen Zeugen der Wirklichkeit ihrer Bilder mit sich führt, läßt sich als Natur der Bedürfnisse in den Einzelnen nieder und verlangt nach der modellierten Gegenständlichkeit der Welt. Die verschwundene Kontextualität der Dinge taucht in der Befriedigung der Bedürfnisse wieder auf, in der jeder ganz bei sich selbst zu sein scheint. Aber die Masse steckt noch im Produkt, in dem man die Natur seines Bedürfnisses sich spiegeln zu sehen vermeint.

Die kritische Empörung

Wer es gewohnt ist, sich seine eigenen Meinungen zu allen möglichen Vorkommnissen zu bilden, gerät in inneren Aufruhr, wenn er sich eine Sendung anschauen muß, in der mal wieder alles verdreht und verfälscht wird. Empörung will in ihm hochkochen, wenn er die Informationen als Zeichen der Macht liest, die Einfluß auf Andere gewinnen. Er hat Angst, Angst vor der Manipulation der Anderen. Er selbst wird nicht manipuliert, er ist gefeit gegen die offiziellen Lügen und Ideologien, er weiß es besser. Aber Andere werden darauf hereinfallen! Denn die Manipulation durch die Massenmedien findet immer woanders statt, bei unbekannten Anderen.

Was bleibt dem Kritiker? Durch die Mattscheibe hindurch kann er nicht, aber er muß die Anderen irgendwie erreichen, um sie zu warnen und um sich zu beschützen. Er muß an die Öffentlichkeit. Es wäre ein sinnloses Unterfangen, herumzulaufen und mit all den vom Medium Erreichten reden, sie überzeugen oder aufstacheln zu wollen. Es wäre eine unendliche Aufgabe. Raum und Zeit, für die Medien verschwindende Kategorien, würden zu unüberwindbaren Hindernissen. Im Einflußbereich der Medien kann der Kritiker nur Ohnmacht empfinden. Aber bevor er in ihm eine Macht erkennen muß, die niemals seine sein wird, biegt er ab. Nicht die Information, sondern ein Mangel an weiteren Informationen ist das Problem, das es durch Einspeisung von Gegeninformationen in die Medien zu lösen gilt. Jetzt ist der Kritiker doch wieder dankbar, daß es die Medien gibt. Wie anders als über sie sollte er am modernen gesellschaftlichen Leben teilnehmen?

Hätte das System eine Seele, würde es sich freuen: denn die Medienpartizipation bedeutet so etwas wie eine Ratifikation seiner Wirklichkeit. Die Bedeutsamkeit des Präsentierten wird durch die Kritik beteuert, und diese wird zugleich zur beliebigen Meinung pluralisiert, der sich das Publikum ruhig anschließen kann. Als Masse hat es sowieso keine Eingriffsmöglichkeiten. Der Kritiker darf als Ehrengast der Medien betrachtet werden, auf dem Podium ist seine Ohnmacht längst wieder in die Kanäle des Systems abgeflossen.

Der Kampf um die simulierte Macht

Die Zeiten, da die Macht in einem steinernen Palast hauste und einen Titel trug, dessen Nennung Schrecken und Ehrfurcht verbreitete, sind vorbei. Die Macht ist anonym und wohnsitzlos geworden. Sie stellt sich zwar unter vielen Namen vor, aber nur um sich hinter ihnen zu verbergen.

Man hat die Macht als ein soziales Verhältnis von Befehl und Gehorsam begreifen wollen. Aber der Ursprung des Befehls ist in der Moderne zu einem unauffindbaren Verweis geworden; keiner, der ihn nicht selbst empfinge. Man hat Millionen liquidiert, ohne sich später über die Verantwortlichen einigen zu können. Die Henker wollten noch unter demselben Befehl wie ihre Opfer gestanden haben. Die moderne Dimension des Sozialen, die jeden Veränderungswillen im Griff hat, ist die Macht, die sich nur an ihrem Schatten, der Ohnmacht der Einzelnen, ablesen ließe. Diese Schatten verschwinden jedoch in Gestalten der simulierten Macht. Der Kritiker kennt immer Subjekte der Macht, auf die er zeigen kann – Idole und Simulakren, vor denen die eigene Ohnmacht im Eifer der Partizipation verschwindet. Die Op-position des politischen Diskurses ist selbst Teil der Macht.

„Reichtum für alle!“ war einmal ein beliebter Slogan. Oder war es eine Parole? Reichtum läßt sich in Geldwert umrechnen und Geld ist Zeit, nämlich solche der Arbeit. Reichtum entspringt aus Arbeit. Wenn einige über Reichtum verfügen und andere nicht, diese anderen aber diejenigen sind, die ihn erarbeiten, soll das Grund zur Unzufriedenheit sein. Das ist es auch, aber in einem für das System förderlichen Sinne, nämlich als Ansporn, genauso reich zu werden, sei es durch Arbeit oder revolutionäre Aneignung. Hauptsache, man erkennt den Reichtum an, denn der soll nicht abgeschafft werden. Nur seine ungleiche Verteilung soll Zeichen der Macht sein, das es durch gerechte Umverteilung auszulöschen gelte. Die Simulation der Macht im akkumulierten und zur Schau gestellten Reichtum etabliert bei denen, die sich benachteiligt vorkommen sollen, das große, materiell gewordene Worumwillen, für das man sich einsetzt. Die privilegierten Zeitgenossen stellen historische Vorreiter dar, weil sie schon besitzen, was einem noch vorenthalten wird. Von ihnen hat man sein Ziel geerbt, das einem zugleich die Teilnahme am Prozeß einhandelt. Denn dieser Reichtum verlangt, daß alles so weitergeht.

Es ist der alte Verdoppelungstrick, mit dem sich die Macht behauptet. Sie schafft sich eine Opposition nach ihrem Spiegelbild, von der sie sich gegebenenfalls sogar stürzen läßt, um verjüngt in ihr wieder aufzuerstehen. Eine ihrer Zauberformeln bei dieser Prozedur ist die Emanzipation. Der Mensch als solcher, die Arbeiter, die Frauen – alle soll(t)en sich emanzipieren, das heißt ihren eigenen Zustand als verachtenswert und den der herrschenden Anderen als erstrebenswert ansehen, um so zur Mitarbeit am Sozialen angeregt zu werden. Keiner interessiert sich für das Leben eines Chefarztes, aber unermüdlich wird beteuert, ein solches würde den Unterprivilegierten vorenthalten – bis sie anfangen, selbständig danach zu streben.

Dieselbe Figur taucht in der Dritten Welt wieder auf, wo das koloniale Regime solange mit eisernem Besen durchkehrt, bis der Widerstand vereinigt ist und sich sattelfeste Repräsentanten gefunden haben, die dann ansprechbare Regierungen bilden können. Diese wiederum müssen als Körperschaften Handels- und Technologietransfergeschäfte abschließen und sich verschulden können. Sie haben das Spiel mitzuspielen, daß die Verschuldung ihr eigener Schade sei und nicht der jener Länder, die bei erklärter Zahlungsunfähigkeit der Schuldner ins Chaos gestürzt würden.

Auf der Kippe: die Ironie

Der Ironiker hat mit der Nostalgie des Eingriffs abgeschlossen. Er ist mit Captain Telecommander eins geworden, der die Programme flottieren läßt, um zwanglos zu genießen. Wer das Geflimmere ernst nimmt, gehört zum blöden Massenvieh, mit dem man, selbst ganz anders, nichts zu tun hat. Man genießt das Zuschauen und ist daher auch nicht zu ihm verdammt. Man läßt das Bundeskasperle bei seiner Rede an die Nation grellrot anlaufen oder man erstellt Programmcollagen. Man testet bei Dosenbier und Chips, ob das Bildmaterial den Ansprüchen, die der Moderator weckt, genügt. Der Ironiker spielt sein eigenes Spiel mit den Zeichen. Er macht sich zum Gemeindemitglied der Massenkommunikation, in der das Spiel ernst und der Ernst gespielt ist. Er macht sich zum selbstlosen Spiegel von McLuhans These „The medium is the message". Er taucht ein in die präsentierte Bilderflut und nimmt alles so, wie es erscheint, das heißt so, wie es ihm erscheint. Andere mögen glauben, er betreibe ein absichtliches Spiel der Verwechslung, bei dem er zum Beispiel die politischen Zeichen nach den Regeln des Gesellschaftsspiels der leeren Zeichen lese. Doch er hat nur das Switchen, das Umschalten der Haltungen, das der moderne Mensch braucht, um sich im Zeichendschungel nicht zu verirren, zu einer individuellen Montagetechnik ausgebaut. Er schaltet nach eigenem Gutdünken um, er will so gut werden wie das Medium, omnipräsent und ungreifbar. Noch schneller als das Medium kann der Ironiker nur sein, indem er die Präsentationsgeschwindigkeit von dessen Bildern überbietet. Er tut es, indem er die Serialität des Mediums in Synchronizität überlagert. Er nimmt zu jedem Zeichen simultan alle möglichen Haltungen ein. Er ist hypermodern, ein Mensch der reinen Möglichkeiten. Mit reiner, vom Schwergewicht der Substanz befreiten Aufmerksamkeit zieht er sich die Kriegsbilder und die Worte der Politik rein. Er realisiert das Spiel als sein Bedürfnis. Er feiert Nachbarschaft mit den guten Onkels von der Gutenachtstunde genauso wie mit den bösen Buben der Nation, wobei ihm die Ein- und Ausbrecherkönige genausoviel gelten wie die Terroristen, deren Erklärungen ihm zum Mitratespiel werden. Er gefällt sich als Snob, der sich die Zeremonie gänzlich überflüssiger Wiederholungen gönnt. Alles ist ihm nichts, aber er liebt das vielfältige Spiel der Oberfläche.

Der Ironiker interessiert sich nicht dafür, wer was sagen will und wie es sich genau verhält. Eine Bedeutung gilt ihm soviel wie ihr Gegenteil. Er versucht nicht, die leeren Zeichen im Wettstreit der herrschenden Meinung mit der Position ihres Widerspruchs zu füllen. Position und Opposition setzen sich ihm zur binären Logik des Systems zusammen, deren Rattenfängerei er nicht auf den Leim geht. Er hält nicht viel von den offiziellen Sinnangeboten, zu denen auch die moralische Identität gehört, die man ihm so gerne vorhält. Es hat nicht viel Sinn, ihn von etwas überzeugen zu wollen, denn er gehört zu denjenigen, denen man sowieso nichts Neues mitteilen kann. Alles schon gesehen, gehört oder gelesen. Die Absehung von allem Sinn kann den Ironiker tatsächlich dahin bringen, kein Nachrichten-Empfänger mehr zu sein. Alles passiert nur noch gleichzeitig mit ihm. Er wird zum reinen Synchronisten, einem ganz abstrakten Zeitgenossen.

Als solcher bleibt er immer ein wenig unberechenbar. Da ihm jede Position in der fatalen Welt gleichviel gilt, nämlich nichts, kann er sich leicht im Sog neuer sozialer Gravitationsfelder wiederfinden. Daß ihm nichts gilt, kann ihm aber auch so viel bedeuten, daß er sich einen präventiven Hochsitz über jeder möglichen eigenen Beteiligung an einem Geschehen errichtet, den er sich eventuell als ästhetische Laube auskleidet. Der Ästhet kürt sich zum Wertträger der freien Wahl der Programme, die auf einmal wieder als Errungenschaft gehandelt wird.

Megalopolis

Der nächtliche Blick aus dem Flugzeug wird von einem Lichtgewimmel gebannt, aus dem sich erst allmählich die Ordnung einer Anlage herausschält. Ein gesticheltes Netz aus Lichtpunkten, durch das sich mobile Scheinwerfer schieben, vorbei an den dampfenden Halogen-Kuppeln schweigender Industrieanlagen. Die Lichter schließen sich zu Spurreihen zusammen, zwischen denen die Maschine landen kann. Sie sind beides: Information über die Landschaft und diese selbst. Eine bezeichnete Landschaft, eine Landschaft aus Zeichen, ein Hologramm transparenter Energieströme.

Der Blick der ruhenden Kamera während eines ganzen Tages läßt im Zeitraffer verkürzt alles auf Null zurückfließen. Aber die Null-Summe ist vielleicht eine zu optimistische Vorstellung. Derselbe Blick über die Jahre zeigt das Krebsgeschwür, das wuchert und sich in die Erde frißt. Längst hat die Stadt jede Grenze und jedes Maß verloren, es gibt kein Drinnen und kein Draußen mehr.
Früher zog man Mauern um die Städte, man trennte drinnen und draußen. Bis zur Einführung des Schießpulvers zu Beginn des 14. Jahrhunderts konnte sich die Stadt mit Graben und Mauer von den Zinnen aus relativ einfach verteidigen. Mit den riesigen Befestigungsanlagen des 16. Jahrhunderts versucht sie der Entwicklung immer durchschlagkräftigerer Artillerie noch einmal Paroli zu bieten. Die Bauten im Inneren schießen an der Senkrechten hoch, und der unbebaubare Schutzgürtel zur Mauer hin lagert das Land draußen immer weiter aus dem Alltag aus. Aber kaum, daß die neue

Befestigungskunst durch Vauban perfektioniert scheint, macht das Fernrohr ihren Nutzen zunichte. Die Präzision der Geschosse setzt sich gegen die statische Raumbeherrschung durch. Die einzelne Stadt verliert ihre Bedeutung als militärische Einheit und sie verliert ihre lokale Begrenzung. Mit der Industrialisierung wirft sie sich als Netz von Tätigkeiten über das ganze Land beziehungsweise als Netz von Städten über die ganze Welt. Die Technologie barocker Macht hatte das Draußen ausgeschlossen, aber die Moderne läßt es verschwinden. Ein riesiger urbaner Raum, der auch von den höchsten Verwaltungsetagen nur mittels informationsverarbeitender Systeme überblickt werden kann, überzieht die Erde mit seinen industriellen Schwären. Von überall her muß die Stadt ihre Lebensmittel, ihre Energie, ihre Rohstoffe bekommen. Ihren Output schleudert sie auch wieder dorthin: nach überall. Sie ist dort, wo Öl gefunden wird, wo Handel getrieben wird, wo Coca-Cola verkauft wird. Das Monster ist das Unwesen, das sich jedes Draußen einverleibt. Jede Stadt ist mit allen Städten verbunden, sie *ist* diese Verbindung.

Die Stadt ist eine kristalline Landschaft, die niemand anders als der Mensch aus mittlerweile ortsunabhängigen Materialien geschaffen hat, um in ihr die Kulisse für sein Spektakel zu finden. Hier ist die Erde zu Dreck geworden. Nur noch domestizierte Gebilde und Ausflugsziele im Grüngürtel dürfen in den Blick geraten, umzäunte Parks und eingehegte Bäume, die wegen der zu engen Einfassung künstlich beatmet werden müssen. Die anorganische Welt, glitzernd, glatt, gerade, medial vervielfacht und farbig ausgeleuchtet, soll das fremde Wesen Erde vergessen machen und die Kulisse für die Welt selbst halten lassen.
In der Stadt glaubt man, in den Bergen hätten die Leute einen engen Horizont, weil sie angeblich den Himmel nicht sehen und nur von Hang zu Hang blicken können. Aus der eigenen Erfahrung in den Straßenschluchten der Großstadt kennt man zwar weder den Himmel noch die Bergbewohner, aber der Glaube gilt als verbürgt, er hat sich eingebürgert. Der städtische Raum ist seit den Torbögen der Renaissance durch den Versuch geprägt, den offenen Himmel aus der Materialität der Welt auszustechen, um eine Art leeren und

neutralen Hintergrund für das menschliche Treiben zu gewinnen. Die mittelalterliche Stadt ist zwar nicht so hoch, dafür aber so eng gebaut, daß bereits in ihr der Himmel als Weltkarte verschwunden ist und man nach draußen gehen muß, um ihn zu studieren. Von der modernen Stadt aus aber bekommt man den Himmel meist nur auf der Autobahn als panoramatischen Effekt am Horizont mit.
Die Stadt ist der Raum des Verkehrs. Arbeitszeiten, Einkaufszeiten und Termine im Veranstaltungskalender lassen Orte auftauchen und verschwinden, zwischen denen sich das vektorielle Feld der Großstadt in der Ortlosigkeit des Verkehrs ausspannt. Seine wichtigste Energieleitbahn ist die Straße, auf der das Auto der mobilen Masse zuhause ist. Aber die Straße ist auch die mögliche Verbindung zwischen den Wohnhäusern, und als nachbarschaftliche Verbindung ist sie unter Umständen der Ort unkontrollierbarer sozialer Konglomerate. Sie muß daher lang und gerade sein, damit die Staatsmacht gegebenenfalls durchfeuern und -rollen kann. Aber auch im Normalfall läuft über sie ein präventives Aufstandsbekämpfungsprogramm ab. Die erhöhte Geschwindigkeit wirkt als soziale Distanzwaffe, am tödlichsten im Stau, wenn die Massierung der Anderen einen an der eigenen Geschwindigkeit hindert.

Die Stadt wuchert über die Horizontale, und sie baut sich hoch und tief. Als Zeichen der Macht ragte der Turm über Stadt und Land. Von ihm aus hatte man den Über-Blick, den man anfangs vielleicht weniger des ästhetischen Reizes als mehr des strategischen Vorteils wegen zu schätzen wußte. Mit dem Turm wird die Senkrechte vor dem geerdeten Fußgänger errichtet, dessen Blick nach oben gelenkt wird, aus der Horizontale und damit dem Blickfeld der Anderen heraus. Wie im Video-Café werden alle Blicke aneinander vorbei nach oben zum repräsentativen Blickfang der Allgemeinheit gelenkt. Der Liftjunge des Blicks nach oben ist das Staunen, ein Gefühl ehrfürchtiger Ohnmacht.

Aber die Zeit ist über die Zu-Fuß-Perspektive hinweggerast. Mit erhöhter Truppenmobilität und schließlich dem Verschwinden des Raums in den Raketengeschossen werden die Feldherren vom Hügel, von dem aus sie das Geschehen noch direkt beobachten und lenken konnten, an den Tisch gezwungen, an dem sie immerhin noch von oben auf die Karte schauen können. Der TV-Zuschauer hat es bequemer: sein Weltapparat steht in der Horizontalen, nur die Kamera schaut mal von oben, mal von unten. Mal sind die Dinge groß, mal sind sie klein. Der Fahrgast auf dem U-Bahnhof dagegen muß nach oben auf den Überwachungsbildschirm blicken, um sich selbst unten zu sehen. Der moderne Mensch, der Zuschauer seiner Welt, kontrolliert sein Kontrolliertwerden. Aber es sind nicht zwei Ebenen, auf denen er lebt, sondern ein Hyperraum dazwischen. Karte und Territorium sind nicht mehr zwei verschiedene Entitäten, sie sind zu einer holographischen Metalandschaft verschmolzen, die unmittelbar bezeichnet wird.

Noch immer gibt es die Faszination des für alle Unbefugten Unerreichbaren. In einer Zeit, da die Satelliten bereits durch Häuserdächer sehen können, simulieren die riesigen Bankhochhäuser noch einmal eine aufgestockte Turm-Höhe als Dimension der Macht; eine Überbietung der Höhe, bis auf die das zersetzende Gegenprinzip schon emporgeklettert ist. Es besteht in der ungeheuren Faszination, die das Fällen von Strommasten ausüben kann, oder auch in den dubiosen Trommelbotschaften, die sich über sommerliche Dachlandschaften ausbreiten können.

Auch die Tiefe, der lange etwas Anrüchiges anhaftete, wird ausgeleuchtet. In Liverpool teilte sich zur Zeit der industriellen Revolution ein Sechstel der Bevölkerung mit Ratten die Kellerwohnungen. Aber die U-Bahn, Auto- und Fußgängertunnel, ein Heer von Kanalarbeitern, das täglich unter der Erde verkehrt, mittlerweile auch die Geschäftswelt, zeigen an, daß die Tiefe als Raumdimension dazugehört. Erst als Hochgeschwindigkeitsarchitektur wird der Raum unten durch die U-Bahnnetze richtig erschlossen, parallel zum Erdboden. Der Tiefenvektor wird zum ruhenden Punkt, wenn die Blickrichtung direkt von oben herunterstößt. Beim Bedarfsfall Luftangriff kann der Raum als Bunker dienen, in dem die dann mimetisch erstarrte Masse gespeichert wird. Die Zerstörung aus der Luft hat die Stadt sich zuerst in die Senkrechte und dann in die Waagrechte ausbreiten lassen, ein universelles Fadenkreuz. Der moderne Luftkrieg hat mit seiner brachialen Bombrodung die Städte nicht nur noch expansiver gedeihen, sondern sie auch in die Tiefe schießen lassen.

Es gibt verschiedene Geschwindigkeitsanforderungen in der Stadt, denen die Architektur und die Fortbewegungsmittel Rechnung tragen. Der Fußgänger hat den Anspruch des Autos auf die Mitte der Straße anerkennen müssen und ist auf den Sidewalk ausgewichen. Dort gibt es mit Schaufenstern und Namensschildern auch für ihn eine Horizontale, die etwa in Kopfhöhe und damit wesentlich niedriger als die des Autofahrers liegt. Das Auto ist eine Macht, die beispielsweise in Los Angeles ein Drittel der Stadtoberfläche mit Straßen, Parkplätzen und Garagen für sich einnimmt. Das Gehen braucht eine eigene Bahn. Die viel zu geringe Geschwindigkeit gegenüber den Autos würde zum räumlichen Hindernis werden, das zum Unfall führt. Er geschieht ständig, er gehört dazu. Seine Quote ist im voraus berechnet, ebenso wie die Energieströme, die zu seiner Beseitigung eingesetzt werden: Krankenwagen, Po-

lizei, Ärzte, Krankenschwestern, Automechaniker, gegebenenfalls Journalisten.

Skateboarder und Rollschuhfahrer stellen eine eigene Geschwindigkeitsgattung dar. Sie heben vom reinen Fußgängerraum ab, denn sie brauchen das freie Feld für den panoramatischen Effekt ihres Gleitens. Beliebt sind große, öffentliche Plätze, offene Aquarien, in denen sich die Blicke an die Raumgleiter heften, um sich von ihnen über die Horizontale tragen zu lassen.

Der Raum des Fußgängers wird erst im Auto richtig nach oben angezogen. Das Verlassen der Fußgänger-Horizontale, das im Flugzeug als mächtiger Druck ins Polster verspürt werden kann, führt in den urbanen Hyperraum.

Die Fortbewegungsart der alten Atlanter soll wie ein Gleiten gewesen sein. Auch die moderne Stadt läßt einen gleiten. Man orientiert sich über Schilder, die nach menschlichem Bodenmaß schon in einer unteren Region des Himmels angebracht sind. Fassaden, Verkehrs- und Hinweis-, Gebots- und Verbotsschilder, über die Straße gespannte Transparente, Ampeln, Werbeflächen und Leuchtreklamen sind in der Luft nach Blickhöhe und Lesegeschwindigkeit des bewegten Teilnehmers ausgerichtet. Ihre Lage ist eine Erfordernis der Fortbewegungsgeschwindigkeit mobiler Massen, die den Einzelnen zugleich erlaubt, den Blick über den Köpfen der Anderen zu halten, was früher nur beim Blick nach der Spitze der Macht geschah. Nur durch umsichtiges Zeichenlesen und -steuern kann man sich am gefährlich gewordenen Raumvolumen der Anderen vorbeibewegen. Der Erdkontakt wird über mechanische, bald elektronisch gesteuerte Federungssysteme vermittelt. Die Erde kommt nur noch als Prinzip Schwerkraft vor. Sie ist zum unerläßlichen Vektor im Kraftfeld einer urbanen Bewegung geworden, die sich in einem schwebenden Hologramm abspielt. Wer aber vergißt, sich ständig über einen kurzen Blick nach oben in den Rückspiegel zu verorten, provoziert sein Verschwinden von der Bildfläche.

Die Stadt der unterirdischen Tunnel, der Schnell-Straßen, der Unter- und Überführungen, der Magnetbahnschienen, der Überlagerung der Geschwindigkeiten, der rennenden Fußgänger um eine U-Bahn- oder Busstation und dem aus einer Parklücke hervorbrechenden Auto ist eine Beschleunigungsmaschine. Überall können

Leute auftauchen, aber ebenso leicht können sie verschwinden. Für jeden ist jederzeit jede Richtung möglich, ein Netz verschwindender Vektoren.

In West-Berlin hat man der guten alten Mauer ein Monument gesetzt. Doch auch dort hat sie sich zu Zonen des Verbots im Inneren der Stadt sublimiert, deren Urbild die Verbotene Stadt im kaiserlichen Peking war. Der Stadtplan ist von Sperrgebieten durchsetzt, in denen nur zugelassen ist, wer durch seine Zugehörigkeit aufenthaltsberechtigt oder -verpflichtet ist. Militärische Anlagen, Energiezentren, Produktionsstätten... Das Betreten städtischen Bodens ist immer entweder verboten oder erlaubt.
Das Prinzip des Drinnen und Draußen schachtelt sich in seiner Aufhebung wie eine russische Puppe, es teilt und vermehrt sich beliebig, es ist die Grenzsetzung, die keine Grenze kennt, ein unendlicher Prozeß. Noch die Schaufenster treiben ein alltägliches Spiel mit der verschwindenden Trennung. Mit Geld, durch Diebstahl oder beim Plündern wird nach draußen geschafft, was drinnen durch das Glas den Blicken feilgeboten, dem direkten Zugriff aber entzogen blieb. Dann wird es in ein anderes Drinnen gebracht.
Die Drinnen-Draußen-Differenz lenkt urbane Energieströme. Alles Drinnen hat den Flair des Geheimnisvollen, aber dieser Schleier wird überall gelüftet. Mit Familiensendungen wird der private Bereich ausgeleuchtet, durch Umfragen werden die Einsichten bestätigt. Ämter, Behörden, Museen oder Telefonzellen stellen öffentliche Drinnen-Zonen dar, in die der Städter periodisch eintritt, freiwillig oder gezwungenermaßen.

Die Stadt ist eine und viele zugleich. Man kann sich keinen Über-Blick über sie verschaffen. Man kann sie nur in ihren verschiedenen, sich überlagernden oder ausschließenden Zonen durchqueren. Das bürgerliche Villenviertel, in denen jedes Haus seine eigentümliche Fassade hat, ausgearbeitet wie ein Wappen; der braune Beton der 50er-Jahre-Wiederaufbauklötze mit vorgelagertem Grünstreifen fürs Hundegassi; die 60er-Jahre-Gesamtschularchitektur auf dem Weg zum modernen Wohnvollzug... Selbst die Distanzwahrnehmung kann man vor Großbauten noch einmal genießen, vor denen

ein freier Raum für die Sicht geschaffen wurde. Der Betrachterstandpunkt der Renaissance, der die Welt als einen perspektivisch geordneten Raum wahrnehmen ließ, taucht noch einmal auf, um auf dem Weg zum nächsten Ziel sofort wieder im Verkehrsgewimmel zu verschwinden. Das ICC ist beides: Prachtbau für das auf Distanz gehaltene Auge (in seinem Inneren sorgt die Überwachungsatmosphäre für diesen Abstand) und zugleich Verkehrsbeschleuniger. Es überragt nicht nur die Umgebung, man kann auch unter ihm hindurchfahren.
Die Stadt ist eine Ansammlung von Trabanten unterschiedlichster Baujahre um ein verschwundenes Zentrum. Die für den Tourismus aufgepeppte City ist nicht älter als die vorstädtischen Wohnsilos.

In der Betonstation geht kein Nagel in die Wand. Aber das Silo ist alles andere als stumm. Die Rohre, die man in der Nische hinter dem Spiegel plastikverkleidet oder aluumhüllt vorbeilaufen sieht, rauschen durch das Schweigen der Nacht. Fließen, Tropfen, Gurgeln, das sich zu einem ätherischen Stimmengewirr zusammenmixt.
Ein Kauderwelsch der Materie, das hinter der Oberfläche, im Räderwerk des Plans, eine unbekannte Stimme ins Spiel bringt. Auf einmal, ohne erkennbaren Eingriff, scheinbar ohne planende Manipulation, verstummen die Rohre. Fehlfunktion? Oder war das Rauschen die Fehlfunktion? Und dann, zwei Tage später, setzt das Rauschen wieder ein und hört nicht mehr auf.
Die im Wind schlagende Tür, die Stimmen aus dem Containerkeller, der in Abwesenheit eines Wartenden summende Türöffner, der defekte Fahrstuhl. Keiner kennt den Unterschied zwischen dem Nagen der Zeit und sabotierender Destruktionslust.
Die öffentlichen Stoßzeiten pulsieren bis in die Zone zwischen der Straße und der Wohnungstür hinein. Als Pufferzonen vorgelagert sind Parkplätze oder Tiefgaragen, das Türschloß und die Armada der Namensschildchen mit Gegensprechanlage. In dieser Zone findet ein anonymes Namensspiel statt, ein Spiel mit dem Kenntlichwerden und Sich-entziehen. Im geschlossenen Raum des Treppenhauses oder Aufzugs werden die Wände zur Schreibfläche, zu einem Spiegel, der die ihm anvertrauten Phantasien aufzeichnet, um sie jedem, der hineinsieht, als eigene Untergründigkeit mitzuteilen.

Sie verlocken, Zeichen zu hinterlassen, deren Nachhaltigkeit sich bei gewahrter Anonymität im Grad der Beschädigung mißt. Höhlenmalereien, Graffiti, die vom Wort der Parole zum Piktogramm, zum Maskenbild zurückkehren. Spuren in einer Welt fremder Mächte. Spuren, zu denen man selbst zurückkehrt wie zu einem heiligen Ort, auch wenn nichts Bedeutsames an ihm ist, außer eben, dorthin zurückkehren zu können, wo man dem Schweigen ein Zeichen abgetrotzt hat.
Eine Putzkolonne übt sich in der Kunst des monströsen Auftauchens und spurlosen Verschwindens. Auf einmal begegnet sie einem überall, in Arbeitskitteln, ausgerüstet mit Eimern, Besen, Mobs und Wägelchen überschwemmen sie die Gänge und den Lift. Irgendwann sind sie wieder weg, und alles ist so dreckig und desaströs wie vorher. Doch es funktioniert alles, irgendwie, bis zu einem gewissen verschwiegenen Punkt.

Militär- und Industriekomplexe hinter mit dreifachem Stacheldraht abgeschrägten Zäunen. Mit grellfarbenen Wachleuchten abgesteckte Monstrositäten, die drohend ihre Unberührbarkeit zur Schau stellen. Orte der Macht. Die Monster sind die Wesen, die in der Furcht leben, sabotiert zu werden. Sie können zerstören, aber sie können auch zerstört werden. Kubische Blöcke ragen aus der

Rotlichtzone um die nächtliche Silhouette. Ein Krankenhaus. Der Ambulanzeingang ist auch nachts an den Betrieb angeschlossen. Es ist das einzige Gebäude in der Umgebung, das öffentlich in Betrieb ist. Entlüftungsschächte summen durch das erleuchtete Areal, Neon sirrt, Schwefel und Desinfektionsmittelgerüche liegen in der Luft. Das Monster wacht. Es arbeitet und wartet, auf die statistisch bereits ermittelten Legitimationen, die eingeliefert werden.
Die Großstadt ist ein Massen-Medium, das bei höchster Konzentration ihrer Bevölkerung ein Höchstmaß an Abstoßung unter ihr bewirkt. Nominell gibt es Millionen Einwohner einer Stadt, aber sie sind es nicht selbst und zusammen, sondern sie müssen in ihrer Einheit erst erfaßt werden, um ihren sozialen Zusammenhang dann medial herzustellen. Einwohnermeldeamt, Lohnsteuerkarte, Ausweispflicht, Versicherungsnummer, polizeiliches Führungszeugnis, überall begegnet man der eigenen Erfassung. Man existiert schon an Orten, an denen man nur noch seine Identität mit den erfaßten Daten beweisen muß, um sich die eigenen Möglichkeiten erschließen zu können.
Die Erfassungstechniken, die nicht bei Karteien mit dem Stand vom soundsovielten stehenbleiben, sondern als Überwachungskameras oder auch Magnetstreifen auf den Waren einen immer größeren Raum der Aktualität besetzen, erschließen das Soziale, das unter beliebigen Fragestellungen und Parametern statistisch strukturiert wird. Sie schaffen die Dimension, in der keiner anwesend ist, die Kartenebene der Macht, auf der die Allgemeinheit versammelt wird.
Aus dieser Allgemeinheit kann jede beliebige Minderheit geboren werden, die im Bedarfsfall ausgegrenzt wird, wenn ein Sündenbock oder gar der innere Feind vonnöten ist. Je perfekter die Erfassungstechniken, desto gefährlicher die Ausgrenzungspolitik, sobald sie auf den Plan tritt. Dem NS-Regime gelang eine nahezu vollständige Deportation der Juden nur in jenen besetzten Gebieten, in denen es damals bereits eine lückenlose Bevölkerungserfassung gab.
Die Bewohner der Stadt sind sich eine anonyme Masse. Weder vom eigenen Stamm noch ganz Fremde, werden sie mehrdeutige Phänomene. Die Fremdheit der Anderen ist in der modernen Anonymität untergetaucht, aber es bleibt ein Unterboden an Mißtrauen,

der zum Nährboden des Staates als der ordnungsgarantierenden Macht wird. Die Boulevard-Presse sammelt die irgendwo begangenen Verbrechen und Scheußlichkeiten ein und bündelt sie zu einem Panoptikum bedrohlicher Ereignisse, in die jeder geraten könnte. Geht es nicht gegen Gruppen von Anderen, so gibt es immer noch die verrückten Einzelnen, gegen die sich die Allgemeinheit schützen muß. Was unten immer wieder eingehämmert werden muß, ist oben längst selbstverständlich: die seriöse Presse beginnt gleich mit Welt- und Innenpolitik, ihre Leserschaft ist vernünftig genug, von der Allgemeinheit her zu denken. Wenn sie etwas auf sich hält, selbstverständlich kritisch.

In der Stadt regiert die Trennungsmacht. Sie reflektiert sich überall, wo Andere in der Öffentlichkeit auftauchen: ob in der Kassenschlange im Supermarkt, wo die Masse der Anderen nur lästig ist, ob in den öffentlichen Verkehrsmitteln oder ob im eigenen Auto, wo einem die Anderen während der Stoßzeit die Straßen verstopfen

und dann die Parkplätze wegschnappen. Die Anderen tauchen als Masse auf, und als solche sind sie lästig.
Die Lästigkeit kann zu einem ernsten Problem für den Paranoiker werden, der dieselbe Schrittgeschwindigkeit eines Anderen fürchtet, während der Ästhetiker sie gar nicht verspürt. Er genießt den Stau als Schauspiel, in dem sich vielleicht sogar ein kleines Verführungsspiel der Blicke ergibt.
In der Stadt gibt es auch die Masse als Ereignis, bei dem gar nicht genug auftauchen können, so bei japanischen Feuerwerken oder Schlössern in Flammen. Meist sieht man nicht viel, aber man ist dabei. Jede TV-Aufzeichnung wäre nur eine ideale Beobachterposition, aber das eigentlich spektakuläre Ereignis ist die versammelte Masse. Umgekehrt bei den Olympischen Spielen. Zig Millionen verfolgen am TV das Geschehen, während die Stadien vor Ort fast leer sind. In diesem Fall ist die Übertragung das Ereignis, an dem es zu partizipieren gilt, die Gleichzeitigkeit mit aller Welt. Der natürliche Hemmschuh der differierenden Ortszeiten wird den weltweit zumutbaren Sendezeiten angepaßt, so daß die Sportler mitunter zu ungewöhnlichen Orts-Zeiten antreten müssen. Die Stadt ist eine Struktur, in der es kein gemeinsames Selbstverständnis und Agieren der Städter gibt. Sie ist kein Ort einer autonomen Kultur.
Die Stadt, die sich in Jubiläumsfeiern einen ertragreichen Abgesang inszeniert, ist ein Gebilde, das durch seine Bewohner nicht gesteuert werden kann. Sie ist die Stadt der Zombies, der Toten auf Urlaub, die ihr Fatum nicht mehr ändern können.

Die großstädtische Masse entsteht als Interferenzerscheinung in der Welt der Einzelnen, deren Wege sich nie decken, dafür aber ständig überschneiden. Die Stadt ist der Möglichkeitsraum unendlich vieler Phänomenreihen, ein Licht- und Klanggewimmel, eine Sturzflut flirrender Bilder, schrillender Alarmsirenen und brüllender Preßlufthämmer. Der Einzelne kann sich nur mittels eines Wahrnehmungsfilters, der seinen eigenen, individuellen Raum von dem der Anderen abgrenzt, aus dem Rauschen der Stadt herausheben. Er läßt sich die Stadt als sein Reich der Möglichkeiten reflektieren, das einerseits durch störende Einflüsse Anderer eingeschränkt wird, sei es an der ausverkauften Kinokasse oder durch Nachbars Stereoanlage; andererseits durch die Unmöglichkeit, überall gleichzeitig zu sein, weswegen es dann unterwegs möglichst schnell gehen muß.

Der soziale Abstand als Output der individuellen Einpassungen in den urbanen Raum sichert dem System seinen Bestand. Dieser Abstand kann in prekären Situationen zusammenschnurren. Nicht nur die apokalyptischen Szenen während des Stromausfalls in New York 1976 gaben eine kleine Kostprobe der in den Städten schlummernden barbarischen Kraft, und damit auch einen Vorgeschmack auf Ereignisse, in denen sie sich ballen und kollektiv einsetzen könnte. Die Städtebaupolitik hat es immer mit dieser alten Herausforderung zu tun, gefährliche soziale Gärungen raumzeitlich von vorneherein zu verhindern. Nicht nur im Paris des Baron Haussmann, auch in den deutschen Nachkriegsstädten hat sie mehr Wohnsubstanz zerstört, als irgendein Krieg es vermochte. Kommissionen aus Architekten, Politikern, Geschäftsleuten und Kriminalbeamten planen Zerstörung und Wiederaufbau ganzer Städte, ihre zonale Aufteilung, die Fließgeschwindigkeit ihres Verkehrs, ihre optimale kommerzielle Nutzung, und sie träumen von einem Plan der sozialen Stillstellung. Alle Erfassungsmethoden, Statistiken, Umfragen oder die Verkehrung der Zuschauerbeteiligungsspiele in politische Seismographen, sind ihr recht. Doch all das bleibt vergeblich, der Ausnahmefall bleibt unberechenbar. Man kann die Verfolgung von Minderheiten planen, nicht aber das Entstehen unkontrollierbarer Energieströme verhindern. Noch das bestgesicherte System enthält in sich den Moment seines Zusammenbruchs oder die Möglichkeit seiner Zerstörung.

Das allgemeine Versicherungswesen frißt sich an der Unplanbarkeit der Zeit fett, um sie zu leugnen. Es feit gegen Diebstahl und Krankheit, Feuer und Wasser, Unfall, Invalidität, Tod oder schlechtes Wetter im Pauschalurlaub; nur nicht gegen seine eigene Vernichtung. Die voyeuristische Lust am Feuer und am Verkehrsunfall schließt sich im Einzelnen und damit im System der Neugierde ein, das sich durch den Skandal, das Lebenselixier des öffentlichen Raums, speisen läßt. Aber im Verborgenen drängt mit der Besessenheit von den Katastrophen die Rückseite der Ordnung. Inmitten der Mobilität werden Wege begangen und Orte bezeichnet, die

sich auf dem öffentlichen Bild nicht finden und die nur durch eine labyrinthische Rasterfolie enthüllt werden könnten. Mit einem festen Wohnsitz maskierte Nomaden ziehen heran, die als Subkultur losbrechen werden, wenn es an der Zeit ist, den Spiegelraum der Stadt zum Spielraum werden zu lassen, im Spiel gegen die Ordnung.

Die alten Monumente verwittern zur Ruine, die Dome und Moscheen, die Jahrhunderte durchgehalten haben, fallen dem schwarzen Abgasteufel zum Opfer. Vielleicht kann man sie bald wie die gealterten Madonnen von Raffael originalgetreu rekonstruieren? Werden sie dann noch echt sein? Oder erst dann?
Wenn es nur um das Wahrzeichen der Stadt geht, so herrscht keine Not. Kran und Ruine haben sich als Zeichen des Wiederaufbaus, der nie aufhören kann, zum Erkennungspärchen zusammengeschlossen. Auf dem Bau wird das, was die Spuren der Zeit zu zeigen beginnt, vernichtet, um es durch etwas noch Monströseres zu ersetzen. Aber es gibt kein zeitloses Material, die Erde ist unmenschlich und verlangt für kompliziertere Systeme immer höhere Unterhaltungs- und Folgekosten. Dem noch jubelnden Fortschritt sitzt die Entropie im Nacken. Die Stadt hat zwei Herrscher: das

Gesetz und die Statistik; und sie hat einen Zerstörer: die Zeit, die in ihrer Welt keinen Platz hat, das Schicksal.

Zur falschen Zeit am falschen Ort sein gibt ein Gefühl befremdlicher Leere. Manche suchen diese Zeit-Zonen auf, denn in ihnen ist der Zugang verborgen zur Rückseite der Dinge. Wie ein aus dem Erdreich gewälzter Stein, dessen feuchte, von Wurzeln und Würmern bewohnte Unterseite auf einmal oben liegt, zeigen die Dinge nun ihr zweites Gesicht. Die Topographie dieser Zonen ist nicht euklidisch. Abgesehen davon, daß sie manchen überhaupt nicht zugänglich sind, gibt es dort nur wenige, die sich auf derselben Ebene begegnen. Der Saboteur aus Passion, der hier seinen Phantasien oder Vorbereitungen frönt, begegnet dem Fin-de-siècle-Ästheten niemals. Treten Zeichen des einen in die Ebene des anderen ein, werden sie mit deren magischen Waffen gebannt. Der Ästhetiker arbeitet mit dem Blick, der Saboteur mit der eigenen Unsichtbarkeit.

Die Stadt ist ein anonymes Wesen geworden. Jeder ist hier fremd am Ort. Die Blicke gehören den dafür vorgesehenen Bauwerken. Das Monster präsentiert sich als Monument, und der Tourismus spielt die Farce seiner Aktualität. Aber es gibt andere Blicke auf die Dinge, die sie als bereits vergangene betrachten. Es sind nicht nur die der Saboteure. Der Konstrukteur Albert Speer hat seine Monumentalarchitektur, fasziniert von den Trümmern der römischen Antike, unter dem Gesichtspunkt des Ruinenwerts entworfen.

Wenn die Fabriken schweigen und vagierende Nächtlinge wie durch Ruinen um Monster an brachliegender Bedeutung schleichen, wird in unsichtbaren Graffiti ein unberechenbarer Geist beschworen. Ihr Blick sieht den rückseitigen Aufriß, das Scheitern, das Bröckeln, das geduldige Zerstörungswerk der Zeit. Das System läuft mit der Zeit um die Wette, es führt Krieg gegen die Zeit. Es rüstet auf gegen die Erde, und öffnet sich damit der Geschwindigkeit der Katastrophen. Es öffnet der Zeit den Einfallsort des Plötzlichen. Es nagt und es splittert. Auf einmal scheinen Bauwerke nur als Monument für die Zeit nach dem Erlöschen aller Energieströme konzipiert zu sein. Vielleicht würden spurenlesende Wesen einer zukünftigen Zeit im Hamburger Elbtunnel ein gigantisches sakrales Massengrab erkennen können. Nur von seinem Endzustand, nur

von dem her, was geblieben sein wird, könnten sie versuchen, seinen Sinn zu rekonstruieren. Wenn draußen der Kahlschlag abgeht, werden sich Tausende in ihm drängen, bei ungewissem Ausgang und vielleicht sogar keinem mehr. Ein Gebilde, das für eine barbarische Zeugenschaft konstruiert scheint.
Die alten Germanen pflegten ihre Götter im Wald zu verehren, wußte Tacitus zu berichten. Auch zukünftige Archäologen könnten bei der Ausgrabung einer modernen Stadt auf Kultstätten stoßen. Als eine Art heiliger Hain erschienen ihnen vielleicht die den Wohnsilos vorgelagerten Parkplatzanlagen. Die Neonlampe ist der Wächter dieses heiligen Hains. Sie entsteht gleichzeitig mit dem Unbefugten, den sie wachsamen Blicken hinter Fensterfronten ausliefert. Ein Verbotsschild klappert im Wind. Die Klangwelt ist hier schon in einer anderen Zeit. Wie wenn Häme und Unbeteiligtheit zusammenkommen könnten, zeugen sie von der Öde dieses Ortes nach seiner Verlassenheit. Diese Stadt ist schon Nekropolis. Aber morgen wimmelt es wieder in ihr. Das Spiel ist aus, doch der Film läuft noch.
In der Dunstglocke über der Stadt hängt ein Gestank, der nicht mehr weichen will. Der Smog ist der Geruch des noch lebendig verwesenden Stadtkörpers. Schon immer hatte die Stadt ein besonderes Verhältnis zum Grab, denn sie fängt als eine Art Friedhofsbewirtschaftung an. Der Pharao bestimmte seinen Herrschaftssitz nach der Lage seines Grabes, dessen Errichtung sein Lebenswerk sein sollte. Um dieses herum siedelte sich das geschäftige Treiben der Hochkultur an. Von Anfang an ist die Stadt mit einem Gedächtnis verknüpft, aber es ist das Gedächtnis der Geschichte, das immer schon eine Umschreibung der Zeit ist; die Transkription von Leben in geronnene Zeichen, die innerhalb der Geschichte konvertierbar werden.

Die Grabräuber schreiben am deutlichsten mit. Jene, die Gespeichertes gelöscht haben, und jene, die es in Museen ausstellen, um es zur zeitgenössischen Reliquie der Geschichte zu machen. Solange man noch ausstellen kann, solange man noch eine Geschichte als eigene präsentieren kann, geht es voran. Bald schon könnte das Aufzeichnungssystem Stadt selbst zum letzten, keines Zeugen mehr sicheren Dokument geworden sein.
In den Pharaonengräbern hat man Holzmodelle gefunden, die die Stadt der Lebenden mit ihren Gebäuden und Geschäften nachbildeten. Von den Städten selbst ist nichts erhalten, aber um die Pyramiden von Gizeh liegen an einem Straßennetz Gräber über Gräber, von den zu ihrer Zeit Mächtigen. Nur die Stadt der Toten ist dauerhaft gestaltet. Ist sie das Negativ oder das Positiv der Stadt der Lebenden? Vielleicht steht am Anfang der Stadt noch ein Modell, das ein Wissen in sich gespeichert hat: daß sich dauerhaft nur Totes erhalten läßt. Patt mit der Realität. Später wird man die Stadt der Lebenden nicht mehr in Modellen ab-, sondern vor-bilden. Vielleicht entsteht der Plan am Ende aus einem großen Mißverständnis.

Auszeit

Im leeren Raum treibt eine Seifenblase. Es ist die die imaginäre Wirklichkeit der Moderne, ein System, in dem das Wissen um seine Anschlußstellen an die Realität verlorengegangen ist. Das verlorene Wissen ist durch inwendige Projektionen ersetzt, die das Universum der MENSCHHEIT schließen. Während die Seifenblase ihrem Ende entgegentreibt, herrscht in ihrem Inneren große Geschäftigkeit. Noch immer streitet man sich erbittert um die einzuschlagende Richtung, und noch immer debattiert man, wer es wie richten wird.
Die Zeit der großen Befreiungsutopien ist vorbei. Man hat auf eine Triebbasis, auf das Bewußtsein und nicht zuletzt auf die Phantasie als Substanz der Befreiung gesetzt. Unterhalb aller Entfremdung sollte ein Potential bereitliegen, dessen Aktualisierung das Gehäuse der Macht um den Gesellschaftskörper aufbrechen würde. Aber es hat ebensowenig Sinn, wahre von falschen, manipulierten

Bedürfnissen unterscheiden zu wollen, wie dem ideologisch verzerrten Bewußtsein Anderer eine ganz anders funktionierende Vernunft zu unterstellen, mit der sich im rationalen Diskurs gemeinsam alles wieder entzerren ließe. Man kann sein Gegenüber von einer Argumentationsscholle zur nächsten treiben, aber man gewinnt am Ende nichts als die Einsicht in unhintergehbare Haltungen. In den Vorstellungen eines universellen Bandes von Gültigkeiten spiegelt sich das imaginäre Denken nur selbst. Es spiegelt sich etwas vor: sich selbst auf der Ebene einer an-sich-seienden Wahrheit befindlich, von der aus man mit Erklärungen die Brücke zu den Zurückgebliebenen schlagen kann. Nur will keiner mehr diese Brücken benutzen, was dazu führt, daß das Vertrauen in ihre Tragfähigkeit rapide schwindet. Es gibt keine vom Systemzugriff unberührte Substanz, die man jedem, allgemein und gleich, unterstellen könnte. Allgemein und gleich ist nur das System. Auch die scheinbar so unmittelbare Phantasie, der die Surrealisten und der Pariser Mai 68 noch zur Macht verhelfen wollten, und die dann ihren Siegeszug durch die Werbespots und das wissenschaftliche Brainstorming angetreten hat, kann nicht als die gesuchte materielle Basis der Befreiung gelten.

Mit der Substanz fehlt auch das Subjekt dieser Befreiung. Es gab zwei verschiedene Vorstellungen, wie es in die Geschichte treten sollte, um sie zu entscheiden. Zum einen sollte es sich aus der additiven Freisetzung seiner Kräfte zusammensetzen können. Noch immer hoffen die friedfertigen Gemüter auf eine Summierung zum

Guten bis hin zu einem neuen Zeitalter. Der Wassermann ist unterwegs. Aber alle Summen-Modelle sind vergebliche Vertröstungen. Vereinzelt fließt alles ins System ab, dessen Macht nicht auf verdunkeltem Bewußtsein, entstellten Bedürfnissen oder einer geknebelten Phantasie beruht, sondern auf der Strukturierung des sozialen Feldes zur trägen Masse.

Nur ein anderes Soziales könnte die Macht des Sozialen brechen. Diese Einsicht klang in der anderen Vorstellung über das Geschichtssubjekt an, der Zauberformel des Marxismus-Leninismus: Organisation. (Die ihr zugrunde liegende Illusion wird Thema des Gruppen-Kapitels sein.) Die Organisation sollte die Kräfte der Revolution binden und vor dem Verfall in die Vereinzelung bewahren. Sie war nicht als deren friedliche Summierung gedacht, sondern als ein soziales Gebilde, das den Klassenkampf anheizte und dadurch als Katalysator eine ökonomische Schicht in ein politisches Subjekt transformierte.

Es schien zu funktionieren. Zumindest zählte die kampfbereite Anhängerschar Millionen und man eroberte riesige Staatsgebiete. Die Organisationen hatten Massenbewegungen gelenkt – und sie dann wieder im System stillgestellt. Denn das System besteht noch dort fort, wo seine wertvollsten Ikonen zerstört werden. Man kann einen König oder gar das ganze Königtum stürzen, doch die Macht wird sich nur verjüngt haben, wenn die Befreiungsvorstellung die Dimension des Reichs übernimmt, um sie zu restrukturieren. Mit den Revolutionen hat es sich letztlich nie anders verhalten.

Aber abgesehen von den wenig erfreulichen Aussichten bei einer siegreichen sozialistischen Revolution, bleibt deren Subjekt imaginär. Entgegen ihrer theoretischen Konstruktion war die Klasse ein Mythos, der an das Milieu spezifischer Arbeits- und Lebensbedingungen mit einem noch vorhandenen Boden für Kollektivität geknüpft war. In diesem Milieu konnte der Mythos der Klasse Kräfte mobilisieren. Mit der elektronisch beschleunigten Vermassung des Gesellschaftskörpers sowie der Produktionsbedingungen ist die Klasse wieder in ein nebulöses An-sich-sein verdampft.

Nach der Ernüchterung über die Befreiungsutopien glaubt man sich realistischer. Doch die imaginäre Wirklichkeit der Moderne entfernt sich immer weiter von der Realität. Die Welt des MEN-

SCHEN hat das Abkommen mit der Realität nicht nur gebrochen, sie hat es vergessen. Sie weiß nicht mehr, worin es oder auch nur seine Aufkündigung bestanden hat; mehr noch, sie weiß nicht einmal mehr, daß es ein solches Abkommen überhaupt gegeben hat. Die Erschaffung der zweiten Welt ist der Fall, der vor dem Gericht des Geschichtsprozesses nicht verhandelt wird, denn er ist die Inthronisation des Gerichts. Es ist egal geworden, wer ihm vorsitzt, alle sitzen davor. Es kann sowieso nur das Gesetz vollzogen werden, dessen Urteil längst gefällt ist. Die Geschichte ist ein Duell mit der Realität, die zu ihrem Schicksal wird. Die Entscheidung ist längst gefallen. Es ist wie bei einer bereits ausgeklinkten Bombe nur eine Frage der Zeit, wann sie sich manifestiert.

Damit ist noch nichts verraten. Man kann die Zivilisation, das Systemprogramm der einen Welt-Ordnung, als Krebs betrachten, der sich durch alle Natur und heterogene Kultur hindurchwuchert, bis er an sich selbst erstickt, ein kosmisches Suizidprogramm. Doch irgendein Ende stand der Welt immer bevor, nur die Spielformen der Kulturen bis dahin sind verschieden. Eine davon ist, sich wie im Theater unbeeindruckt vom Ende zu zeigen und dem Geschehen zu folgen, als kenne man das Textbuch noch nicht. Man betrachtet es als Sache des MENSCHEN, wie er sich entscheiden wird. Der aber hat es mit einer unbekannten Größe zu tun. Das Soziale läuft nicht mehr synchron mit der Realität, seine mediale Beschleunigung läßt diese nur noch im Moment des Aufpralls spüren. Hin und wieder lassen kleinere Katastrophen Wellen der Angst vor dem Realen sich ausbreiten, aber das weiterlaufende TV hat sie schnell wieder zur Fiktion, dagegen anzukönnen, moduliert.

Vielleicht gibt es noch eine Chance für das Soziale, als Lebensform auf dem Planeten Erde zu überleben. Allerdings wird es nicht das Soziale des MENSCHEN sein. Einzig kollektive Überbietungen der modernen Wirklichkeit bis hin zum katastrophischen Aufprall werden den Durchbruch zu Orten außerhalb des Systems schaffen, die sie nicht nur finden, sondern zugleich auch erfinden müssen. Diese Orte werden Zeiten der Bewegung sein, deren Akteure zu Verbündeten des Schicksals geworden sein werden. Katastrophale Kräfte werden freigesetzt, die sich, angetrieben von einem wilden Impuls, in einer immer weiter beschleunigten Welt immer weiter steigern,

um als entropischer Effekt des Systems zu wirken. Nur kollektive Akte einer magischen Vorwegnahme der katastrophischen Realität könnten deren globalem Effekt zuvorkommen.
Es wird nur noch Zuschauer oder Akteure geben, und diese Akteure werden mit der verpönten Unbekannten, für die Schicksal nur ein Deckname unter vielen ist, zusammenarbeiten.

Gruppen
oder
Die Prozessfalle

An den dunklen Rändern der Wirklichkeit treibt ein Dämon sein Unwesen: es ist die Skepsis, der dieser Raum nie dicht genug ist. Ihr tun sich jene leeren Existenzzonen auf, die keine gemeinsame Schnittmenge mehr mit den Kategorien des Systems bilden. Noch von den Vorhallen dieser Existenzzonen zweigt der Säulengang der Geschichte ab, in dem der Bewußtseinsraum nach dem geheimen Bauplan der Macht gestaltet wird. Er wird von Gruppen bevölkert, die unterschiedliche Formen der Einwirkung auf die Wirklichkeit versprechen und dabei verschiedene Funktionen des Systemerhalts erfüllen.

Man hat die Drei als Zahl der Versöhnung beschrieben, in deren Harmonie alle Ent-zweiung der ursprünglichen Ein(s)heit früher oder später mündet. Nach einer anderen Vorstellung ist sie die Zahl des Streits und der Spaltung in eine Minderheits- und eine Mehrheitsfraktion. Mit der Drei wird aber auch der neutrale Dritte möglich, der sich als Gericht im Namen der Allgemeinheit zur Institution verselbständigt.

Ab drei gilt eine Gruppe. Harmonie, Streit und Gericht sind in allen Gruppen, wenn auch unterschiedlich gewichtet, zuhause. Musik-, Reise- oder Wohngruppen sind, auch wenn das Gericht in ihnen jederzeit Einzug halten kann, keine genuinen Orte des Urteils. Aber jene Gruppen sind es, die den Lauf der Dinge als Geschichts-Prozeß reflektieren, in dem sie selbst mitwirken. Solche Gruppen sind semi-soziale Gebilde, weder bloß Summe der in ihr versammelten Individuen noch anonyme Masse. Daraus leiten sie das Versprechen ab, nicht nur Teil der Wirklichkeit zu sein, sondern auch Kraft, die verändernd in sie eingreifen kann. Doch sie schwanken zwischen Selbstzweckcharakter und Systemfunktion. Sie arbeiten gegen die Skepsis der Einzelnen an und gelangen bei allen Fragen immer wieder zu zirkulär bestätigten Antworten. Sie lassen die Fatalität der Welt, die der Einzelne verspüren mag, in einem Gewebe von Sinn verschwinden, mit dem sie die Fakten umspinnen. Sie sind die Hüter des illusionären Zeit-Raums der Geschichte.

Solche Gruppen beginnen als merkwürdige Spiegelinstrumente, die flüchtige Zeichen der Welt einfangen, um ihnen durch ihr Be-Reden soviel Dauer zu verleihen, daß sie auf dem Markt der Meinungen konvertiert werden können. Die den Einzelnen aus dem anonymen Niemandsland der Medien präsentierten Informationen werden im Kreis der Anderen wie im Close-Up dicht herangeholt, um sich im Nächsten zu spiegeln.

Man ist auf Du und Du mit der Welt. Die Gruppe versichert sich gemeinsam der Herrschaft über die Zeichen. Die imaginäre Wirklichkeit der Einzelnen wird durch das Be-reden der Gruppe in Ordnung gebracht.

Aber es ist bereits alles geschehen, die Welt ist durch das Soziale codiert, und zwar in einer Dimension, in der die Gruppen genausowenig anwesend sind wie die Einzelnen. Während Einzelne durch die Skepsis von den Zeichen der Macht getrennt werden können, wodurch ein unberechenbares Energiefeld entsteht, stellen Gruppen den Versuch dar, das eigene Verschwinden in der Bedeutungslosigkeit der präsentierten Welt zu verhindern. Für die Einzelnen stellen sie eine Sinnbrücke zu den Fakten her, und zugleich überbrückt das Bereden der Fakten den Abstand der Gruppenmitglieder zu einander. Sie wirken wie Jetons in deren Spiel um die Wirklichkeit.

Die Gruppe will die Welt verändern, von der als verbürgt gilt, daß ihr Lauf sich steuern läßt. Allein das Wie wird zum Problem der Gruppe, denn draußen in der Gesellschaft sieht man zunächst alles anders als in ihr. Die politische Gruppe ist nur eine winzige Teilmenge der Gesellschaft, und sie leidet an dieser Innen-Außen-Kluft. Doch sie sieht sich als Minderheit, die nicht nur Mehrheit werden will, sondern diese bereits stillschweigend oder lauthals vertritt. Die Urteile der Gruppe haben auch für Andere Gültigkeit, selbst wenn diese es noch nicht einsehen. Die Konstruktion der Gruppe führt zu einer an-sich-seienden Substanz draußen bei den Anderen und zu einem lückenlosen Illusionsraum im Inneren, der diese Hypothesen ständig untermauert. Dadurch, daß politische Gruppen in der Dimension präsentierbarer Ereignisse handeln wollen, verrennen sie sich im Imaginären, wo jenes Gericht über Andere zu tagen beginnt, das Geschichte heißt. Die Affirmationsgruppen, die noch keine genuin politische Gruppen sind, lassen sie geschehen, während die Alibigruppen sie am liebsten ungeschehen sehen würden. Die Agitations- und die Anschlagsgruppen wollen sie betreiben, während die Aktionsgruppe sich selbst bisweilen so weit überschreitet, daß sie an ihrer Durchbrechung teilhat.
Mit den Gruppen wird die Hoffnungsgeschichte der Linken abgeschrieben. Damit wird alles auf Bewegung gesetzt werden können. Der Einsatz wird von rot und schwarz auf Zero verschoben worden sein. Das Prozeßgebäude brennt schon, auf seinen Trümmern beginnt ein neues Spiel, das allen Ernstes zum Kampf werden kann, und dennoch nicht das der Macht ist.

Die Affirmation

Affirmationsgruppen können spontan und zufällig entstehen und sich ebenso unvermittelt wieder auflösen. Ihre Orte sind Pausenräume, Marktplätze, französische Kaffeehäuser, eine im Strom der Normalität aufflackernde Unfallstelle oder ein öffentliches TV-Gerät. Sie können sich auch eine gewisse Kontinuität geben, zum Beispiel an Stammtischen. Eine solche Kontinuität wird keinem gemeinsamen Ziel geschuldet sein, das es zu realisieren gälte. Die

Gruppe stabilisiert sich nicht über die Rückwirkung eines Auftretens nach außen. Ihr Zweck ruht in ihr, er geht im Reden über die Ereignisse auf. Diese Ereignisse können von überallher genommen sein, aus einer beliebig großen Welt. Es kann sich um Nachbarschaftstratsch handeln, um ein Fußballspiel aus der Kreisliga oder der WM-Endrunde, oder es kann um Politik und Weltgeschehen gehen. Es findet eine lebhafte Verarbeitung der den Einzelnen präsentierten Ereignisse statt, deren bedeutsamste nun noch einmal im gemeinsamen Reden aktualisiert werden. Es geht dabei um die Abwendung des Blicks von den fatalen Zügen des Laufs der Dinge und um eine sinnhafte Verdichtung der Wirklichkeit. Die Strategie besteht im Be-Reden der Ereignisse.

Es wird erzählt, kommentiert, imitiert, ironisiert, be- und verurteilt, und es kann beliebig unterbrochen, ergänzt und fortgesponnen werden. Die erworbenen Informationen zahlen sich als Spielmarken beim Meinungsaustausch aus. Ein freies Spiel der Äußerungen, bei dem jeder gewinnt: neben dem Informationszuwachs noch die eigene Standortbestimmung, die Positionierung in der Welt durch das Feedback der Anderen auf die eigene Äußerung. Die Anderen spielen den Empfänger für die Rückmeldung „Weltempfang bestätigt" und bieten eine Bühne, auf der jeder in den verschiedensten Rollen ganz er selbst sein kann, bekennend, ermahnend, zweifelnd, eifernd.

Immer wieder und überall taucht dabei das Gericht auf, das über den Lauf der Dinge verhandelt, das Volksgericht des Geschichtsprozesses, das auf der Meinungsebene tagt. Jeder spielt abwechselnd

Verteidiger, Ankläger, Angeklagten und Richter, dann wieder murrendes Publikum. Der durch die Unumkehrbarkeit der Informationen bedrohte Sinn der Ereignisse, ihre Verknüpfung mit der eigenen Person, soll wieder hergestellt werden, und zwar durch Urteile, die sich in der Idee der Wahrheit treffen. Die Wahrheit selbst ist vielleicht nicht einmal so interessant, aber sie gilt unabhängig vom Ort, und so wird sie vor Gericht, wo es auf einmal keine Unbeteiligten mehr gibt, zur Brücke zum Geschehen der Dinge. Durch das eigene Urteilen beziehungsweise den engagierten Rechtsstreit der Meinungen, der sich daraus ergibt, darf man sich als Protagonist dieses Geschehens fühlen.

Hier ist der Kleine Mann zuhause. Ursprünglich eine rhetorische Figur, die sich jene ausgedacht hatten, die immer im Namen Anderer reden, hat er sich in einem Schlag von Leuten selbständig gemacht, die glauben, ihrem Stöhnen mächtigen Nachhall zu verschaffen, wenn sie Andere vor sich selbst vergrößern. Der kleine Mann denkt zwar in „Die da oben – wir da unten“ und er ist ein Schimpfer aus Passion, aber letztlich kennt er doch immer noch die richtige Partei oder zumindest seinen Mann in ihr. Er ist zuhause in der Welt der Medien, und das bestätigt ihm seine Affirmationsgruppe.

Wenn die Medien einen Skandal herausbringen, laufen die Affirmationsgruppen heiß, die sonst betont um Nachahmung von Sachlichkeit bemühte Diskussionen führen können. Bei der Enthüllung einer Bestechungsaffaire oder bei der Stimmungsmache gegen Minderheiten erhitzen sich die Gemüter. Jetzt kann jeder beweisen, ureigenster Träger der herrschenden Meinung zu sein. Muß der Kleine Mann am Morgen nach einer Festnacht der klirrenden Scheiben in seiner Zeitung lesen „Berlin kocht vor Wut“, dann wird er an diesem Tag auch vor Wut kochen. Die Affirmationsgruppe dient dann als eine Art verbale Volksküche, in der jeder mitkochen darf.

In der Gruppensimulation des Geschehens werden Affekte an Stelle von Handlungen erzeugt und abgeladen, vom Wir-Gefühl beim Fußball-Länderspiel bis zum geifernden Schrei nach Lynchjustiz bei der Präsentation von Terroristenfotos. Aber keine Angst (oder Vorfreude), gehandelt wird woanders. In den Affirmationsgruppen geht es nur darum, die präsentierte Welt noch einmal durchzuspielen, um Position in ihr zu beziehen. Jeder hat Anteil am Geschehen, das in seiner Welt passiert, und damit leistet er eine Art Zustimmung. Er münzt seine Ohnmacht gegenüber dem Lauf der Dinge in Partizipation um, die fatalen Fakten werden mit Sinn umsponnen. Der Streit und die Opposition, die sich dabei bildet, gehören dazu. Jede Meinung schließt ihr Gegenteil mit ein. In ihrer Folgenlosigkeit schließen sie sich kurz, aber geäußert werden müssen sie, weil man sich durch sie in die Dimension des Systems hineinbeamt, in die Welt, in der man lebt.

Die Affirmationsgruppen tagen als Karikatur auf den Chor in der antiken Tragödie. Wie dieser stellen sie das lebendige Gewissen einer Gesellschaft dar, das über Recht und Unrecht verhandelt, nur können sie nicht mehr wie dieser für sich veranschlagen, die sittliche Substanz ihrer Gesellschaft zu sein. Diese Gesellschaft hat keine Wertereservoirs, aus denen sie schöpfen müßte, nötig. Sie folgt dem blinden Gesetz des Fortschritts. Was sie dabei an Informationen ausstößt, wird von den Einzelnen gesammelt, in Gruppen zusammengetragen und, mit eigenen Meinungen angereichert, ausgetauscht. Ein Nachtrag, der allerdings zugleich eine Art Apriori darstellt. Man versichert sich der Gewißheit, mit von der Partie zu sein. Man ist es, indem man den Regelvertrag eingeht, daß dies als Nachtrag zum Geschehen stattfindet. Die Anderen, Zuschauer wie man selbst, werden zu Zeugen der Wirklichkeit der erworbenen Informationen.

Um diese Versicherung, dabei zu sein, geht es in den Affirmationsgruppen. Das Gerichtswesen, das in ihnen so gerne Einzug hält, vertagt sich auch wieder.

Immer wieder wird das Motto des Prozesses, wonach es nur Eine Wahrheit geben kann, aufgehoben. Es geht um kein letztes Urteil, auch nicht um die vielen Vor-Urteile, die man diesen Gruppen zuschreibt, sondern darum, daß das Urteilen weitergehen kann. Die Affirmationsgruppen stellen ein mehr oder weniger diffuses Ja-Nein-Spiel dar, das die Welt in die Sphäre der Meinungen verdoppelt. Das Gericht bleibt harmlos wie ein Spiel.

Erst in politischen, definierten Positions- oder Oppositions-Gruppen wird es ernst. Sie wollen das letzte Wort sprechen, wenn das Urteil des Geschichtsprozesses verkündet wird. Sie treten auch gegen die Tatenlosigkeit der Affirmationsgruppen an, aber sie täuschen sich über sich selbst. Sie sind immer auch selbst Affirmationsgruppe in einer imaginären Wirklichkeit, und ebenso imaginär bleibt all ihr Handeln.

Das Alibi

Alibigruppen eignet eine gewisse Kontinuität, auch und gerade wenn sie sich auf bestimmte Termine hin gründen, zum Beispiel eine geplante Raketenstationierung, deren Verhinderung sie sich zum Ziel gesetzt haben. In ihnen finden sich ernsthafte Menschen, denen der Kummer um den Weltlauf Sorgenfalten durch die Stirn gefurcht hat. Ernst sind sie, weil es allen Grund zur Sorge gibt. Die Welt liegt im Argen und nur moralische Läuterung kann Abhilfe schaffen. Ohne Zweifel gibt es Schuldige und Unschuldige, aber auch jene, die nur nicht zu wissen scheinen, was sie tun: die Masse, der man mit gutem Beispiel vorangehen muß.
Wer zu den Unschuldigen gehört, ist nicht schwer zu erraten. Bei den Schuldigen ist es schwieriger. Manchmal scheinen es schlechte Menschen zu sein, manchmal scheint nur die Unvernunft schuld zu sein, so daß es einer Verpflichtung gleichkommt, sich mit den Verantwortlichen an einen Tisch zu setzen, um ihnen mit Argumenten gegen diese beizustehen. An ihnen, den Gruppenmitgliedern mit Alibi, wird keiner schuldig. In ihrer notorisch karitativen Mentalität sind sie viel zu selbstlos, als daß man sich an ihnen vergehen könnte. Aber an ihren Enkeln kann man es! Nicht, daß diese schon geboren wären, aber auf sie wird verwiesen, wenn die Gruppe gegen Waldsterben, Rohstoffknappheit oder den atomaren Krieg auf den Plan tritt. Sofern sich Einzelne schüchtern zu eigenen Motivationen bekennen, meint man, ihre eigenen Großeltern in Sorge um ihre Enkel zu vernehmen. Wie einst das Gottesgericht am Ende der Tage stand, so gilt es nun, sich dem Urteilsspruch der imaginierten Enkel guten Gewissens stellen zu können.
Engagement ist angesagt, Zivilcourage gefragt, man riskiert die Zustellung eines amtlichen Schreibens, man will sich kein Gummitierchenrückgrat nachsagen lassen. Die nach allen Seiten quälend hin und her überlegte Wahl des kleineren Übels reicht nicht mehr aus.

Die Ja-Stimme zum System, dessen Vernünftigkeit sich besser versteckt hält als der geheime Ratschluß Gottes, genügt nicht mehr. Die Vernunft – denn das Vernünftige und das Gute werden in einer Einheit gedacht – ist in den Einzelnen aufgerufen. In ihnen muß das Allgemeine konkret werden, gegen den schlechten Willen einiger und vor der Unvernunft der Masse.

Die Vernunft muß sich zeigen. Sie geht an die Öffentlichkeit, geht demonstrieren. Dabei kommt alles auf die richtigen Mittel an, will man beim Hochseilakt der Ethik nicht selbst schuldig werden. Besser, man verändert nichts als mit den falschen Mitteln. Das falsche Mittel ist in jedem Fall die Gewalt. Unschuldig ist und bleibt dagegen, wer sich zu opfern bereit ist und damit dem Voyeur, der immer Andere geopfert sehen will, den Rücken kehrt. (Doch fürchtet euch nicht: im letzten Moment wird ein Engel Gottes erscheinen und das unschuldige Menschlein erretten.) Nur wer als Einzelner fürs Ganze geradesteht, kann noch ein wenig Licht in diese Welt bringen. Er muß bereit sein, zum Beweis der Weltnot ausgerechnet von dieser Gesellschaft, für die er sich opfert, seine weltliche Strafe entgegenzunehmen, um an das Gewissen und die Vernunft der Anderen zu appellieren. Die Kraft, die bis in die Zukunft der Enkel strahlen soll, kommt nicht aus der Freude sondern aus dem Leiden.

Beliebt sind daher vom Opfer gezeichnete Demonstrationsstile: Fasten, Schweigen, sich Polizeiknüppeln aussetzen. Die Aktivität besteht darin, demonstrativ nichts zu tun, womit man sich die Hände schmutzig machen könnte. Man demonstriert die eigene Unschuld und Rechtschaffenheit und beschafft sich damit ein Alibi vor dem strafenden Blick der Enkel. So ist der Weltlauf eine Prüfung, der man sich couragiert stellt. In der Gruppe bestärkt man sich im Tun des Guten, das mit der sanften Kraft der Überzeugung auf Andere wirken soll. Man hängt dem Summen-Modell an: irgendwann werden alle, zumindest aber die große Mehrheit der Bevölkerung, gut und vernünftig geworden sein, dann... Vorher wäre es sowieso nicht legitim, gegen Repräsentanten der Allgemeinheit vorzugehen, da man noch in der Minderheit ist. Haben solche Gruppen eine Demonstration organisiert, bei der 300 000 Leute auf die Straße gehen, so sitzen immer noch 60 Millionen daheim. Sie können sich sicher sein: direkte Anwesenheit erreicht nie

die Zahlenstärke repräsentierter Allgemeinheit. War es ihr Ziel, Raketenstationierungen zu verhindern, so haben sie nichts erreicht. Dennoch sieht man diese ernsthaften Menschen strahlen! Können sie einfach strahlende Verlierer sein, oder aber haben sie am Ende nichts verloren, sondern nur gewonnen, nämlich ihr Alibi? Vielleicht hatte diese Aktivität nur den Sinn, ihre eigene Absorption durch die Massenstruktur für sich in Anspruch zu nehmen, um guten Gewissens, das heißt immer wieder besorgt weitermachen zu können. Sollte sich alles zum Schlechten kehren, sofern es da noch etwas zu kehren gibt – man war dagegen. In seiner Selbst-losigkeit war man selbst ganz anders als die Anderen.
Die Macht, die Unabänderlichkeit des Geschehens, wird durch die Alibi-Aktivitäten nicht destabilisiert, sie wird verdoppelt: durch das Beschreiten einer scheinbaren Alternative zum institutionalisierten Rahmen der Politik und die gleichzeitige Unterwerfung unter die Imperative des Systems, das heißt die Einschließung seiner selbst in die Folgenlosigkeit der Meinung, die sich zwar demonstrativ äußert, um dann aber doch alles beim Alten zu lassen.
Es gibt Gruppen, die um dieses Alibis willen gegründet werden, aber heimlich wird es vielleicht in jeder Gruppe gesucht. In der Affirmationsgruppe wandert es nicht durch die Zeit. Es wird nur vor sich selbst und den Gruppen-Anderen benötigt, die zugleich Zeuge sind und Richter spielen. In den politischen Gruppen wird es

ausgestellt, um sich vor den künftigen Generationen der Geschichte verantworten zu können, die an die Stelle der Enkel dieser Leute treten.

Die Agitation

Geht es in den Affirmationsgruppen darum, das gesellschaftliche Geschehen als Ausdruck seiner selbst betrachten zu können, so inszenieren die Alibigruppen die reine Expressivität des Nicht-einverstanden-seins, eine mentale Haltung, die niemandem etwas zu leide tut, auch dem System nicht. Alles andere als folgenlos will das Auftreten der Agitationsgruppen sein. Sie verstehen sich als politisch und sehen ihr Tun als Angriff auf die herrschende Gesellschaftsordnung. Sie besetzen die Horizontale der Gesellschaft mit einem Wissen, von dem sie sich in ihrem Inneren bestätigen, daß es der Vertikale der Geschichte entstammt. An deren Ende soll das Gericht tagen, das schon jetzt denjenigen Sinn zumißt, die sein Gesetz vollstrecken. Agitationsgruppen beziehen sich zwar nur auf die Arbeiter- oder eine andere partikulare Klasse, durch ihre Befreiung soll aber die ganze MENSCHHEIT zu sich selbst befreit werden. Sie denken von der Allgemeinheit her, und das heißt: in der durch die Massenstruktur bedingten Dimension. So oszilliert ihr Handeln zwischen unbeschreiblichen Dimensionen des Terrors und lächerlicher Bedeutungslosigkeit.
Die Agitation ist Bestandteil einer Politikkonzeption, die den radikalen Bruch mit den Spielregeln der Gesellschaft zu beinhalten glaubt. Revolution! Danach wird alles anders sein, so zumindest glauben und hoffen die Revolutionäre. Man wird skeptisch, wenn man hört, was nach der Revolution alles anders wird, wem alles es dann dreckig geht, wer alles dann in die Fabriken arbeiten geschickt wird und so weiter. Aber man braucht nicht nur in den Phantasien einer aufgestauten Ohnmacht zu lesen. Wenn die Zeiten der Revolutionen in den Metropolen auch vorüber zu sein scheinen, so fanden sie doch nicht immer nur am Sankt Nimmerleinstag statt. Wo sie ausbrachen, haben sie tatsächlich das Unterste zuoberst gekehrt, das heißt sie haben die Ordnung fortgesetzt, nur eben

spiegelverkehrt. Nie haben Revolutionen etwas anderes getan, als die Systemmacht zu übernehmen; eine Kulissenschieberei, bei der es nie darum ging, deren Dimension zu zertrümmern. Der soziale Fortschritt bestand stets in der Effektivierung der Macht und der Beschleunigung ihres Vormarsches. Revolution ist zu einem Synonym für hegemoniale Ausbreitung geworden.

Für die Revolutionäre ist die Diskontinuität der Zeitpunkt, der noch aussteht (oder derjenige, der stets schon passiert ist), nie ist er das beschworene Aussetzen der Ordnung im Hier und Jetzt. Der Wunsch nach einer radikalen Diskontinuität ist auf den Tag X verschoben. Platzhalter und Platzanweiser der verschobenen Aktion ist die Agitation. Sie soll die bis zur Revolution kontinuierlich verlaufende Zeit der Geschichte beschleunigen. Unermüdlich ist sie mit der Transformation des an sich schon vorhandenen Befreiungspotentials in die Dimension des Für-sich beschäftigt, sie arbeitet am Bewußtsein der Massen.

Objektiv, glauben die Revolutionäre, sei alles bereitgestellt. Der Tisch ist gedeckt, die Produktivkräfte müssen nur noch durch das revolutionäre Subjekt angeeignet werden, um das Ziel der Geschichte zu verwirklichen. Sie müssen, denn daß es kein Zurück mehr gibt, steht für den Revolutionär unerbittlich fest. Das Ende der Geschichte ist das ihr selbst immanente Ziel. So bringt ihre letzte Gesellschaftsformation, der Kapitalismus, selbst seinen Überwinder hervor, die revolutionäre Klasse. Sie existiert allerdings vorerst nur als Substanz im Zustand des An-sich-seins, so daß ihr die Agitationsgruppe zur handlungsfähigen Einheit, ihrer Subjektivität, verhelfen muß.

Agitation bedeutet Aufklärungsarbeit. Nur die ideologische Verzerrung des Bewußtseins soll schuld daran sein, daß sich das revolutionäre Subjekt noch nicht vereinigt hat, um seine historische Mission zu erfüllen. Allerdings steht das Bewußtsein in einem wechselseitigen Bedingungsverhältnis zu einem Interesse. Jenes ist von diesem abhängig, aber dieses wird zugleich erst von jenem erhellt. Darin steckt die Einsicht, daß sich keine Auffassung, auch nicht die Wahrheit, in einem abstrakten Medium der Vernunft durchsetzt. Aber in der Konstruktion der Agitationsgruppen wird das Interesse Anderer zum Interesse an ihrer eigenen Agitation. Die daraus resultierende Pädagogik gegenüber den Agitierten führt zur Enthüllung der zwei Gesichter der Aufklärung, eines komischen und eines brutalen. Im einen Fall kommt es zum tragikomischen Selbstopfer, im anderen zum brutalen Opfer.

Die Getreuen des Wortes, die vor den Fabriktoren standen und Flugblätter verteilten, um Andere über ihre Interessen aufzuklären, glaubten vielleicht, durch ihre disziplinierte Selbstaufopferung dieses Interesse der Anderen beschwören zu können. Was sie überhörten, war das Gelächter über ihre unfreiwillige Komik. Das Lachen aber blieb jenen im Hals stecken, die sich unversehens dem Totalitarismus des durch eine Revolution zur Macht gekommenen imaginären Denkens gegenüber sahen, das sich auf einmal als das Recht des Stärkeren, enthüllte.

Die revolutionäre Hoffnung wendet ein, daß Regime, die über den Köpfen der Bevölkerung errichtet wurden, nichts weiter als Verrat an den Ideen seien. Aber es gibt auch verräterische Ideen. Wer von den Revolutionären steht nicht hinter der Alphabetisierungskampagne in Nicaragua, die an der indigenen Bevölkerung durchexerziert wird? Damit stellen sie sich hinter das kulturimperialistische

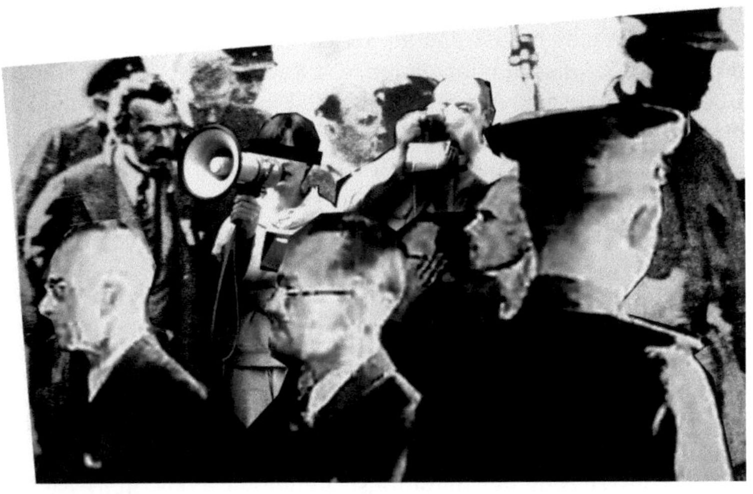

Projekt einer Aufklärung, die wie selbstverständlich meint, über andere Völker verfügen zu können; zu deren Bestem, versteht sich.
Der Agitator ist Legat der Geschichte, die Gruppenarbeit ist Auftragsarbeit, deren Vollendung alles in einem anderen Licht erscheinen lassen wird. Wenn das Werk vollbracht sein wird, wird alles mühevolle, aber ertragreiche Arbeit an ihm gewesen sein. Kein Leiden war sinnlos, alles war ein Opfer auf dem Altar der Geschichte. Vom Ende her erhält alles Sinn, daher muß alles auf dieses verweisen. Der Geschichtsprozeß muß bis zu seinem Ende kontinuierlich verlaufen, alle Bedeutungen müssen sich identisch durchhalten können. Jede Umwertung, jedes diskontinuierliche Ereignis, das die in Richtung Revolution aufgereihte Ordnung der Dinge durchbräche, würde den Sinnzusammenhang wie die Schnur einer Perlenkette zerreißen lassen.

Um die Identität dessen, worum es in der Geschichte geht, zu sichern, wird eine Doktrin festgeschrieben, programmatisch und in Form geheiligter Texte, die durch den Klassikerstatus ihrer Autoren autorisiert werden. Ein Leitungsgremium, am besten mit einem charismatischen Führer an der Spitze, soll die Auslegung der Doktrin auf ihren unveränderlichen Sinn hin leiten; genauer: sie soll verhindern, dass es zu Auslegungen kommt, denn die Wahrheit kann nur Eine sein. Die Agitationsgruppe will sich gegen jede mögliche Eigendynamik von Auslegungen absichern.

Steht ein gesellschaftlicher Umbruch an, liegt jene Diskontinuität in der Luft, von deren Versprechen die Agitation sich nährt, dann läuft ein religiöses Zittern durch die Gruppe, das aber durch die ehernen Gesetze der Gruppen reguliert und am Überströmen gehindert wird. Hatte sich die Agitationsgruppe von der Hoffnung auf einen gesellschaftlichen Umbruch genährt, so enthüllt sich ihr eigentlicher Zweck als dessen Verhinderung. Die Agitation, die dort, wo sie vom Zeitgeist inspiriert wird, eine Nähe zur beschwörenden Rede haben kann, darf keinem Wandel des Zeitgeists folgen, keinen unkontrollierten Kontakt mit ihm haben. Jedem Wandel, der eine Abwandlung des Wortes bedeutete, tritt die Agitationsgruppe entgegen.

Dort, wo die Macht erobert ist, wird die Identität als tödliche Erstarrung zuschlagen und jede weitere Bewegung ersticken. Verlangen von der Organisation gesetzte Zwecke die Veränderung eines Zustandes, so wird die Organisation Kampagnen einleiten, kanalisierte und kontrollierte Massen-Mobilisierungen, die mit Gewalt wieder eingedämmt werden, sobald sie eine Eigendynamik zu entwickeln drohen. Jede autonome Bestrebung wird entweder als Feindaktivität oder als Folge eines verdunkelten Bewußtseins ausgelegt, um der einen Wahrheit durch das eine Gesetz unterworfen zu werden.

Wo die Agitationsgruppe nicht geschichtsmächtig wird, wird sie eine sich nach außen abschließende Organisation, um die hinreichende Dichte des Interpretationsraums zu behalten, in dem die Diskrepanz zwischen sinnstiftender Geschichtskonstruktion und dem Lauf der Dinge gekittet wird. Der Sinn wird ganz an das Innenleben der Gruppe gebunden, an ihre Bestätigungs- und Beglaubigungsmechanismen, mit denen die Substanzillusion des imaginären Denkens sich in den Köpfen der Einzelnen zur Welterklärung schließt. Es entsteht ein nach außen kaum mehr kommunizierbarer Gruppencode. Die Auflösung der Gruppe wäre nun gleichbedeutend mit der Auflösung des Sinns. Die Gruppe muß an sich selbst festhalten. Sie tut es auf scheinbar widersprüchliche Weise. Da sie sich an „der Sache“ und nicht an ihren Mitgliedern orientiert, folgen diese einer von der Führung definierten Linie, die bei jeder Berührung mit neuen sozialen Bewegungen neu bestimmt werden muss. Die unverrückbare Wahrheit des Wortes muss ständig umformuliert werden. Die Identität verbürgende Treue zum Wort, die richtige Gesinnung, beweist sich auf einmal nicht am Festhalten der Parolen von gestern, sondern darin, jeden Linienschwenk mitzumachen, bei dem eine neu entstandene Minderheitsfraktion bekämpft und ausgeschlossen wird. Um ein geschlossener Sinnzusammenhang zu bleiben, muss die Gruppe immer wieder Mitglieder ausschließen. So tagt in der Agitationsgruppe bereits das Weltgericht, auf das sie hinarbeitet. Abweichung ist das Vergehen an sich, die Strafe dafür findet ihr Maß nur in der Grenze der Macht, die der Gruppe zukommt. Dem Ausschluß lässt sich durch Austritt zuvorkommen, eventuell um sich einer rivalisierenden Gruppe anzuschließen. Diese Möglichkeit besteht nur vor der Revolution, danach frißt diese ihre Kinder.

Der Vereinheitlichungswahn verliert an Anziehungskraft, und die Agitationsgruppen müssen zunehmend ihr eigenes Publikum in der Manege ihres imaginären Geschichtszelts spielen. Doch immer noch hängt an ihnen ein großer Teil der politischen Hoffnung, inmitten des Systems, das heißt im Zustand der Atomisierung der Einzelnen, ein Lager bilden zu können, in dem sich das rebellische Potential sammeln kann, um jenseits der Summierungsillusion eine gemeinsame Kraft zu entfalten. Es bedarf des Endes dieser Hoffnung, bevor sich neue Wege auftun können.

Aktion und Avantgarde

Noch das Agitationskonzept verbleibt, trotz der theoretischen Integration des Interesses, im Ring des Bewußtseins, mit dem das aufklärerische Denken die Vorstellung einer Veränderung umschlossen hat. Danach kann veränderndes Handeln nur als Folge des veränderten Bewußtseins erscheinen. Davon setzen sich Aktionsgruppen ab, deren Politikkonzept zweierlei verspricht: daß die Veränderungswilligen schon handeln können, auch wenn die Anderen noch nicht so weit sind; und daß sie dabei dennoch nicht gegen diese Andere tätig werden müssen, weil sie ihnen nachfolgen werden.
Das Politikverständnis der 68er war von der Einsicht in den Leerlauf einer Agitation getragen, die sich im Zirkel des Bewußtseins abspielte. Unter dem Postulat, daß es keine Aufklärung ohne Aktionen geben könne, schritten sie zur Tat. Sich vom Anspruch her noch ganz in die Tradition der Aufklärung einreihend, sahen sie deren Möglichkeit nur im Überschreiten der Bewußtseinsimmanenz durch die Aktion. Damit trieben sie die Aufklärung ins Paradox. Aus Einsicht in die Integrationsmechanismen des Systems schlossen sie, daß es einer Öffnung des Bewußtseins bedurfte durch etwas, das erst seine Folge hätte sein dürfen: durch die Tat.
Die Tat sollte als Faktor im Kampf ums richtige Bewußtsein wirken. Die Einkreisung des Bewußtseins der Massen wurde durch die medial verbreiteten Inhalte beziehungsweise durch das Ver-Schweigen der Medien erklärt. Für die Aktivisten ging es darum, verschwiegene Bedeutungen unter die Leute zu bringen; also zu

sagen, was in Vietnam los war, wie bundesdeutsches Kapital an diesem Krieg interessiert war, wodurch der Wohlstand (das, was man damals dafür hielt) erkauft war, wie man ihn allgemein und gleich verteilen könnte und so weiter. Die Medien sollten zur Berichterstattung gezwungen werden, wozu man sich durch Aktionen Gehör verschaffen mußte. Dabei glaubte man, die Medienstruktur ausnutzen zu können: einen Skandal provozieren, den Blick der Medien auf sich lenken, um Gegenöffentlichkeit herzustellen, die dann von einer rationalen Bewältigung des Ereignisses geprägt sein sollte. Letztlich sollten so verstandene Aktionen einen allgemeinen Diskurs eröffnen, in dem man die besseren Argumente zu haben glaubte.

In dieser Hinsicht war der gesellschaftspolitische Ansatz der 68er Ideologiekritik, das heißt Wahrheitsstrategie. Man glaubte, daß es für alle an sich gültige Bedeutungen gebe, die man freilegen könnte; und man glaubte, daß das Medium der Übermittlung der Botschaft keinen Abbruch täte. Daraus erklärt sich das moralisierende Auftreten der 68er und ihre illusorische Hoffnung, alle müßten ihnen recht geben, wenn sie das Unrecht, das an den Erniedrigten und Beleidigten begangen wurde, aufzeigten und beim Namen nannten.

Aber wo die Aktion als mediales Ereignis erscheint, versinkt die Haltung zu ihr nach einer anfänglichen Skandalisierung letztlich wieder in der folgenlos pluralisierten Meinung, und die einzige Rationalität der Bewältigung liegt in der Redestruktur der Affirmationsgruppen. Es gibt Pro und Contra, aber die Meinungspole sichern in ihrer geschwätzigen Überbrückung nur den Energiestrom des Systems, der das massenförmige Weltverhältnis durch die Einzelnen fließen läßt. Unerbittlich wirkt die mediale Absorption aller Aktivität durch konsumfähige Zubereitung als Schwerkraft zum Bestehenden.

Die Aktionen der 68er hatten aber noch einen anderen Sinn: sie sollten nicht nur das Bewußtsein der Massen erreichen, sondern sich auch in anderen Aktionen fortpflanzen. Als Vollzug des subjektiven Faktors, der den Ausgang der Geschichte nach Ansicht der Aktivisten einzig noch entscheiden konnte, sollte die vor-gemachte Tat ansteckende Wirkung entfalten. Und sie tat es! Aktionen verketteten sich mit Aktionen zu einer Bewegung.

Aktionsgruppen waren vorgeprescht und hatten das Nachfolgende provoziert. Dadurch kam ihnen eine Avantgardefunktion zu. Doch die Aktionsgruppe, die glaubt, in ihrem Bewußtsein weiter als die Anderen und daher Avantgarde zu sein, täuscht sich. Die Frage nach der Avantgarde ist eine, die im Futur II beantwortet wird. Erst von hinten her werden Gruppen Avantgarde gewesen sein, wenn Andere ihre Handlungen aufgegriffen und dadurch zum Symbol gemacht haben werden, zum Anziehungspunkt einer magischen Sogwirkung. Es kann daher kein Avantgarde-Bewußtsein geben.
Zum einen ist die Avantgarde-Funktion keine Frage des Bewußtseins, dessen man sich durch eine in der Gruppe bestätigte Theorie versichern könnte. Zum anderen: wenn es Avantgarde gibt, ist sie bereits gewesen. Eben weil sie dazu erst durch das ihr Nachfolgende, sie als Avantgarde zugleich erst bedeutende und wieder aufhebende, geworden sein wird. Andere entscheiden durch ihr Tun, ob Aktionsgruppen Avantgarde oder nur Pausenclowns der Geschichte waren. Avantgarde-Gruppe sein, das heißt gerade nicht, im Besitz eines Wissens zu sein, das man Anderen zur Not vorschreiben könnte, sondern diese als Korrektiv gegen die eigene Dogmatisierung und Abschließung im Imaginären gelten zu lassen. Die Avantgarde-Funktion besteht nicht, wie die Agitationsgruppe meint, im Entwurf einer politischen Perspektive der Geschichte, die es dann zu realisieren gälte, sondern im Öffnen nicht bestimmbarer Zeit-Raum-Zonen.

Zunächst, bevor ihnen Andere nachgefolgt sind, erscheinen Avantgarde-Aktionen unsinnig, ganz und gar unrealistisch. Daß man die Welt sowieso nicht verändern kann, weiß jeder Depp. Das hält den Narren nicht davon ab, so zu tun, als ob es doch möglich wäre, und sei es nur, um sich den Deppen nicht gleich zu machen.
Mit der Aktion taucht das Hier und Jetzt auf, die wiedergefundene Zeit in einem der Masse abgewonnenen Raum. Es verliert sich wieder im Nebel der Geschichte, wenn die Aktionen ihres direkten Charakters entkleidet werden und einen pädagogischen Anstrich erhalten; wenn sie für das Besserwissen der Akteure stehen, das sich Anderen vermitteln will; wenn für das Bewußtsein Anderer und nicht mehr aus eigenem existenziellen Antrieb gehandelt wird; wenn die direkte Aktion in eine exemplarische zurückgenommen wird, wie es im politischen Konzept der 68er angelegt war, und wie es wohl in jedem Konzept als solchem steckt. Die exemplarisch gemeinte Aktion vernichtet das Paradox. Die Akteure sehen in der Aktion eine Folge ihres eigenen Bewußtseins, während sie für das Bewußtsein Anderer konstitutiv sein soll. Mit der so unterstellten Kausalität und dem dadurch ermöglichten Handeln aus Kalkül geht die Authentizität verloren. Was als Ausdruck einer Haltung faszinierte, weil man sich in der Entscheidung, gleiches zu tun, auch wenn es völlig unrealistisch schien, wiederfand, ist zu einer vermeintlichen Ursache geworden, deren einzige Wirkung in der Komik besteht, daß da welche Wirklichkeit zu verändern meinen, die für Andere nur mehr ein Schauspiel abgeben.

Wenn Aktionsgruppen politische Strategien verfolgen, verlieren sie die Sprache des Augenblicks, von der allein Andere sich angesprochen fühlen, um es ihnen gleich zu tun. In der Sprache des Augenblicks ist die Aktionsgruppe bei sich, das heißt über sich hinaus. Ihr innerster Beweggrund ist es, auf die nächst höhere Spielebene zu gelangen: die Bewegung.

Der Anschlag

Der Anschlag scheint die pure und direkteste Aktion zu sein. Der Irrtum geht mit einem folgenschweren Missverständnis einher. Aus der Einsicht, daß kein objektiver, aus der inneren Widersprüchlichkeit der Gesellschaft rührender Determinismus zum Handeln eines revolutionären Subjekts führt, und daß dieses auch nicht aus der nur aufklärerischen Arbeit am Bewußtsein der Masse(n) entsteht, wird ein Konzept der Anschlagpolitik abgeleitet, das es gestattet, schon einmal tätig zu werden, während die Anderen noch nicht so weit sind. Ohne (eigene) Taten kommt es nie zur Tat (der Anderen), ist die Überzeugung. Anschlagpolitik will Propaganda der Tat sein. Damit nimmt das Verhängnis seinen Lauf.

Wenn eine Bewegung läuft, ist alles klar. (Oder scheint es nur in bewegungslosen Zeiten, daß dann alles klar sein müßte?) Im Rahmen von Widerstands- oder Befreiungsbewegungen kam und kommt es überall und immer wieder zu Anschlägen. Doch die Anschlagpolitik formiert sich, wenn noch oder wieder Friedhofsruhe im Land herrscht. Gerade dann sei sie für die „Kontinuität des Widerstandes“ unerläßlich, heißt es. Die Gruppe kreiert sich einen imaginären Kontext im Raum des Internationalismus und der Zeit der Geschichte. Die Welt der Anderen wird durch die Gruppeninterpretation als ein Kräftefeld gedeutet, in dem man sich als Teil des legendären Geschichtssubjekts verstehen darf, selbst wenn dessen noch nicht zu sich gekommene Massen am liebsten persönlich Jagd auf die Gruppenmitglieder machen würden. Die RAF, die sich im Zeichen des Niedergangs einer Bewegung gründete, definierte sich, getragen vom Internationalismus-Konzept der 68er, in eine weltweite Front der Befreiungskämpfe hinein, die die verfemte bewaffnete

Schar in ihrem eigenen Bewußtsein zu einem gewaltigen, von den Massen umjubelten Lager anschwellen ließ.
Anschlaggruppen verlieren durch ihre Konspirativität die Möglichkeit eines Korrektivs. Irgendwann, vielleicht schon zu Beginn, können sie ihre Praxis nur noch in einem imaginären Weltbild verorten, in dem das Bestätigungsmännchen durch die Reihen tanzt, um den Sinn ihres Tuns zirkulär zu schließen. Was im Gruppencode als Analyse objektiver Zusammenhänge gehandelt wird, ist das Spiegelbild des individuellen Verlangens nach Identität, nach einer sich bruchlos durchhaltenden Lebensgeschichte. Aber war es nicht der bürgerliche Charakter, der sich darüber bestimmte, sich mittels Opfer und Disziplin bis zu einem zukünftigen Ziel durchhalten zu können?
Ohne Kontext einer Widerstands- oder Befreiungsbewegung ist der Anschlag nicht Ausdruck einer zum Durchbruch kommenden Lebenshaltung, und er soll es auch gar nicht sein. Er ist exemplarische Maßnahme innerhalb einer politisch konzipierten Strategie. Als solcher kann er nicht für sich stehen und für sich sprechen. Er ist eben nicht pure Aktion, sondern bedarf der Erklärung, die seine richtige Aufnahme vermitteln soll, das heißt zunächst das richtige Bewußtsein von ihm. Die Medien sollen die Erklärung für das liefern, was für sich unverständlich bliebe und vielleicht nur Kopfschütteln oder gar Abstoßung hervorriefe. Wenn die Anschlaggruppe den Aufklärungsteufel losläßt, ist unentscheidbar geworden, was die Priorität hat: der Anschlag, der erst durch seine Kommentierung einen spezifischen Charakter erhält – so als ob die Interpretation eines Künstlers für sein Werk wesentlich wäre; oder die Erklärung, die nur noch um Aufmerksamkeit auf sich zu ziehen des Anschlags bedarf – so wie man in einer bourgeoisen Tischrunde mit der Gabel ans Glas schlägt, um sich zu Wort zu melden. Der Text besteht aus einer Aneinanderreihung von Floskeln und Phrasen, die mit „Wir haben heute..." anhebt, in einem Mittelteil Zahlen aneinanderreiht, wer wem wieviele Panzer geliefert hat und schließlich mit Aufforderungen und Parolen im Stil von „Es lebe...", „Nieder mit..." und „Schafft viele..." ausklingt. Eigentlich ist alles schon längst gesagt, und daß sich durch ein erneutes Herunterbeten etwas ändert, glaubt keiner so recht. Aber nach der Entfernung von allen vermeintlichen gesellschaftlichen Überein-

künften gesellt sich zu dem Aufklärungs- der Rechtfertigungseifer, als ob man sich durch deren Paarung wieder ins Prokrustes-Bett der Allgemeinheit legen könnte.

Doch der für den Anschlag notwendig gewordene Text verselbständigt sich, die Erklärung wird zu einem eigenen Ausdrucksgenre, das sich von der Tat trennt. Nach spektakulären Anschlägen gibt es neben dem Schweigen, dem Ausbleiben von Erklärungen, mitunter auch deren Flut in den Briefkästen der Zeitungsredaktionen. Sie wird nicht nur von Trittbrettfahrern auf präsentierten Inhalten ausgelöst. In ihr meldet sich eine ironische oder makabre Mitmach-Literatur einer Zeit, in der Worte im Simulationsraum der Medien willkürlich mit dem Geschehen verknüpft werden können. Vielleicht suchen sie die Unterhaltung mit einer katastrophischen Weltseele, vielleicht wollen sie Korrespondenz aufzunehmen mit einem Zeit-Raum verselbständigter Taten, die die Wirklichkeit des Systems wie in dem Film *Brazil* (1985) als katastrophische Realitätseffekte durchlöchern.

Wo die offizielle Wirklichkeit explosive Ränder bekommt, sprengen Texte Fesseln, mit denen das politische Dogma Anschlag und Erklärung aneinanderkettet. Anfang der 80er gab es „antiimperialistische" Erklärungen zum Abfackeln von Baugerüsten. Solche Texte waren austauschbar mit ihrem Ausbleiben. Aber sie brachen den lächerlichen Ernst auf, der im Vermittlungs- und Rechtfertigungseifer der Anschlagpolitik lag.

Diese jedoch versteht keinen Spaß und keine Ironie, sie ist eine ernste Angelegenheit, ernst bis zum Todernst. Während sie mit Blick auf die Gleichgesinnten über die Funktion für die Gruppenmitglieder hinweg diskutiert, setzt sie sich zum Gericht über Andere zusammen, das sich in der Konsequenz des Extremfalls selbst zum Todesurteil ermächtigt.

Zunächst soll mit der Anschlagpolitik vielleicht nur das Gefühl des ohnmächtigen Zuschauers von Hoffnungslosigkeit bekämpft werden, bei sich und bei den gleichgesinnten Anderen. Doch sofern der Anschlag es im Moment seiner Vermeldung tatsächlich durchbricht, geschieht es mittels einer Zuschauerhaltung, der Identifizierung. Dem Nachrichtenempfänger wird eine Alternative auf dem Nachrichtenmarkt präsentiert, auch dieses Geschehen gehört zur

Medienwirklichkeit. Es entsteht eine verhängnisvolle Liaison mit den Medien, in deren Verlauf diese den Stil der Anschläge prägt; dann nämlich, wenn diese sich auf die Einlaßkontrolle am Zugang zur Medienwirklichkeit eingelassen haben; wenn sie sich soweit spezialisieren, daß sie es auch unter erhöhten Anforderungen immer wieder schaffen, spektakulär zu sein. Irgendwann werden aus den medialen Akteuren Zuschaueridole, denen nur noch ein elektronisches Flimmern Charme und Charisma verleiht.

Die spezialisierte, um größtmögliche Effizienz bemühte Gruppe ist am Planungs- und Organisationspol zuhause, der sich in größtmöglicher Entfernung zum diffusen Pol des aufständischen Antriebs befindet. Vielleicht steckt dahinter eine List der Geschichte, die die Anschlagspolitik so weit wie möglich von jeder Spontaneität und damit auch jedem ansteckungsfähigen Ausdruck entfernt. Denn es ist stets das unkontrollierte Ausbrechen, das fasziniert.

Der Anschlag soll die klare Trennungsline zwischen der Gruppe und dem Feind unterstreichen. Doch kurzgeschlossen mit dem Feedback der Medien, wird die Anschlaggruppe durch eine fatale Dynamik in eine Steigerung der Mittel getrieben, die sich am Ende der äußersten Konsequenz des Systems angleichen. Hatte man anfangs zwischen Gewalt gegen Sachen und Gewalt gegen Personen unterschieden, so heiligt auf einmal der Zweck medial immer wirkungsvollere Mittel. Unversehens sitzt man zu Gericht. Die vor sich und Anderen vermeintlich ultimativen Akteure sind nicht nur zu Zuschauern ihrer selbst geworden, sondern auch zu Tätern an Anderen.

Hatte das Gericht in der Affirmationsgruppe folgenlos getagt, so war es in der Alibi- und der Agitationsgruppe, wenn auch mit unterschiedlichem Plädoyer, in einer fernen Zukunft angerufen worden. In der Aktionsgruppe hatte man es zum Forum der Zwischenrufer umfunktioniert. In der Anschlaggruppe tagt es auf einmal in der Gegenwart, als Standgericht, das tödliche Urteile ausspricht und selbst vollstreckt.

Im Inneren der tödlichen Seifenblase wird das Aufhören immer schwieriger. Immer enger rückt die Anschlagsgruppe zusammen. Es beginnt nach Verrat zu riechen. Doch wohin mit den Schwurtreuen? Die japanischen Soldaten, die eines Tages erfuhren, daß sie im Dschungel pazifischer Inseln einen Krieg geführt hatten, der für alle Anderen schon seit einem Vierteljahrhundert vorbei war, wurden bei ihrer Rückkehr noch wie Helden verehrt. Auf die irgendwann überlebten Überlebenden der Anschlaggruppe aber wartet kein gerührtes Volk, sondern bestenfalls die zum revolutionären Gruß gestreckte Faust einer Handvoll Aldvorderer auf der anderen Seite der Panzerglasscheibe des Gerichtssaals.

Exkurs über Masse und Moral

„Die einfachste surrealistische Handlung besteht darin, mit Revolvern in den Fäusten auf die Straße zu gehen und blindlings soviel wie möglich in die Menge zu schießen. Wer nicht wenigstens einmal im Leben Lust gehabt hat, auf diese Weise mit dem derzeit bestehenden elenden Prinzip der Erniedrigung und Verdummung aufzuräumen – der gehört eindeutig selbst in diese Menge und hat den Wanst ständig in Schußhöhe." So André Breton im Zweiten Manifest des Surrealismus von 1930. Die Sätze sind der vollendete Ausdruck des ästhetischen Abscheus vor den Verkörperungen der Masse. Als solcher sind sie eine mögliche Konsequenz des radikalen Individualismus, der einen sich inmitten der Masse selbst für ganz anders als die Anderen halten läßt. Die Anderen tauchen mit keinem anderen Person-sein auf, als in ihrem Sein-als-Masse, sie sind die personifizierte Masse. Ob in diesem Gewimmel noch irgendein anderes Für-sich-sein stattfindet, ist für den Betrachter keine Frage, er ist sich das einzige Selbstbewußtsein. Es helfen keine argumentativen Zwangsläufigkeiten: wenn er persönliche Bekannte als Andere anerkennt, müßte er doch einsehen, daß alle Anderen prinzipiell ebenso... All die reflexiven, im Dienste des Universalismus stehenden Konjunktive der Aufklärung sind im Erscheinungsbild der Masse verschwunden.

Als ungezügelter ästhetischer Reflex mag das terroristische Gelüst immer noch harmloser sein als jeder politisch, das heißt von der Allgemeinheit her begründete Schuß, bei dem der Name des Volkes von schwarzen Roben oder von roten Politkommissaren in Anspruch genommen wird, um den Richter über Andere zu spielen.

Aber das ästhetische wie auch das politische Urteil bedienen sich desselben Verfahrens, nämlich der Personifizierung, um sich die Welt als Fall vorzustellen, über den sie zu Gericht sitzen. Der Versuch, inmitten der Anonymität Schuldige kenntlich zu machen, um, besessen von der Idee der Urheberschaft, eines leibhaftigen Täters habhaft zu werden, mag sich als Entlarvung verstehen. Aber im Gegenteil, erst mit ihm wird Anderen ihr Person-sein als dasjenige schuldhafter Subjekte wie eine Maske übergezogen. Ob der Individualist die anderen Individuen, die ihm unmittelbar als Masse erscheinen, behandelt, als seien sie dies substanziell, oder ob der politisch Denkende in Angleichung an die Denkform des Systems Repräsentanten für die Übeltäter hält, an denen er letztlich selbst zum Täter wird, – sie wollen mit schuldhaften Personen, die sie durch Personifizierung erst erschaffen, das System treffen, das sich in den Schaltkreisen des alltäglichen Lebens anonym hält. Als ob die Trägheit der Masse die Schuld der Einzelnen wäre, und als ob das, was abläuft, von einzelnen Repräsentanten abhinge!

In einer Situation, in der die Bodenlosigkeit des Systems jede verbindliche Sittlichkeit unterminiert hat, ließ sich aus dem Marxismus eine Art negative Ethik herauslesen. Sie unterstellt den als entfremdet gedachten Individuen eine dialektische Potentialität. Der Mensch des marxistischen Universalismus existiert demnach noch gar nicht, denn die Individuen sind unter dem Druck der ökonomischen Verhältnisse unter Charaktermasken gezwungen, die sie nicht selbst gewählte Rollen spielen lassen. Sie können nicht frei und verantwortlich handeln. Im Namen der durch die kapitalistische Gesellschaft an ihrer Entfaltung gehinderten Möglichkeiten sind die Individuen daher nicht als das zu behandeln, als was sie erscheinen.

Mag sein, daß uns alle Rollen in der Moderne von einer anonymen Regie zugeteilt wurden. Mag sein, daß wir immer in einem Spiel sind, dessen Regeln wir nicht gemacht haben. Mag sein, daß das öffentliche Person-sein mithin nicht Gegenstand einer Schuldfrage sein kann, zumindest keiner, die durch Andere entschieden werden könnte. Mag sein, daß der Darsteller der Rolle ganz anders ist. Mag sein, daß es diese Möglichkeiten gibt, aber letztlich wissen wir darüber nichts. Es könnte auch sein, dass aus all den Möglichkeiten des entfremdeten Individuums nie etwas anderes wird als das, was ist. Es ist die bornierte Haltung der Aufklärung, die alles besser weiß, eine Kontrafaktizität in der Zeit zu unterstellen, mit der die Anderen nicht in ihrer jeweiligen Wirklichkeit genommen werden; ein sinnloses Besserwissen, zumal wenn die Einlösung dieser Kontrafaktizität an ein imaginäres Ziel der Geschichte gebunden ist.

Doch wenn man den Spiegel dieser Reflexionen auf sich selbst richtet, kann man in ihm eine Differenz von Person und Selbst erkennen, die für Andere zu veranschlagen sinnlos ist, die es einem selbst aber ermöglicht, sich dem Prozeß, den Andere führen, mit ironischer Gelassenheit zu entziehen. Dieser Spiegel zeigt einem, daß man in der Masse ein Anderer als man selbst ist, und daß man davon Abstand nehmen kann und sollte, sich selbst, vermeintlich ganz anders als die Anderen, mit einer Identität zu versehen, um von ihr aus über jene zu urteilen und gegen sie zu agieren. Letztlich spiegelt sich im Verfolgungseifer gegen Andere nur die Flucht vor der Belanglosigkeit der eigenen Haltungen im System. Die Destruktion der Personifizierung seiner selbst, die einen im Selbstbild ganz anders als die Anderen erscheinen läßt, kann den Tod-Ernst bremsen, der dem Prozeß als der Umgangsform des Systems innewohnt. Vielleicht tut sich dann statt der Differenz zwischen Person und Darsteller eine Leere auf, in der keine Identität mehr zu ihrem wütenden Einsatz kommt. Vielleicht bedarf es gerade einer solchen Leere, damit sich aus der Situation der Unentscheidbarkeit heraus plötzlich eine Entscheidungssituation mit der Möglichkeit des Aus- und Überstiegs auftun kann. Es könnte zugleich die unvermutete Öffnung für jenes Ethos gewesen sein, das fernab von jeder ethischen Überlegung in einer kollektiven Bewegung auftaucht.

Die Bewegung

EBEN noch stand die Zeit still, in Beton gegossener Raum der Macht, durch den die elektronischen Impulse die Anweisungen des Lebens jagten. In reflektierendem Spiegelglas verhaftete Blicke, denen bestenfalls die Schatten einstiger Hoffnung Zuflucht ihrer Einsamkeit versprachen. Alles schien von Dauer, keine Chance, sich der zähen Ewigkeit anders als durch ein geplagtes Überleben zu stellen.

Eben noch – als sich im toten Winkel des gesellschaftlichen Blicks bereits Zonen auftaten, die von einem noch namenlosen Geist beseelt wurden. Neue Graffiti ließen einen Dschungel fremdartiger Zeichen über die Häuserwände wachsen. Sie führten ins Innere eines Kraftfeldes, dessen Energie Formen jenseits der sozialen Norm anzunehmen begann. Eine neue Musik zerriß wieder die alte Trennung zwischen Akteuren und Publikum, unbekannte Bilder eines anderen Lebens wurden erlebt. Das Feuer einer Euphorie loderte auf, die sich den Raum ihrer Entfaltung schaffen würde; einen Raum, der auf der Karte des Systems nicht verzeichnet war und der sich in sie hineinbrennen würde. Etwas hatte seinen Anfang genommen, dessen Weg noch ungewiß war: die Bewegung.

Von außen, von der Perspektive des Normalltags aus, blieb zunächst alles verborgen, Zeit der Inkubation. Vielleicht hier und da rätselhafte Spuren, deren Sinn man sich aber nicht zu deuten wußte. Dann der Zusammenstoß, der Knall, der nach außen unübersehbare Zeichen setzte und zum Symbol wurde. Das Erschrecken der Macht, daß da ein Wille war, der sich nicht mehr in die Ohnmacht der Vereinzelung atomisieren ließ – und auf der anderen Seite das Lebensgefühl, das inmitten des Systems einer Wirklichkeit außerhalb seiner angehörte und dem der Sinn der gesetzten Normen in ihrer Annihilierung lag. Die Zeit war auf einen Nullpunkt zusammengeschnurrt, um sich von dort Bahnen zu brechen, die nur im Inneren der Bewegung begangen werden konnten. Es war eine Zeit eigener Rechnung, die nichts mit ökonomischem Kalkül zu tun hatte, auch wenn es nicht zuletzt um die Begleichung einer alten Rechnung ging: um die Rache am System.

Von außen wurde alles mitprotokolliert und datiert. Aber die Bewegung ist kein Geschehen im Kontinuum der Zeit, sie ist der Ort der Diskontinuität, der seine Wirklichkeit nur für die Bewegten entfaltet. Plötzlich bricht sie aus, und ihr Verlauf bleibt dem gewohnten Gang der Dinge inkompatibel.

Jede Bewegung hat etwas von dieser Unvermitteltheit, nicht nur die der 80er Jahre, auch schon die von '68. Und liegt nicht ein Stück objektiver Ironie darin, daß just in dem Moment, da in die Erforschung des jugendlichen Seelenlebens abgewanderte Alt-68er aus der Theorie des NST (Neuer Sozialisationstypus) die Unmöglichkeit künftiger Auflehnung schlossen, eben jene „oralen Flipper" zum Takt klirrender Scheiben die Verhältnisse tanzen ließen, während die pensionierten Veränderer von einst sich selbst zum Zuschauen verdammten?! Eine ganze Generation beziehungsweise jene, die für deren Taten stehen, hatte sich auf die institutionell errichteten Hochstühle der theoretischen Erkenntnis zurückgezogen – gefährliche Schleudersitze, wenn von ihnen aus nicht das erblickt wurde, was die akademische Vernunft vorschrieb. Als letzte Möglichkeit, damit die Rekonstruktion des Geschehens im wissenschaftlichen Stil überhaupt erst anheben konnte, blieb die Namensgebung für das Fremde. So wurde für jene, die in zwei Jahren mehr miteinander redeten, als Worte in einem Äon wissenschaftlicher Diskurse Platz fänden, der Ausdruck Sprachlosigkeit umfunktioniert. Fand dieser Benennungsakt auch als hilfloses Stammeln statt, so hat er doch etwas angesprochen, was sich nicht mehr aus der Welt schaffen läßt: die wiederkehrende Vielfalt disparater Kulturen. Viele alte Völker haben ihre Nachbarn, deren Kultur ihnen unverständlich war und deren Sprache ihnen wie ein sinnloses Gestammel vorkam, Stumme genannt. So heißen die Deutschen noch heute bei den Slawen. Nach aller Fortschrittseuphorie, der Turm bricht wieder auseinander. Die totalitäre Sehnsucht nach der einen Sprache wird sich über ihre Ernüchterung nicht hinwegreden können. Vielleicht ist der Diskurs über die Zeit hinweg eine Unmöglichkeit. Vielleicht entsteht gerade aus dem jenseits der Normalität Erlebten die babylonische Sprachverwirrung, in der eine Zeit sich nur monologisch, eingeschlossen in die Kreisbahnen ihrer eigenen Gedankengänge, mit einer anderen unterhalten kann, ohne ihr je gerecht zu werden. Schon die Akteure von einst sind im Nachhinein nur noch die Interpreten des Selbstverständnisses von damals. So wirft auch diese Schrift nur einen von vielen möglichen Blicken auf die Bewegung. Ihre Sichtweise wurde aus der Bewegung Anfang der 80er gewonnen, in der bereits das Zusammenkommen von Vielfältigem nicht mehr unter der Forderung nach einem einheitlichen Standpunkt geschah. Dennoch war eine Gemeinsamkeit da. Wie sich diese herstellt, und wie sie wieder vergeht, das wird nicht als Spezifikum der Bewegung der 80er gesehen, sondern als ein sich in allen Bewegungen ähnelndes Geschehen. So betrachtet scheinen sich Bewegungen doch zitieren zu können: indem sie, gemäß der Sprache ihrer Zeit in verschiedenen Ausdrucksformen, gleichermaßen etwas herbeizitieren, was jenseits der kausalen Ordnung liegt, in die die Geschichte und noch die Vorstellung ihrer politischen Aneignung verstrickt blieben. Von heute aus betrachtet scheint noch die 68er Bewegung, entgegen ihrem Selbstverständnis, ein solches außerhistorisches Zitat gewesen zu sein; auch wenn sich daraus keine kritische Wahrheit über sie, sondern wieder nur Einsicht in die Inkompatibilität der Sichtweisen verschiedener Zeiten gewinnen läßt.

Bewegungen sind dabei, die Illusionen über die Zukunftsmöglichkeiten der Massenkultur abzulegen, mit jedem Entkleidungsakt werden sie sich immer wildere Bemalungen auftragen. Bewegungen antworten ungefragt, unvermittelt und überraschend auf das Ende der politischen Hoffnung, auf das Ende der Politik und auf das Ende der Hoffnung.

Die grundlose Schöpfung aus dem Nichts

Die politische Hoffnung hatte sich auf die Substanzillusion gegründet; auf die Annahme, daß draußen bei den Anderen ein Befreiungspotential bereitstünde, das nur darauf wartete, durch politische Aktivität aktualisiert zu werden, um so das Innen mit dem Außen der Gruppe vermitteln zu können. Nach dem Zerrinnen dieser Hoffnung bleibt nichts; nichts als die unzähligen Möglichkeiten, sich im Zeichengewimmel der Moderne herumzutreiben oder umhertreiben zu lassen; sich auf die Erscheinungen einzulassen, denen kein Wesen (mehr?) zugrundeliegt, das auf eine andere Zukunft verweisen könnte. Nichts liegt den Erscheinungen der Massenkultur zugrunde.
Aber erst im Nichts, dem von der Zeit verlassenen Ort ohne Hier und Jetzt, ohne vor und zurück, hat ein neues Soziales die Chance, sich mit der großen Unbekannten zu verbünden. Es kann nur unerwartet entstehen und nur da, wo von der Planbarkeit der Zeit abgelassen wurde. Ausgerechnet dort, wo mit dem Angebot unzähliger Möglichkeiten die Zeit tausendfach verrechnet ist, in der Großstadt, wo zugleich die vollständige Auszehrung der Substanz jeden in ein nur flüchtig überdecktes Nichts stellt, entstehen die Un-Summen, die ihre eigene Rechnung aufmachen werden, wenn sie zur Bewegung zusammenkommen; eine Rechnung, in der der Zufall mitspielt.

Am Anfang steht die existenzielle Radikalität, ein gewisser Brech- oder Lachreiz bei allen offiziellen Sinnangeboten; die Unmöglichkeit, sich selbst in den Zeichen der Macht als gesellschaftliches Wesen wiederzufinden. Darsteller ohne Personen erscheinen auf der Bühne. Das politische Spektakel, Parlamentswahlen et cetera, kann der existenziellen Radikalität gestohlen bleiben, sie ist völlig unpolitisch. Die Allgemeinheit ist ihr etwas, was Andere im Munde führen, ein Euphemismus der Macht. Die existenzielle Radikalität steht über der selbstverständlichen Einreihung in die Dimension der Gesellschaft. Sie nimmt nicht an der Bildung der öffentlichen Meinung teil. Heute hat jeder zu allem und jedem seine Meinung, und er hat sie zu haben. Die Meinungen sind ein Kulturgut wie das

Auto oder der TV-Apparat, ein Massenmedium. Jede impulsive Regung soll in die Form einer oppositionellen Meinung gebracht werden, um durch die Programmatik irgendeiner Partei oder Strömung einer massenmedial inszenierten Kritik repräsentiert werden zu können. Die Meinungen sind das Spielgeld des Systems. Durch die Zirkulation in der Masse zur Folgenlosigkeit verdammt, erschöpfen sie sich darin, die Öffentlichkeit angereichert zu haben.

Die Haltung der existenziellen Radikalität dazu hat sich in der knappen Formel „Weg mit dem Scheiß-System" widergespiegelt. Den Freunden der Begründung und Differenzierung gilt diese Formel als Inbegriff der Stupidität. In der Tat hat die Wiederholung sie öde werden lassen, denn was sie ausdrücken sollte, war die Absage, und zwar ein für allemal, an einen selbst stupiden Diskurs, der sich über endlose Begründungen und Differenzierungen immer wieder ins System der Allgemeinheit einspannt. Die existenzielle Radikalität ist eine Haltung, die sich nicht begründet.

Sie versucht sich weder als das richtige Bewußtsein aufzuspielen, das in der Gesellschaft eine verborgene Wahrheit ausfindig gemacht hätte, noch als die aus der Gesellschaft abgeflossene Substanz, die nun in der (Trieb- oder sonstigen) Natur Einzelner als Befreiungspotential schwelte. Die existenzielle Radikalität tritt grundlos auf, sie ist hinreichende Bedingung ihrer selbst. Ihr gefällt das Stück, in das die Zuschauer ihrer selbst noch eingeplant sind, einfach nicht mehr. Es hat nicht mehr die Faszinationskraft, den Schein einer Wirklichkeit auszustrahlen, die einem selbstverständ-

lich gälte. Es wird nicht mehr unter ewigen Vorbehalten anerkannt, es ist beschissen und muß weg.
Die existenzielle Radikalität hat die Szenerie noch nicht verlassen, aber sie wartet darauf, sie zu sprengen. Sie hat aus dem Zuschauer-sein gelernt, sie schaut auf die sich sittsam beteiligenden Zuschauer. Das Zuschauer-sein ist selbst eine aktiv ausgeübte Rolle, mit der die Darsteller zu einer Identität verschmolzen zu sein scheinen. Der Blick noch auf diese Rolle kommt dagegen aus dem Niemandsland des Selbst. Entgegen der Rolle des Zuschauers ist dieser Meta-Blick bei der Inszenierung des Stücks nicht mit eingeplant worden. Etwas Unvorhersehbares deutet sich in ihm an. Bereitschaft spricht aus ihm, eine Entschlossenheit, die das Ungewisse nicht scheut.
Darin, daß sie ein Warten auf die Eingriffsmöglichkeit und hier und da auch schon das Antesten des richtigen Augenblicks ist, übersteigt die existenzielle Radikalität die ironische Haltung. Vielleicht gärt der wiedergefundene Wille zur Tat in ihr; ein Wille, der sich den Zugang zur Tat erst noch schaffen muß, was ihm nur durch die Überwindung seiner Vereinzelung in einem gemeinsamen, wirklichkeitsmächtigen Akt möglich sein wird. Die existenzielle Radikalität ist zunächst eine Haltung, die sich in Formen individueller Deckungsungleichheiten mit dem System ausdrückt, diesem aber nicht gefährlich werden kann. Im Zustand der Vereinzelung behält das System seine un(an)greifbare Macht. Aber der Wille, gegen es anzutreten, ist wachgerüttelt, und die Kraft dieses Willens wird darin liegen, daß er von einer existenziellen Haltung getragen wird und nicht von Säulen eines Bewußtseins, deren Sockel auf eine überholte Zeit gebaut sind.
Mit der existenziellen Radikalität kündigen sich neue Akteure für ein neues Stück an, dessen Spielform postpolitisch genannt werden könnte. Ihr unpolitischer Charakter hat nicht die Bedeutung des Vor-Politischen, wie es die blasierten Relikte einer ausgezehrten Epoche suggerieren möchten. Die Zeit der Politik ist vorbei, die der staatstragenden genauso wie der oppositionellen, beide bedeuten das Diktat der Allgemeinheit.
Die Haltung, von der Bewegungen getragen zu werden, läßt sich nicht mehr vom Lockruf der Moderne „Selbstverwirklichung in der Zukunft" leiten, nach dem sich noch die revolutionäre Theorie

gedacht hat. Hemmungsloses Aufbegehren ist an die Stelle zielsetzender und unter der Kontrolle planenden Bewußtseins agierender Subjektivität getreten. Der Wille zur Tat ist nicht mehr der Wille eines vernünftigen Subjekts, das sich ideell in seinem Bewußtsein ein Ziel setzt, um es dann mit geeigneten Mitteln zu realisieren. Er legitimiert sich nicht über die Formulierung eines vernünftigen Ziels, die Tat, mit der er das Diktat der Masse in einer kollektiven Bewegung überschreiten kann, ist ihm genug. Vielleicht ist dieser äußerste Wille nichts anderes als nur eine äußerste Bereitschaft zum Geschehen, fernab von jeder Intentionalität, steigerbar bis zur Obsession. Ist doch nicht alle Wiederholung in der Zeit der Ereignisse Farce, sondern bisweilen auch ironisches Zitat: „Die Bewegung ist alles, das Ziel ist nichts."

Das Postpolitische zitiert etwas, das zu allen Zeiten von außerhalb der Geschichte in diese einbrach und nie auf deren Fortschritt zielte, sondern auf ihr Erlöschen. Es fand schon in den Aufständen und Revolten im Römischen Reich und beim Einfall der barbarischen Stämme statt. Es geht von einem Impuls aus, der sich den Fesseln seiner politischen Domestizierung entledigt. Das, was nach der Moderne und ihrer Vorstellung der Geschichte sich Bahn bricht, ist das Zitat des Außerhalb, die Kollektivierung, die den Prozeß, in dem sich die Allgemeinheit stets ihr Recht verschafft hat, stört.

Wie kann sich der Wille zur Tat in Szene setzen? Die Tat ist das Unmögliche im System. Einzelne oder auch Gruppen können nicht in der Dimension wirken, in der sie glauben, agieren zu müssen. Die Kraft einer Tat, die mehr als das Lebenszeichen einer Existenz sein soll, kann nur in ihrer ansteckenden Wirkung liegen. In der Masse aber tauchen nur als Medienereignisse präsentierte Taten auf, wobei die Präsentation schon die Immunisierung der Ansteckungsgefahr ist. Nur einander unbekannte Zeugen erfahren von ihr. Die Taten von Einzelnen oder von Gruppen, seien es Sabotageaktionen, militante Demonstrationen oder Attentate, reichen bestenfalls zum Skandal, und damit haben sie sich bereits in einen Bestandteil der imaginären Wirklichkeit verkehrt. Ihre direkte Gewalt ist für die organisierte Staatsmacht mehr oder weniger Routineangelegenheit. In der Tat wird der Veränderungswille durch die Massenmedien ab-

sorbiert. Schon drängen sich die Vertreter der Realpolitik auf: das Mögliche machen. Aber alle Möglichkeiten, die sich in der bestehenden Wirklichkeit auftun, verlängern diese nur. Jede so angestrebte Veränderung verbleibt in deren Kontinuität.

„Seid realistisch, tut das Unmögliche!" – daraus spricht der Geist von Bewegungen. Eine Bewegung ist ein Sprung ins Unmögliche. Der Bruch mit dem System kann nie durch das Ausschöpfen irgendwelcher Möglichkeiten innerhalb seiner geschehen. Der Wille zur Tat ist auf etwas anderes aus. „Du hast keine Chance, aber nutze sie." Aus einem Paradox schöpft er Kraft, um sich in der Bewegung zu verwirklichen, die das Un-Mögliche schafft: eine andere Wirklichkeit. Diese ist kein Aufstand der über eine Sollbruchgrenze hinaus Unterdrückten, sondern die schillernde Verkörperung eines aus dem Nichts heraufbeschworenen Geistes. In dieser Wirklichkeit wird es wieder Akteure geben. Ihr Tun wird von außen, aus der Sicht des Massendaseins, zunächst „unrealistisch" wirken, aber immer mehr wird diese Wirklichkeit auch im System als Realität auftreten, bedrohlich für die einen, faszinierend für die anderen.

Die Bewegung läuft als Kollektivierung ab. Sie wurzelt im Nichts. Grundlos entsteht sie, aber in ihrem Verlauf bleibt sie nicht grundlos. Sie wird eine eigene Wirklichkeit, und jede Wirklichkeit ist ein Grund, auf dem man steht oder sich bewegt. Es gibt verschiedene Beschaffenheiten des Grundes: feste, löcherige, schwebende; es gibt die von zukünftigen Zielsetzungen her oder aus einer determinierenden Vergangenheit wirkenden Gründe; und es gibt solche, die im Glühen des Augenblicks entstehen und ihre Geltung verlieren, sobald sie befragt werden. Die verschiedenen Gründe konstituieren Universen, deren homogene Kausalität stets nur eine Behauptung der Macht war. Der Grund der Bewegungs-Wirklichkeit ist nichts Beständiges. Permanent muß sie ihn sich erschaffen und niemals kann sie sich seiner sicher sein; als müßte sie sich im bodenlosen Raum des Systems mit jedem Schritt Trittsteine unter die Füße zaubern.

Die Grundlosigkeit, aus der sich die Bewegung erschafft, darf nicht mit dem Mangel verwechselt werden, auf den so viele düstere Sozialstrategien setzen. Sie ist das Nichtvorhandensein einer Kollektivi-

tät, sobald die imaginäre Versicherung der Wirklichkeit ihre Glaubwürdigkeit eingebüßt hat. Im Nichts hat sie ihren blinden Spiegel. Jeder Mangel ist bestimmt und wird von einer substanziell verfaßten Einzelheit her gedacht, deren Ganzheit mit der Herbeischaffung des ihr fehlenden Korrelats wiederhergestellt ist. Im Falle des Hungers ist es die Nahrung. Das allgemeines Interesse an der Verfügung über Nahrungsmittel aber meint nur das gleiche Interesse aller Einzelnen, nicht das Interesse an der Gemeinsamkeit, das Inter-esse im Kollektiv. Immer wieder macht aufständisches Denken den Fehler, das erhoffte politische Subjekt aus dem Mangel geboren sehen zu wollen. Oder ist es gar kein Fehler, sondern die ideologische Keimform der neuen Macht, die sich auf die alte Trennung der Individuen stützen wird?

Der Grund des eigenen Handelns, Tuns und Denkens, letztlich des Selbst-verständnisses der Existenz, wird durch die Kollektivität gegeben. Aber es gibt ihn nicht als festen Boden der Wirklichkeit, dem substanzielle Dichte und Beständigkeit zukämen, sondern nur als Geltung der Bedeutungen, mit denen sich die Kollektivität erschafft. Unerreichbar für den Tiefgang des analytischen Diskurses schwebt der Grund in der symbolischen Wirklichkeit über den Dingen.

Die Orte der Kollektivität wurden im historischen Prozeß der Vermassung eliminiert, so daß sie nicht mehr als untergründige Substanz schichten- oder klassenspezifischer Interessen aufzufinden sind. Die (Re-)Kollektivierung kann nur eine Schöpfung aus dem Nichts sein. Sie geschieht, wenn die Meta-Blicke der existenziellen Radikalität aufeinandertreffen, sich erkennen und ihre Distanz zueinander, die mit ihrer Vereinzelung noch gegeben ist, metaphorisch überwinden; metaphorisch, weil sie sich ihren Zusammenhang durch Symbole schaffen. Jene Art der Metapher, des Zeichentransports, wird wiedergeboren, die mit derjenigen des Kommunikations-Systems der informatisierten Trennung inkompatibel ist. Ausdrucksformen Einzelner oder auch der Avantgarde-Gruppen werden mit der Aufnahme durch Andere zu Symbolen, das heißt zu Ausdrucksformen einer kollektiven Wirklichkeit. Sie drücken eine Gemeinsamkeit aus, die erst mit ihnen entsteht. Vergeblich wäre der Versuch, Ursache und Wirkung oder Erscheinung und Wesen im Verhältnis von Symbol und symbolisierter Gemein-

samkeit ausfindig machen zu wollen. Immateriell wie ein Geist ist das Band des Zusammenhangs, aber nur sofern es in Form von Symbolen Gestalt annimmt, kann es geknüpft werden.
Die Symbole schaffen Wirklichkeit auf eine andere Art und Weise als massenmediale Bilder und Informationen, und sie setzen sich der Vergesellschaftungsform über die Zeichen der Macht als Medium der Kollektivierung entgegen. Aber die Symbole der Kollektivierung können nicht mehr auf die gleiche Weise wie diejenigen traditionaler Gesellschaften gelten, die mit dem Schein substanzieller Tiefe behaftet waren, überliefert vom Ursprung an und dessen Mächte in sich bergend. Ihr Ursprung liegt in den Akteuren, wenn auch nicht in deren Willkür. Sie sind geschaffen und sie werden vergehen, das Wissen um den Als-ob-Charakter ihrer Geltung wird sich nicht mehr vollständig vergessen lassen.

Die Beschwörung des Zeit-Geistes

Mit einem Mal ist sie da, die Bewegung. Urplötzlich und ohne daß es eine analytische Anstrengung zu antizipieren vermocht hätte, hat sich eine Ausdrucksform mit symbolischer Kraft aufgeladen. Was gestern noch bloßer Gegenstand distanzierter Betrachtung war, sofern überhaupt der Blick darauf gelenkt wurde, ist auf einmal zum Magnetfeld existenzieller Entscheidungen geworden.
Als 1980 in Berlin etwa 20 Häuser besetzt wurden, war dies eigentlich nichts Neues, Hausbesetzungen hatte es schon früher gegeben. Daß es sich dabei um sozialen Sprengstoff würde handeln können, war von außen zunächst nicht unbedingt zu erkennen. Erst als es am 12. 12. anläßlich der Verhinderung einer weiteren Besetzung und drohender Räumung zu nächtlichen Straßenschlachten und Plünderungen kam, wurden die Hausbesetzungen zum Symbol, zur kollektiven Ausdrucksform existenzieller Radikalität. Was einige Dutzend begonnen hatten, wurde durch Tausende aufgenommen. Die Hausbesetzungen waren die Flammen geworden, mit denen sich das Feuer der Bewegung durch die Stadt fraß. „Feuer und Flammen für diesen Staat!“ schleuderten nicht nur die Graffiti dem öffentlichen Blick entgegen.

Die Nacht

Es war eine Nacht, in der die Berliner Besetzerbewegung ihr Fanal setzte. Eine jener langen, kalten Winternächte, in denen es diejenigen, die einen Ofen und Heizmaterial haben, normalerweise nicht nach draußen treibt. Aber am 12. 12. 80 fand das Feuer auf den Straßen statt; nicht nur an einzelnen brennenden Barrikaden, das ganze Geschehen war Feuer. Von überallher strömten die Leute zusammen, die telefonisch, durch Boten oder ihre eigenen Augen und Ohren alarmiert worden waren. Ein besetztes Haus am Landwehrkanal sollte geräumt worden sein. Genaueres war nicht zu erfahren. Kleinere Ansammlungen wurden sofort von der Polizei zerschlagen. Wer nach Gründen fragte, bekam als Antwort den Knüppel.

Die Polizei trat wie eine hysterische Besatzungsarmee auf. Alle spürten, daß mehr als nur Tränengas und Smog in der Luft lagen. Die Amtsknüppel konnten die Leute in dieser Nacht nicht nach Hause treiben, wie es an anderen Tagen der Machtdemonstration geschehen wäre. Man konnte es förmlich riechen: wenn sich die Polizei nicht innerhalb weniger Stunden zurückzöge, würde sie es noch diese Nacht, und dann für lange, bereuen. Die Nacht der Gesetzlosigkeit nahm ihren Lauf, ein Aufblitzen der anarchischen Revolte im scheinbar so hermetischen Raum der Ohnmacht. Immer wieder sammelten sich die eben noch panisch zerstreuten Leute an improvisierten Treffpunkten – und statt weniger wurden es immer mehr. Man konnte in sich die Kraft eines kollektiven Willens aufsteigen fühlen. Der Kiez sollte zum Raum unkontrollierter Bewegung werden. Wo eben noch Einzelne, gejagt vom Sirenengeheul, durch Häuserschluchten, an denen der flackernde Widerschein des Blaulichts hochzüngelte, geflüchtet waren, wurden plötzlich Barrikaden errichtet. Das Fest der Namenlosen ließ sich nicht mehr stoppen. Im Klirren der Scheiben und im Rausch der Plünderung schufen sie sich dort, wo sie tagein tagaus nur als domestizierte Masse auftreten konnten, ihren eigenen Zeit-Raum. Einzelne Polizeiautos wurden umgekippt, Konvois von Einsatzwagen im Steinhagel gestoppt. „Ihr habt die Macht, uns gehört die Nacht!“ Am 12. 12. war der Spruch Situation geworden.

Was von außen mit der unverständlichen Macht des Ereignisses in den ruhigen Gang der Dinge einbrach, war von innen, im Kreis derer, die vorgeprescht waren, nicht ganz so unerwartet, auch wenn es nicht direkt vorherzusagen war. Jene Zeit, die rückblickend wie eine verdeckte Inkubation wirkt – es war Zeit, den Inkubus herbeizurufen –, war die Beschwörung des Ereignisses gewesen, das die Initialzündung für die Bewegung abgeben sollte. Die Welt hatte sich für die Akteure verkleinert, was von außen, noch zu Hochzeiten der Bewegung, als Provinzialisierung gebrandmarkt wurde. Alle Bedeutsamkeit war aus der Zerstreuung im massenmedialen Geschehen abgezogen und an die besetzten Häuser gebunden worden. Das mediale Faktengewimmel wurde zum leeren Rauschen, der imaginäre Spiegel, der den Blickenden erstarren läßt, war zerbrochen. Es ging um eine Welt, in der sich handeln ließ, und dieses Handeln hatte nur eine Chance, wenn es sich eine eigene Wirklichkeit schuf. Sie wäre eine Spielform des Imaginären geblieben, ein pathetisches Inneres ohne Ausgang, um auf eine lächerliche Hülle schauen zu können, wenn das Handeln nicht mit der Aufnahme durch Andere symbolische Kraft erhalten hätte. Symbolische Kraft aber gewinnen Aktionen nur als Verkörperungen des Zeit-Geistes. Der Zeit-Geist hält sich nicht bei den weltbürgerlichen Zeitgenossen auf. Für die TV-Tagesthemen oder die Titelgeschichten der Illustrierten hat er bestenfalls ein Lächeln übrig, die herrschende Strömung des Gangs der Dinge interessiert ihn nur aus humoristischen Gründen. Er verlangt nach einer den Umständen der Zeit entsprechenden Gestalt, in der er nicht nur erscheinen, sondern sich auch bisweilen verstecken kann. Keine Bewegung deckt sich in ihren Ausdrucksformen mit einer anderen.

Tritt der Zeit-Geist in Erscheinung, so läßt er sich von denen, die ihn verkörpern, beschreiben und benennen. Aber sobald man an diesen Bildern und Namen festhalten wollte, um ihn an die Leine eigener Wünsche und Strategien zu nehmen, wäre er wieder aus ihnen verschwunden. Nicht nur in der chronologischen Zeit wechselt er sein Aussehen, auch bei gleichzeitigem Auftreten an verschiedenen Orten sind seine Erscheinungsformen nicht identisch. Er lebt in der Gemeinsamkeit der Akteure und läßt sich nicht wie die Zeichen der Macht durch Reproduktionen eines univer-

sellen Modells herstellen. Noch innerhalb einer Bewegung hat er verschiedene Namen, und die unterschiedlichen Beschreibungen seiner Gestalt würden von außen oft kaum vermuten lassen, daß vom selben Un-Wesen die Rede ist. Die einen sehen nur seine hundert geballten Fäuste, andere nur seine Narrenkappe, dritte wollen ein Do-it-yourself-Köfferchen unter seinem Arm entdeckt haben. Die Beschreibungen seines Bildes müssen nicht identisch sein, sie können es gar nicht sein, da er sich nicht von einer Zentralperspektive aus anschauen läßt. Wichtig ist nur, daß die verschiedenen Beschreibungen am selben Bild malen – denn die Beschreibung ist zugleich die Schöpfung seiner Gestalt. Sein Bild muß die Gemeinsamkeit Vieler darstellen, er ist nur diese Gemeinsamkeit, die im spezifischen Gewand der Zeit auftritt.

Was Zeit-Geist ist, läßt sich vielleicht nur tautologisch verstehen: über die Faszination, die Anziehungskraft seiner jeweiligen Verkörperungen. Er ist evident wie ein Slogan und er steckt an wie die herrschende Meinung, nur daß zu seinem Un-Wesen als Geist die Feindschaft zum System gehört, dem er als Dämon mitspielt. Nur von Systemfeinden kann er erkannt werden.

Das deutsche Wort Zeit leitet sich von der indogermanischen Wurzel *dā[i]* ab, die „teilen, zerreißen, zerschneiden“ bedeutet und auf die auch das griechische Wort *daimon* zurückgeht, das den „Zuteiler des Schicksals" bezeichnet. Der Zeit-Geist ist der Dämon, der im Rücken der Systemzeit lauert. Wenn er Akteure zu seiner Verkörperung gefunden hat, tritt er in Erscheinung. Das System, basierend auf dem Strukturprinzip der anonymen Masse, und der Geist, der das immaterielle Band eines kollektiven Zusammenhangs ist, sind inkompatibel. Aber sie bestehen nicht gleichgültig nebeneinander, das System duldet keine Abgötterei. Sein Gesetz herrscht überall und seit je hat es die Geister bekämpft. Man hat sie nicht klagen gehört, vielleicht weil sie keinen Begriff von Pazifismus hatten. Auch bei ihrer Wiederkehr werden sie ihn nicht haben.

Wenn man den Zeit-Geist positiv nicht definieren kann, so sind doch die Erscheinungsformen seiner Abwesenheit unübersehbar: beispielsweise im „Realismus" derjenigen, die nur auf die Fakten schauen, keine andere Wirklichkeit als die bestehende kennen, der sie Möglichkeiten der Systemüberwindung unterstellen – um mit ihrem Realismus im Imaginären der Revolution zu landen.

Der Zeit-Geist taucht nicht als Phänomen der geschichtlichen Entwicklung der Gesellschaft auf, er ist die Stornierung der Geschichte. Er wird nicht als Möglichkeit der Wirklichkeit greifbar, denn er erscheint nur als flüchtiger Augenblick einer anderen Wirklichkeit, der nach Gestalt verlangt. Für die existenzielle Radikalität ist er die Chance, zum Akteur und damit zum Schicksal des Systems zu werden. Seine Verkörperung ist die Diskontinuität der Zeit der Bewegung zur Zeit der Macht.

Um seine Beschwörung geht es mit den Handlungen, die avantgardistisch gewesen sein werden, wenn sie, mit symbolischer Kraft aufgeladen, eine magische Sogwirkung entfesselt haben. Symbole wirken nicht, indem sie eine allgemeine Substanz ansprechen, seien es archetypisch bezeichnete seelische Verfassungen oder Grundbedürfnisse. Sie gelten aber auch nicht durch bloße Konvention. Ihre Sogwirkung bedeutet, daß sie über die Ränder ihrer bisherigen Geltung hinaus wirken. Daß sie dort entstehen können, wo sie noch nicht sind, auch nicht bereits an-sich-seiend, läßt sich nur durch die Präsenz des Zeit-Geistes verstehen.

Die Akteure haben es nicht in der Hand, ihr Tun als symbolisch zu bestimmen. Vielleicht wird alles mit einer amtlichen Maßnahme und tags darauf einer Zeitungsnotiz enden. Nichts garantiert

Erfolg, es läßt sich keine analytisch begründete Hoffnung, die richtige Aktionsform gewählt zu haben, aufbauen. Was symbolisch sein wird, entzieht sich jeder strategischen Fixierung; und um eine solche geht es auch nicht, wenn die existenzielle Radikalität sich verwirklicht. Es geht überhaupt nicht um die konzeptuelle Realisierung irgendwelcher Ideen, sondern um die Verwirklichung einer Haltung, die sich in der Vereinzelung des Systems nur als Ohnmacht erfahren sollte, die mit der (Re-)Kollektivierung aber zu einer unbändigen Kraft wird.

Ausdruck und Aktion

Die avantgardistisch inszenierten Aktionen stecken nur an, sofern Andere in deren Ausdrucksformen ihre eigene Haltung wiederfinden. Aber dieser Ausdruckscharakter des Symbolischen ist nur sein einer Pol, der sich in Nichts auflöste, wenn nicht permanent sein anderer Pol, das Aktionsmoment, mitliefe. Ausdruck und Aktion lassen sich im Symbolischen nicht scheiden. Nur was anspricht, kann auch anziehen. Aber die Anziehung einer schweigenden Masse gehört ins Gravitationsfeld des Imaginären. Die symbolische Anziehung besteht darin, daß Ausdrucksformen durch das Tun Anderer aufgenommen werden, als Aktion, in der sich der Wille zur Tat kollektiv verwirklicht.

Akteure können Zuschauer in ihren Bann ziehen. Darauf beruht das massenförmige Spektakel, in dem allerdings niemand, durch irgendwelche Akteure gebannt, zum Zuschauer wird, sondern jedermann vorgängig als Zuschauer definiert ist, um dann Stars oder Akteure präsentiert zu bekommen. Die Masse ist der (Zu-)Stand des Zuschauers. Akteure können aber auch Andere mit sich reißen. Das ist die Bewegung, durch die in Stammesgesellschaften rituell Kollektivität hergestellt wurde, und es ist die Kraft der Bewegung, die aus dem System ausbricht.

Nichts ist an sich symbolisch, auch keine Hausbesetzung. Was zur einen Zeit an einem Ort symbolisch ist, kann zu einer anderen Zeit an einem anderen Ort bloß imaginärer Orientierungspunkt sein. Ereignisse, Aktionen gewinnen symbolische Bedeutung erst

Das Feuer

Wie kein anderes Element ist das Feuer geeignet, die Kraft einer Bewegung zu symbolisieren. Jerry Rubin hat es den „Gott des Revolutionärs" genannt. Man kann den Gott und den Revolutionär getrost vergessen, ohne dem Satz seine Gültigkeit zu nehmen. Man braucht nur an die brennenden Barrikaden beim Straßenpogo zu denken, an die vielen Brandsätze, deren Wirksamkeit primär in der Befriedigung pyromanischer Lust lag, an die Vulkanausbrüche und Blitze im Layout der Bewegungszeitungen, mit denen die plötzliche Macht des Feuers beschworen wurde, an die unverhohlene Liebschaft der Bewegung mit der öffentlichen Ordnungsanweisung „Was tun, wenn's brennt? Ruhe bewahren!"

Wie die Bewegung greift das Feuer um sich, um seine destruktive Kraft, die die Schöpfungskraft alles Neuen ist, an dem, was dauern sollte, auszulassen. Feuer kann Packeis schmelzen und es kann ein Medium der Kollektivität sein. Nirgends hockt man sich im Kreis um elektrische Signale, schon gar nicht auf der Straße. An der Verkehrsampel kommen immer nur Einzelne durch, wegen Anderen muß man warten, und das dann noch in einer Schlange: Massierung. Dagegen, hat es während der Bewegung Lagerfeuer in Straßen gegeben: drumherum sitzen, Bier trinken, etwas rauchen, etwas erzählen, etwas Musik, vielleicht wird noch ein Glasmüllcontainer zur Stammestrommel, die mit Pflastersteinen geschlagen wird. Nicht unbedingt ein romantischer Ort, aber es entsteht mehr Präsenzgefühl als bei einer Talk-Show. Ein Hauch von Stämmen vor dem Kampf. Die Ordnungsmacht wird kommen, weil es verboten ist. Bewegung – Bullen – Brände – ein magisches Dreieck. Themroc.

durch Andere; allerdings nicht indem diese jene nachahmen, sondern indem sie sie in ihrem eigenen Tun aufnehmen und dadurch ihren Gehalt mitprägen, derart, daß jeder Beteiligte die symbolische Bedeutung mitschafft. Symbole sind Medien der Kollektivität, aber nicht im Sinne von Bedeutungszentren, um die herum sich ihre Anhänger scharen, sondern im Gegenteil: erst an den Orten, die eben noch Peripherie schienen, konstituieren sie sich in einer permanent dezentrierenden Bewegung. Sobald diese Dezentrierung gestoppt wird, sobald der Bedeutungsgehalt von Symbolen an einem Punkt akkumuliert wird, von dem aus seine weiteren Bestimmungen nun gesetzt werden können, entsteht ein Ort der Macht, auch wenn er sich als Gegen-Macht begreifen mag.
Noch in den Straßenaktionen der Bewegung hat sich diese Dezentrierung abgespielt. Wo die einen mit Steinen oder Farbeiern vorpreschten, ließen andere Barrikaden aus dem Asphalt wachsen und woanders flogen Mollis – oder nichts dergleichen geschah, wenn der Augenblick nur einem Kamikaze-Unternehmen günstig war. Aber zu keiner Zeit haben sich Führer herauskristallisieren können, die Andere angeleitet hätten.
Der Führer lauert bereits im Megaphon. Nicht umsonst hat es neben den Transparenten mit den richtigen und gerechten Forderungen seinerzeit zu den wichtigsten Demonstrationsaccessoirs der K-Gruppen gehört. In einer Bewegung geht es nicht um die Tabuisierung irgendwelcher Instrumente, die zu Machtmitteln werden könnten, sondern es geht darum, daß sie im Spiel bleiben. Man hat sogar, wie die Gegenseite, Funk verwendet. Alles, was da ist, kann ver-wendet werden. Das hat nichts mit einer unterstellten

Neutralität der Technik zu tun, sondern mit dem Vertrauen der Bewegten auf ihre Autonomie. Die Autonomie der Einzelnen, die nur durch gegenseitige Begeisterung zur kollektiven Autonomie wird, reguliert dabei das Geschehen. Es stellt kein Problem dar, ein Megaphon oder das Wort eines Einzelnen, das zur Losung wird, zu akzeptieren. Aber sobald es zur zentralisierten Ausrichtung der Energie kommen soll, wird der Rufer einsam in der Wüste stehen. Dann sind die Bewegten schon wieder woanders.

Die Kollektivität, die über Symbole entsteht, fordert nicht, wie es die bürgerliche Ideologie der Moderne glauben machen will, das Opfer des Selbst. Mit ihr tut sich dem Selbst überhaupt erst eine über-individuelle Dimension auf. Die Symbole leben davon, daß jeder sie mitprägt. In der Gemeinsamkeit, die sie herstellen, muß Vieles lebendig werden. Steht die Bedeutung eines Symbols fest, so ist es zu einem toten Zeichen erstarrt; dann kennzeichnet es, unter dem Anspruch der Allgemeingültigkeit, nur noch eine Einheit, der jeder als Teil eines Ganzen angehören kann, dessen Bedeutungsgehalt ihm aber vorgegeben ist, so daß er sich ihm nur unterwerfen kann. In dieser Struktur der Bedeutungsfixierung gleichen sich die Zeichen des Staats und die Banner der Wahrheit, die von den Kerngruppen des historischen Subjekts an den Frontlinien ihres imaginären Klassenkampfs aufgepflanzt werden. Es ist kein Zufall, daß eine der ersten Eruptionen, mit denen sich die Bewegung der 80er ankündigte, anläßlich der Vereidigung von Bundeswehrrekruten in Bremen geschah. Oder war es einer und nur im nachhinein ergibt sich ein Zusammenhang? Waren an der Vorbereitung dieser Aktion auch etliche politische Gruppen beteiligt, so hat ihr wilder Verlauf doch schon das Ende ihres Führungsanspruchs bedeutet, der in der Bewegung erst gar nicht erhoben werden konnte.

Die Unvereinbarkeit von Einheit und Vielheit in der Gemeinsamkeit zeigt sich auch am Unterschied von Parole und Graffiti. Jene lautet überall gleich, da sie die richtige, allgemeingültige Formulierung einer Forderung oder eines Aufrufs sein soll. Wie beim Gesetz kann man sich nur hinter sie stellen, aber sie nicht mitprägen. Die Parole gehört zum Versuch, innerhalb der Masse ein Lager zu bilden, ohne auf die schöpferische Kraft der Beteiligten zu setzen. Graffiti zu sprühen kann hingegen zur symbolischen Aktion wer-

den, wenn mit ihnen eine Haltung zum Ausdruck gebracht wird, die Andere animiert, den öffentlichen Raum der Anonymität zum Bedeutungsträger eines kollektiven Geistes zu machen – für diejenigen, die die Zeichen als Symbole lesen können. Symbole gibt es nur solange, wie sie von Einzelnen in einer kollektiven Bewegung mit Bedeutung gefüllt werden. Die an sie gebundene Gemeinsamkeit steht nicht fest wie die Allgemeinheit, deren Zeichen man nur schlucken muß, um sich als Teil von ihr zu fühlen. Symbole unterscheiden sich von Zeichen der Macht durch die Art und Weise ihrer Entstehung. Wie es bei diesen nicht um die Vorgabe ihrer Bedeutung durch einen als allgemeinverbindlich gesetzten Code geht, sondern um die durch das Medium bewirkte Strukturierung der Empfänger zur Masse, die aus lauter Zuschauern ihrer selbst besteht, so besteht auch bei den Symbolen ihre Message im Medium, nur eben daß es als Medium der Kollektivität von der Aktivität der Einzelnen lebt. Machen die Zeichen der Macht jeden im gesellschaftlichen Bereich als Zuschauer seiner selbst zum Teil der Masse, so geht es bei den Symbolen um die Kollektivität Einzelner, indem sie Akteure in einem gemeinsam improvisierten Stück werden.
Jenseits des Universalismus der Wahrheit wie auch des Pluralismus der Meinungen sind die Symbole Ausdruck und Verwirklichung des

Willens zu einer anderen Lebensform. Nur wo dieser sich verwirklichende Wille da ist, können Symbole Geltung haben; fehlt er, so können sie nicht einmal verstanden werden. Sie sind überhaupt kein Mittel, für irgend etwas zu demonstrieren. Wenn Symbole eine Wirkung haben – und sie haben eine magische Sogwirkung – so nicht im Sinne einer Ursache, die sich gar noch als überzeugendes Mittel in einem praktischen Diskurs einsetzen ließe. Sie können gerade nur wirken, indem sie keinen außerhalb ihrer liegenden Zweck verfolgen.

Der Begriff der symbolischen Aktion ist von jenen verwässert worden, die Anderen etwas demonstrieren wollen: nämlich ihre Unschuld; zum Beispiel bei friedlichen Blockaden vor Kasernentoren. Bei solchen Aktionen geht es nicht um die Verwirklichung eines Willens, sondern nur um den Ausdruck – und damit die Austreibung – des schlechten Gewissens. Das „Symbolische" soll dabei die Intention, Andere anzusprechen, kennzeichnen. Die Aktion ist indirekt, denn sie richtet sich an das (abwesende) Bewußtsein beziehungsweise Gewissen derer, die nicht dabei sind. Diese Anderen bleiben die stummen Zeugen der eigenen Integrität, wie gehabt: Publikum. Eine solche Aktion ist nur öffentliche Bekundung einer Meinung, die im Namen der Verantwortlichkeit darauf pocht, selbst nicht schuld zu sein. „Seht her, man hat uns zum Zuschauen verdammt!" Ihr pädagogischer Anstrich („Wären alle so aufrecht demütig, wäre die Welt nicht so arg!") kann sich wiederum nur in passiven Meinungen fortpflanzen, während er den Willen zur Tat abstößt.

Aktionen mit symbolischer Kraft im Kontext einer Bewegung sind etwas anderes: sie sind direkt, und die Akteure handeln dabei für sich. Hausbesetzungen waren direkte Aktionen, und sie hatten symbolische Anziehungskraft. Gerade indem sie nicht exemplarisch gemeint waren, kein Handeln für Andere darstellten, um diesen etwas zu vermitteln, gerade dadurch fühlten sich Andere in ihrem eigenen Wollen angesprochen. Symbole entfalten ihre Kraft aus der existenziellen Dimension des Hier und Jetzt, der Wendung des No Future in eine zweifelsfreie Präsenz, während das Handeln für Andere auf die Zukunft setzt, in der die Anderen „auch so weit" sein werden.

Der symbolische Zeit-Raum der Bewegung

Die Bewegung setzt im Hier und Jetzt ein und sie wird in einer Ekstase der Gegenwart vorangetrieben, jeder Stillstand würde die Bewegten wieder der Dauer von Macht und Ohnmacht unterstellen. Die Präsenz, die im Taumel des Ereignisses in die Zeit des Systems eingebrochen ist und sich fortpflanzen will, hat keinen festen Boden unter den Füßen. Sie ist ein Schweben, eine schwebende Kraft, die permanent das sich stets wieder um sie schließende Gehäuse der Präsentation und Repräsentation durchbrechen muß. Sie hat keine Dauer, nur als Bewegung, die sich permanent selbst erschafft, überlebt sie den flüchtigen Augenblick.

Das Hier und Jetzt wird in der Aktion geboren, die als symbolisches Fanal wirkt. Mit ihr ist erst eine Zone, ein Zwischenraum geöffnet, um dessen Bedeutung nun inkompatible Zeiten ringen. Alles wird nur Zwischenfall gewesen sein, wenn sich die Systemlogik durchsetzt, wenn das Ereignis wieder als Massenfutter in die Welt der Medien abtransportiert werden kann. Ein unvorhergesehener Zwischenfall zwar, aber mit den dafür vorgesehenen Methoden ausgelöscht. Nichts als schale Erinnerungen bleiben, wenn das Ereignis zum Datum in einer allgemeinen Geschichte geworden ist, wenn seine Zeit und sein Ort nur noch von einer einzigen zentralen Perspektive aus betrachtet werden können, wie immer es dann auch bewertet werden mag; wenn das Ereignis nicht zu einer eigenen Wirklichkeit führt.

Es gibt Kämpfe, die vielleicht geführt werden müssen, obwohl sie sich von vorneherein auf dem verlorenen Terrain der Geschichte abspielen. Zum Beispiel die Anti-AKW-Bewegung: die Logik der Großtechnologie, die einen Ort mit der Bedeutung der Allgemeinheit versieht, hat von den Bauplatzbesetzungen durch Anwohner, die damit neuartige Zusammenhänge unter sich herstellten, zu den großen nationalen Demonstrationen geführt. Im Verlauf dieser Aktionen haben immer unberechenbare Momente mitgespielt, aus denen sich ein Geschehen entwickeln konnte, das jenseits der nutzlosen Bekundung einer Meinung stattfand; ein Geschehen, für das man allerdings aus-/gerüstet sein mußte, um die Gunst des Augenblicks nutzen zu können. Aber eins war von vorneherein klar: die Schlacht würde irgendwann zu Ende sein, die Kämpfer würden wieder auseinanderfließen und es würde kein Zusammenhang bleiben, aus dem heraus eine andere Wirklichkeit gegen das System entstehen könnte. Das Ereignis würde nur eine flüchtige Interpunktion in der Systemordnung der Vereinzelung gewesen sein. Es heißt zwar immer wieder „Der Kampf geht weiter!", aber schon lebt dieser Kampf nur noch von der illusorischen Perspektive der Geschichte. Der Sinn jeder geschlagenen Schlacht wird in der Hoffnung auf die noch ausstehende letzte Entscheidung eingefroren. Aber die Perspektive, mit der sich das Subjekt den Zeit-Raum des Weltgeschehens aneignen will, ist eine Erfindung der Neuzeit, die nur noch im imaginären Denken der Revolution Glaubwürdigkeit für sich verbuchen kann. Die Perspektive ist die illusorische Verlängerung einer selbst imaginären Größe: des planenden Subjekts. Aber dieses Subjekt existiert weder an sich, noch wird es je für sich werden. (Und das ist gut so.) Die Kräfte, die in einer Bewegung mobilisiert werden, ordnen sich keiner Perspektive unter. Eine Bewegung ist keine mehr, wenn sie von einer Perspektive lebt.

Die symbolische Aktion verlangt nach der Entfaltung ihrer eigenen Zeit und ihres eigenen Raums in der Schaffung einer symbolischen Wirklichkeit. Die Präsenz im Hier und Jetzt schießt über den datierbaren Zeitpunkt hinaus, um sich in der Bewegung zu entfalten. In ihr, im Zeit-Raum der Kollektivität, ist die Trennungsmacht der Massenmedien außer Kraft gesetzt. Nur in einer Kommunikationsform, die dem Charakter der Aktion gleicht, läßt sich deren Bedeutung erhalten: in einem Zusammenspiel mit Anderen, das die Haltung der existenziellen Radikalität in einer Gemeinsamkeit verwirklicht.
Bereits im Augenblick der symbolischen Aktion wird ein Spiel-Raum der Zeit geöffnet, da die gemeinsame Bedeutung aus dem Handeln Vieler entsteht. Das Unmögliche verwirklicht zu haben, begeistert. Diese Begeisterung könnte als die Gabe des Zeit-Geistes an die Akteure seiner Verkörperung gesehen werden. In ihr lebt der überschüssige Sinn des Ereignisses weiter, um zu neuen Aktionen zu drängen. Die Begeisterung ist in den Einzelnen Ausdruck der lebendigen Kollektivität, deren Wirklichkeit für das System

nun zur Realität eines neuartigen Faktums wird, eines ärgerlichen und bedrohlichen Faktums, weil es im Medientransport nicht auf- (und damit unter-) geht.
Der Augenblick der Präsenz ist ein Zusammenschnurren der Zeit, aber nicht ihr Stillstand. Im Gegenteil, er bedeutet die Verflüchtigung der Koordinaten des Zeit-Raums der Macht, um eine andere Zeitform ins Spiel zu bringen. Eine Zeit, die ihre Erstreckung in jenen Ereignissen gefunden haben wird, die als Wirkung des Augenblicks verstanden werden können, ohne daß sie sich kausal aus ihm ableiten ließen. Die symbolische Zeit wird von hinten her geschaffen, weder durch planende Subjektivität (die mit sich identisch bleibt, indem sie die Zukunft von einer zielsetzenden Gegenwart her überbrückt) noch durch eine Heilserwartung (bei der die Zeitrichtung umgekehrt, aber mit einer ebensolchen Notwendigkeit gedacht wird), sondern durch selbst wieder mit der Macht des Zufalls - oder des Schicksals? - eintretende Ereignisse, die die Korrespondenz der Augenblicke in einem Spiel-Raum der Zeit entstehen lassen.
Während des Ereignisses ist es, als ob konzentrische Kreise, die sich nie berühren könnten, wenn ihr Raum ein gesetzmäßiges Kontinuum bliebe, in ihrem Mittelpunkt zusammenliefen, um sich mit einer explosionsartigen Kraft zu entladen: im Augenblick der Präsenz, der das Kontinuum der Zeit sprengt – um mit seinem Auftauchen auch schon wieder zu verschwinden. Aber, sofern es Bewegung gibt, verschwindet er nicht ohne Wirkung, auch wenn diese unvorhersehbar bleibt. Sie wird erst sichtbar, wenn in verschiedenen Entfernungen wieder solche Punkte der Präsenz auftauchen, die neue Kräfte an die Bewegung zu binden vermögen. Die Wirkung des Ereignisses besteht in seiner Steigerung, und es ist die unabwendbare Spielregel der Bewegung, daß sie nur solange Wirklichkeit ist, wie sie die Ereignisse durch ihre Wirkungen steigern kann.
Das Folgende ist ohne das Vorausgegangene nicht denkbar, aber es macht das Geschehene auch erst zum Ausgangspunkt, um dessen Sinn zu bewahren. Alles, fast alles, erscheint im Lauf der Bewegung folgerichtig, aber erst mit rückwirkender Notwendigkeit, indem die Bedeutungen der Aktionen miteinander korrespondieren.

Was folgt, ist vom Vorangegangenen her nicht absehbar. Es handelt sich dabei nicht um empirische Abweichungen von einem strategischen Konzept, sondern um eine grundsätzliche Unberechenbarkeit. Die Konsequenz, die Vernotwendigung des Ereignisses, kann den Zufall, der bei dessen Durchbruch immer mitspielt, nie eliminieren. Die Bewegung muß undurchsichtig bleiben, ihr Zeit-Raum darf auf der Karte des Systems nicht abbildbar sein, die Systemkartographen dürfen aus dem Taumel der Überraschungen nicht herausfinden. Es muß immer etwas Unberechenbares in ihrem Verlauf bleiben, immer wieder muß es zum plötzlichen Auftauchen von Ereignissen kommen. Wenn Aktionstage angesagt sind, wenn also ein Zeitpunkt fixiert wird, müssen die Orte und Arten des Geschehens offen sein. Wenn es um den Angriff auf bestimmte Plätze oder deren Verteidigung geht, muß der Zeitpunkt der Aktion auf seine Chance warten können. Von einem fixierten Raum- und Zeitpunkt, an dem man sich zum Beispiel bei einer Demo sammelt, geht erst die Beschwörung des günstigen Augenblicks aus. Die Koordinaten von Raum und Zeit, die mit dem Nullpunkt des Ereignisses dessen eigene Wirklichkeit entfalten, zäunen kein berechenbares Universum ein, der Zeit-Raum der Bewegung ist kein ruhendes System.

Zwischen den Ereignissen lebt die Bewegung als Mythos weiter. Der Mythos ist das Ensemble der unzähligen Geschichten, mit denen der kollektive Zeit-Raum ausgemalt wird. Jeder hat etwas zu erzählen, von Erlebtem oder Bevorstehendem, über sich oder über Andere. Diese Geschichten setzen sich zum Mythos der Bewegung zusammen, wenn sie Erzählungen mit symbolischer Kraft sind; wenn sie Zuhörer anziehen, die sich in ihrem Stoff wiedererkennen und aus ihm die Wirklichkeit eines gemeinsamen Lebensgefühls schöpfen. Als Mythos bleiben die Erlebnisse der Einzelnen im Kontext der Bewegung. Straßen, Plätze, Häuser und Daten, an denen sich Bewegungs-Ereignisse abgespielt haben, erhalten dann ihre kollektive Bedeutsamkeit und gehen nicht in der Melancholie vereinzelter Erinnerungen unter.

Den Mythos gibt es nicht ohne Anwesenheit der Erzähler und Zuhörer von Geschichten. Die Geschichten, aus denen er sich zusammensetzt, hören sich jedesmal anders an, sie werden unterschiedlich weitergesponnen, ausgemalt oder auch verworfen. In indirekter Kommunikation gibt es keine Mythen. Aber es gibt technische Medien, die zu seiner Schaffung beitragen können, allerdings eben nicht als Massenmedium. So haben die Videos von Aktionen die Aufbruchsstimmung der 80er Jahre beflügeln können. Action-Szenen, Demobilder, Straßentheater, Texte in der Sprache der Bewegung. Wesentlich war, daß diese Videos nicht im Heimkino konsumiert, sondern in Versammlungen vorgeführt wurden, in denen sich Akteure über das Vorgeführte verständigen konnten.

Diese Videos, schnell zusammengeschnitten, mit der Möglichkeit, sie neu zu montieren, waren keine Nachrichten oder Reportagen; sie waren technisch inszenierte Geschichten, die in Versammlungen erzählt wurden.

Der Mythos ist die Geschichte der Bewegung. Er ist die Metapher einer Wirklichkeit, die sich niemals als objektive Historie fassen läßt, weil sie stets nur metaphorisch geschaffen wird. Bei Mythen geht es nicht um ihren Wahrheitskern, der ihnen zu-grunde läge und sie glaub-haft machte. Natürlich handeln sie von bestimmten Ereignissen, aber nicht von ihnen als Fakten, die universelle Gültigkeit hätten, sondern von ihrer spezifisch bewegungsmäßigen Bedeutsamkeit. Ihre Kohäsionskraft entsteht durch die Schaffung einer gemeinsamen Meta-Ebene, von der aus die Verständigung über die Wirklichkeit gelingt.

Mythen bilden sich in Kollektiven, halten sie zusammen und tragen zu ihrer Anziehungskraft bei, zugleich begrenzen sie diese durch die Grenze ihrer Verständlichkeit. Denn wie alle Formen des Symbolischen läßt sich jeder Mythos nur von einer gleichen Grundhaltung aus verstehen, in der die Bereitschaft, sich in dessen Lebensformen zu begeben, schon vorhanden ist. Der Mythos als Ensemble der Erzählungen mit symbolischer Kraft ist von den imaginären Mythen zu unterscheiden, die mit der Realität beziehungsweise einer ihr zugrunde liegenden Wahrheit verwechselt werden: zum Beispiel der K-Gruppen-Mythos vom Proletariat als revolutionärem Subjekt zu einer Zeit, da die kollektiven Lebenszusammenhänge der Arbeiter längst nicht mehr existieren; oder der Mythos der Moderne vom Fortschritt, der den fatalen Gang der Dinge verdecken soll.

Diese imaginären Mythen sind metaphysische Sinnkonstruktionen, die die Welt belassen wie sie ist, um sie im Zerrspiegel ihrer Projektionen als andere, das heißt als veränderbare beziehungsweise sich verändernde, betrachten zu können. Diese Hirngespinste des Imaginären sollen die beschwörende Kraft des Mythos für die dekollektivierte Form des Sozialen nutzbar machen. Sie sind nicht Ausdruck einer kollektiven Gemeinsamkeit, zu der Einzelne gefunden haben, sondern nur das Angebot einer fiktiven Einheit, als deren Teil die Einzelnen sich durch die metaphysische Illusion ihrer Wahrheit begreifen können. Ihre Funktion ist es, die mit der Dekollektivierung zerstreuten sozialen Atome zu totalisieren. Sie gehen von der Dimension der modernen Gesellschaft aus, um zur Bindekraft für ihre im Zustand der Masse immer nur fliehende Ganzheit zu werden.

Sie sollen, als affirmative wie als oppositionelle Vorstellungen, die Dimension der Massengesellschaft fraglos halten und erschöpfen sich damit in der Legitimation des Bestehenden oder der Vertröstung auf das kommende Heil. In den eschatologischen Befreiungsmythen von der großen Revolution oder dem Generalstreik steckt das Verlangen nach dem einen Ereignis, das von der Aura der Endgültigkeit umweht ist. Das Ausbleiben dieses einen, alles verändernden Ereignisses führt dann zur Erstarrung in der von Priestern der Wahrheit gehüteten Dogmatik, mit der die Hoffnung über die Zeit gerettet werden soll. Sind die imaginären Mythen einmal zum Bestandteil einer Lehre geworden, so steht ihrer Verwendung als legitimierender Bemäntelung terroristischer Realpolitik gegenüber denjenigen, die an sie glauben sollen, nichts mehr im Wege. Die imaginären Mythen dienen der Macht. Als Ursprungsmythen (wie der Mythos, der um die Russische Revolution gesponnen wurde) sollen sie dann den herrschenden Zuständen die Autorität einer wert-

vollen Tradition verleihen, deren Geist durch die Reinkarnationen der Gründerheroen als Gesetz bewahrt wird.
Mythen einer symbolisch zusammengehaltenen Kollektivität sind dagegen Ausdruck eines gemeinsamen Lebensgefühls, das sich in Taten erhält. Sie müssen Wirklichkeitskraft haben. Der Bewegungs-Mythos ist Ausdruck der neuen, kollektiven Wirklichkeit, und er befeuert den Willen zu ihr, die keinen Bestand hat, wenn sie nicht permanent erschaffen wird. Wie Scheherazades Erzählungen aus Tausendundeiner Nacht ein Anreden gegen den über sie verhängten Tod sind, so sind die Geschichten des Bewegungs-Mythos ein Anreden gegen den Stillstand. „Stillstand ist der Tod."
Zwischen brennenden Barrikaden, umgekippten Autos, auf einem von Pflastersteinen übersäten Platz: der Moment, in dem der Blick des Maskierten mit dem Stein in der Wurfhand auf den augenlosen Visierblick des Polizisten mit der Tränengaskanone trifft, der Bruchteil einer Sekunde, in dem die Zeit stillsteht, um zum schwerelosen Flug der Klamotte über die Grenzen der Ordnung hinweg oder um zur Macht des Geschosses zu werden; mit dem Ausschwingen des Arms aus der Flugbahn abtauchen und die Granate ins Leere zischen lassen; vielleicht schickt sie ein Anderer zurück... Nur solange wie sie anstacheln, Begeisterung wach halten, die zu neuen Aktionen drängt, sind die Erzählungen solcher Szenen Stoff des Bewegungs-Mythos. Wenn die Systemkontrolle wieder Macht über die Umstände gewonnen hat, in denen die Ver-

längerung bestimmter Geschichten nur noch als Kamikaze-Flug landen könnte, verkommen diese zur Anekdote oder, vielleicht schlimmer, sie pervertieren zu Ideal-Bildern, die längst nicht mehr Ausdruck der Kollektivität sind, sondern eine Norm aufbauen, ein aus dem Jenseits der politischen Moral kommendes Sollen, das den Einzelnen die Schuld zuschreibt, wenn das Schicksal nicht gewendet werden kann. Der Streetfighter-Superman wird dann zur moralischen Größe. Aber die Bewegung ist unmoralisch.

Wirklichkeitskraft hat der Mythos nur solange, wie er neue Aktionen beflügelt, die aus der Spontaneität geboren werden. Ohne Spontaneität geht die Unberechenbarkeit und die symbolische Anziehungskraft der Bewegung verloren. Wenn aus dem Mythos nur noch Traditionsmuster hervorgehen, ist er kein Bewegungs-Mythos mehr. Der 12. 12. war für die Bewegung in Berlin ein mythisches Datum, *das* mythische Datum überhaupt, von unzähligen Geschichten und Legenden umsponnen. Aber die Revival-Demos zur Wiederkehr des Datums blieben kraftlose Akte, bei denen jeder der Aura von etwas Vergangenem hinterherlief. Der Bewegungs-Mythos kann seine Wirklichkeit nicht in einer an den Ursprung zurückgehenden Zyklik des Geschehens finden, er kann jenen nur spiralförmig, stets sich erweiternd, umkreisen. Er lebt vom Neuen und Unerwarteten, aus dem allein die gleiche Begeisterung wie beim ersten Mal auflodern kann. Wiederholung kündigt sein Ende an. Je länger die Bewegung läuft, desto schwieriger wird es, die träge Macht der Wiederholung zu überwinden, überall beginnt sie zu lauern. Die ewig selben Sprühereien und Sprüche werden langweilig, die immer gleichen Aktionen werden sinnlos und/oder bekommen Harakiri-Charakter. Solange die Spontaneität das Geschehen inszeniert, gibt es kein Kalkül, aber sobald die einmal aus ihr geborenen Formen zum Mechanismus werden, wird die Bewegung für das System kalkulierbar, der Apparat kann Fallen stellen. In der *radikal* Nr. 106 (1982) wurde es einmal so formuliert: „Spontaneität heißt, ohne nachzudenken das Richtige tun zu können; Unbesonnenheit ist, wenn man besser nachgedacht hätte."

Es gibt kein Rezept für Spontaneität. Sie ist der Günstling des Augenblicks, aber sie muß sich auch seine schlechten Launen gefallen lassen.

Gegen ihre Unwägbarkeiten tritt der Dogmatismus auf den Plan, die Kultivierung der Wiederholung. Alles organisieren, planen, Stärke durch die disziplinierte Unterwerfung unter ein Kämpferideal erlangen. Die Wiederholung der Geschichte, der Rückgriff auf erprobte Formen, deren Scheitern vergessen ist, die vom Pathos der Revolution betriebene Umwandlung der Aktion in militärische Konfrontation, aus der der Staat immer als Sieger hervorgeht. Es muß offen sein, wie sich der Mythos verwirklicht, er darf nicht in Ritualen münden, deren Zeremonie festgelegt ist. Das Geschehene wird uneinholbare Vergangenheit, wenn es zum Muster der Gegenwart wird. Nur die eigene Kraft der Gegenwart kann mit seinen Bedeutungen korrespondieren und als Ausdruck des gleichen Geistes diese am Leben erhalten.

Allerdings gibt es symbolische Szenen, die in einer Bewegung immer wiederkehren, vielleicht weil sie zu den ständigen Accessoires der Verkörperungen des Zeit-Geistes gehören. Ihre Ähnlichkeit in verschiedenen Bewegungen deutet deren Verwandtschaft über die Zeit hinweg an. In der Bewegung der 80er war der Pflasterstein kultischer Gegenstand solch symbolischer Szenen. Die 80er haben ihn nicht entdeckt, schon früher hieß es „Unter dem Pflaster liegt der Strand", aber sie haben den Umgang mit ihm kultiviert. Die Zeit des Steins war immer Höhepunkt im Kampf gegen die Betonzeit. Sie fand auf der Straße statt, die eben noch Kanal zur Lenkung der vereinzelten Schritte in die Abwässer der anonymen Masse war. Plötzlich geriet der öffentliche Raum in Unordnung. Eine Um-ordnung des Raums, die die Normalzeit außer Kraft setzte: Hier und Jetzt war Aufruhr angesagt. Teelöffel und Stein trafen zu einer Entwendung ihrer funktionalen Bedeutungen zusammen. Es konnte auch ein Schraubenzieher sein, mit dem die Pflastersteine aus dem Boden gebuddelt wurden, aber der Teelöffel als Repräsentationsstück guter Sitten, einmal ganz ohne abgespreizten kleinen Finger, paßte viel besser zur Ästhetik des Aufbegehrens. Er gehörte schon fast zum guten Ton der barbarischen Sitten, die sich in den wiederkehrenden Momenten der Steinzeit ausbildeten. Auch die Dinge warten auf die Rekollektivierung, auf neue Bedeutungen, die ihnen im Chaos des Aufruhrs gegeben werden.

Wenn der Boden gehäutet, die Zivilisationsschicht von ihm abgezogen wurde, dann lag der Strand frei. Aber es ging nicht um ihn als das ewige Einst, als das Bild paradiesischer Urzustände, die der Zivilisationsrinde als ihre nur freizulegende Wahrheit zugrunde lägen, sondern es ging um das Hier und Jetzt, die andere Zeit, deren Durchbruch inmitten des Systems nur im Zusammenprallen der Zeiten bestehen konnte. So war es der Stein, das Element der Zivilisationsrinde, der aus seinem funktionalen Kontext befreit, die Bedeutung einer Waffe erhielt. Der Pflasterstein war eine Körperwaffe, Ausdruck davon, daß sich der Kampf gegen das System für die Bewegten im Präsenzraum abspielte, der durch das Agieren von Leuten und nicht durch die Raumgesetze einer wissenschaftlichen Technologie geschaffen wird. Ein kollektives Agieren, das mit dem klackenden Rhythmus aufeinanderschlagender Steine bisweilen Anklänge an rituelle Beschwörungen hervorrief.

Mit dem Pflasterstein wurde die Distanz-Ordnung des öffentlichen Raums aufgebrochen. Die Transparenz riesiger Schaufensterscheiben von Supermärkten und Banken, stellte auf einmal nicht mehr die ewig wiederholte Initiation in die Distanz-Haltung des Zuschauers dar, sondern reizte zum Zugriff.

Die symbolische Kraft der Bewegung liegt im direkten Charakter ihrer Aktionen. Durch das Handeln im Hier und Jetzt, auch und gerade wenn es noch so unmöglich scheint, fasziniert sie und zieht all die-

jenigen an, die des Gefrierzustandes unter den Masken der Macht überdrüssig sind.
Hier und Jetzt: das heißt mit der Zeit der Ereignisse den Raum der Stadt aufbrechen. Der Präsenzraum, in dem die Akteure zu ihrem gemeinsamen Stück zusammenfinden, ist kein Freiraum, keine unbehelligte Nische im System, er wird dem öffentlichen Raum abgewonnen. Hausbesetzungen, Straßen-Actions, Plünderungen spielen sich vor den Augen der Öffentlichkeit ab, und doch entgeht dieser zwangsläufig der Sinn des Geschehens. Der Präsenzraum ist keine Bühne, auf der etwas präsentiert würde. Er ist für den Blick des Zuschauers nur von seiner flüchtigen und rätselhaften Außenseite her wahrnehmbar, über jene Zeichen, die in den öffentlichen Raum hineinragen und dann von den Medien mit ihrer kraftlosen Ideologieschlacke überhäuft werden, um sie ihrer imaginären Wirklichkeit zu unterwerfen.
Die Zeichen können, wie es die bemalten Häuserfassaden, die zu einer Art Wappen geworden waren, getan haben, den Zuschauer ansprechen. Aber ihre Bedeutung wird sich erst dem entschlüsseln, der im Inneren des Präsenzraumes agiert, durch seine eigene Präsenz. Das Bild des Präsenzraumes von einer Perspektive außerhalb nachzeichnen zu wollen, bleibt wie die Datierung der Bewegungs-Zeit ein hoffnungsloses Unterfangen, Raum und Zeit der Bewegung sind nicht deckungsgleich mit der Welt der Medien, denn sie werden nur durch ihre symbolische Bedeutsamkeit geschaffen.
Während der Aktion hat es ein Ende mit der Herrschaft des Gesetzes in dieser Straße, auf diesem Platz. Hier tummeln sich die Bewegten nach ihren eigenen Regeln. Es können flüchtige Momente sein, in denen Orte der Bewegung geboren werden; sie können mit dem Löschzug an der Barrikade verschwinden und vielleicht ein andermal erneut Bedeutung erhalten; oder sie bleiben über eine längere Zeit Bewegungsort wie ein besetztes Haus. Ein Netz von Orten entsteht, die immer wieder zu Ausgangspunkten von Aktivitäten werden, und dieses Netz wird zu einem Raum eigener Bezeichnungen. Ein besetztes Haus erhielt in Berlin 80/81 den Namen der Straße, in der es stand, die Bedeutung der ganzen Straße lag in diesem Haus. Waren es mehrere Häuser in einer Straße, so wurde nur deren Anfangsbuchstabe genommen und die Hausnummer angehängt. Jeder

wußte, was O-45 war. Mit der eigenen Benennung wird der Kontext des Benannten bezeichnet, der sich auf keiner Stadtplanquadratur findet: der Raum, in dem das Unmögliche Wirklichkeit ist. Der mit Bewegungs-Bedeutung aufgeladene Raum existiert nur als Kommunikationsnetz inmitten der Stadt, die von innen umgestülpt wird. Er ist kein befreites Gebiet, kein ein- (und damit aus-) gegrenztes Territorium, dem nur noch die militärische Konfrontation mit der Staatsmacht bliebe. Seine Gefährlichkeit für das System liegt darin, daß seine Orte überall auftauchen können. Unter dem Nirgendwo der anonymen Großstadt lauert das Überall der Bewegung. Überall müssen ihre Orte auftauchen können – aber sie müssen auch wieder verschwinden können. Die Bedeutsamkeit darf nicht auf einen Raumpunkt fixiert werden, über den die Staatsmacht wieder Kontrolle erlangen kann. Anders als in traditionalen Gesellschaften kann der mythische Gehalt des Raums nicht ein für alle Male an bestimmte Orte gebunden werden, sondern diese erhalten ihn nur durch den Kontext der Bewegung als ein dynamisches Feld von Orten. Alles muß im Fluß bleiben.
Das Schwimmen im mythischen Zeit-Raum der Bewegung stellt das Gegenstück zur modernen Rezeption enträumlichter, transportabler Weltpunkte dar. Der Masse werden Bilder der Welt vorgeführt, die einen jeden in ihr in die Distanzhaltung des Zuschauers zwingen. Dieser meint, trotz der Enträumlichung, eine Welt objektiver Zusammenhänge wahrzunehmen, während er nur das imaginäre Modell einer Welt rezipiert. In der Bewegung wird Wirklichkeit dagegen nicht rezipiert, sondern durch die eigene Präsenz geschaffen.

Die Strukturen, die sich aus dem Zusammenhang der Bewegungsorte bilden, müssen flexibel bleiben, sie existieren nur in diesem lebendigen Zusammenhang und können nicht institutionalisiert werden. Einrichtungen wie Setzereien, Druckereien, Häuser mit Versammlungsräumen und Kneipen gehören solange zur Struktur der Bewegung, wie sie Schnittpunkte einer Kommunikation sind, die zu neuen Taten drängt. Die Strukturen existieren nur solange, wie ihre Orte von neuen Ereignissen her ihre Bedeutung erhalten. Solange der Zeit-Geist mitspielt, werden die Treffen besucht, und solange geht von ihnen auch etwas aus. Sobald aber nicht mehr auf

die pulsierende Begeisterung vertraut wird, geht es dem Ende entgegen. Dogmatismus und Reformismus spielen beide die Rolle des Stillstellers, indem sie den Lauf der Bewegung in ein berechenbares Koordinatennetz von Raum und Zeit einschreiben wollen. Sie tun es, indem sie Ziele in die Welt setzen, eine Perspektive aufbauen – und mit ihr die Wirklichkeit der ohnmächtigen Distanz, die im Hereinbrechen der Gegenwart in die verrechnete Systemzeit aufgelöst war. Ohne Blick in die Zukunft, ohne Ziel brach die Bewegung los, vom Ziel her hätte nichts gelohnt, wäre es nie zur Verwirklichung des Unmöglichen gekommen, denn jede auf ein Ziel gerichtete Perspektive muß die Zeit auf ihren Lohn hin verrechnen.
Mit der unmöglichen Realisierung der großen Perspektive geht der Reformismus hausieren, um seine Realpolitik der kleinen Schritte zu legitimieren. Zum Beispiel setzt er den unbedingten Erhalt eines Hauses durch Vertragsabschlüsse zum Ziel, an dem sich alle weiteren Aktionsformen auszurichten haben. Die Symbole der Bewegung werden ihres flüssigen Charakters beraubt und als Fetische fixiert. Die Fixierung dessen, worum es geht, und die Verhandlung mit der Staatsmacht über diese Punkte bringt den Zeit-Raum der Bewegung mit dem des Staates wieder in Deckung.
Dagegen setzt der politische Dogmatismus auf die große Perspektive, nach der sich die Bewegung ausrichten soll. Sein Ruf „Strukturen schaffen!" soll dieses Ziel unterstützen. Mit diesem Ruf ist die schleichende Verknöcherung der Strukturen gemeint, regelmäßige Termine, Verbindlichkeit, kontinuierliche Arbeit, schließlich die Institutionalisierung der ehemaligen Bewegungstreffen, zu denen dann nur noch die Hartgesottenen kommen, um ihre politische Linie durchzupowern. Die einzelnen Bewegungssymbole gelten dem Dogmatismus nichts. Ihm geht es um die Annäherung an das Ziel, zu dem hin die Bewegung nur Wegstrecke ist, deren Qualität sich nach der Entfernung zu ihm bemißt. Und diese Qualität läßt sich nur am Bewußtsein der Aktivisten ablesen, ihrer Kenntnis vom Ziel, die sich in den richtigen Parolen äußert. Das Bewußtsein wird zur moralischen Größe, zum perspektivischen Sollen, das alle weiteren Schritte bestimmt. Aber diese Schritte sind nicht mehr die wilde Gangart im Lauf einer Bewegung, sondern der einsame Marschtritt eines verlorenen Revolutionskommandos, das nur für sich allein

die Distanz zum Antrieb des Tuns in ihrer ideologisch gestärkten Identität unsichtbar hält.

Die Dynamik der Bewegung – und nur als Dynamik ist die Bewegung – kann keiner Perspektive unterliegen. Nicht aus einer Zukunftsorientierung, sondern aus der Ekstase der Gegenwart schöpft sie ihre Kraft. Diese Kraft erschöpft sich, wenn ihr eine Orientierung an einem erst in der Zukunft einholbaren Sinn gegeben wird.

In den Augenblicken der Präsenz geschieht alles fraglos. In dieser Fraglosigkeit liegt ihr Sinn. Das eigene Tun wird zur Selbstverständlichkeit, indem es durch Andere zur Wirklichkeit wird. Aber diese Augenblicke verschwinden. Sie werden vergängliche Augenblicke gewesen sein, deren Dauer nicht mehr ins Gewicht fällt – oder aber der Ausgangspunkt einer eigenen Zeit, die sich über Symbole entfaltet, in denen der Sinn des Augenblicks erhalten wird. Mit den Symbolen wird nicht nur die Zeit zwischen den Ereignissen überbrückt, sondern auch die Distanz, die das System der Massenkommunikation zu den Anderen errichtet hat. Die Überwindung der Trennung geschieht dabei nicht als Vereinheitlichung von Individuen, sondern als sich austauschende Vielheit, in der die Bewegten ein heterogenes Gemisch bleiben, zu dem Auseinandersetzung und Streit genauso gut gehören wie die Erlebnisse ekstatischen Zusammenströmens. Dieser Austausch bleibt solange Gemeinsamkeit, wie durch ihn die Bedeutung der Ereignisse in ihrem undefinierbaren Schillern erhalten wird. Aber diese Gemeinsamkeit steht immer auf der Kippe. Stets droht die Spaltung zwischen Dogmaten und Reformaten, die mit ihren lauthalsen Richtungskämpfen die Undefinierbaren zu übertönen drohen; und zwischen ihnen und jener dritten Größe, die vielleicht als die eigentliche Größe jeder Bewegung anzusehen ist: der Ironie.

Der ernste Blick des politischen Anspruchs brandmarkt sie als zynisches Gelächter, das sich neben die Tat stellt, um auch Andere von ihr abzuhalten. Er fühlt sich zurecht attackiert. Aber die Ironie, die aus der Berliner Bewegungszeitung *radikal* nicht wegzudenken war, entwertet nicht Aktionen als solche, sondern ihren ideologischen Ballast, um ihrer Auszehrung entgegenzuwirken, die sie unvermeidlich befällt, wenn ihr Sinn aus dem Hier und Jetzt vertrie-

Maskenspiele

Ein Blick dringt im Normalltag hinter den Schleier der Masken, die über einem Abgrund tanzen. Er sieht Wesen, die nirgendwo zuhause sind. Oder sind es Un-Wesen? Wie kamen sie hierher? All ihr Gebaren bleibt ihnen selbst äußerlich, zumindest von außen betrachtet.

War es je anders? Vielleicht nicht, aber der substanzlose Darsteller war in anderen Zeiten nicht in das Reich der Möglichkeiten versetzt, so daß ihm und den Anderen alles noch selbstverständlich gelten konnte, was Szene war. In Bewegungen wird nicht das Eigentliche des MENSCHEN befreit, wie es Hippiephilosophen geglaubt haben mögen. Es wird eine Szene geschaffen; eine Szene, die keine Bühne ist, weil sie nicht für Zuschauer errichtet ist, sondern für Akteure, die unter Masken schlüpfen. Hinter ihnen werden sie zu den Rollen, die sie aufführen. Diese Szene fand in der Besetzerbewegung überall statt, wo ihre Zeichen auftauchten. Das konnte mitten auf der Straße, inmitten der anonymen Masse sein, wo sich die Bewegten an ihren Gesten, Kleidern oder sonst etwas erkannten, selbst wenn sie nicht im tierischen Schwarz auftraten. Diese Szene lebte auch auf dem Besetzerrat, der sich nie in der Funktion des Aktionsgremiums erschöpfte, sondern immer auch Forum der Blicke, der erotischen Anziehung und der Aufführung prestigeträchtiger Extravaganzen war.

In dieser Szene war die individuelle Herkunft in einem Spiel neuer Bedeutungen untergetaucht, das von tausend Eigenarten getragen wurde. Es gab Verrückte, die der Anstalt, und Intellektuelle, die der Ratio entkamen. Die Sprachspiele einer Bewegung überbrücken den Abgrund, der die gähnende Leere zwischen den Individuen ist. Sie ist ein Maskenspiel, kein Prozeß der Wahrheitsfindung.

ben wird. Die Ironie geht wortreich auf Distanz zu jeder Perspektive, aber sie tut es, um in der Präsenz wieder zu sich selbst kommen zu können. Ist das Lachen des Augenblicks verklungen, so bleibt ihr nur das Lächeln. Das Lächeln über das Opfer des Selbst, das die bodenständige Vernunft des Reformismus mit ihren realpolitischen Erwägungen zur Sicherung des Erreichten fordert; und über jene Identität, die Einzelne in Gruppen aus einer politischen Perspektive ziehen, welche aber das Opfer des Zusammenhangs mit denen fordert, die sich nicht auf Linie bringen lassen, letztlich das Opfer jedes symbolischen Zusammenhangs zugunsten einer imaginären Politik. Die Ironie dient der Bewegung, indem sie ihre Symbole im Fluß hält. Es bedarf eines ständigen Entwertens, um umwerten zu können – damit es weitergeht. Symbole sind wertvoll, aber die Werte können keine Leitsterne an einem ewigen Ideenhimmel sein, sondern nur Schrittsteine für die Bewegung des Symbolischen. Sie dürfen nicht zu Schollen der Realitätstüchtigkeit werden, schließlich geht es um eine andere Wirklichkeit, die nicht ohne ein Spiel mit Bedeutungen geschaffen werden kann.

Es bleibt ein gefährliches Spiel, was die Ironie treibt. Es hängt von ihrem Feingefühl – und vom Humor der Anderen – ab, ob sie nicht selbst zum Faktor der Spaltung wird, deren Protagonisten sie bekämpft. Wenn sie sich selbst allzu ernst nimmt, droht ihr eigener Grund, die Begeisterung für den Augenblick, in einer zur Haltung werdenden Distanz der Skepsis zu ersticken. Die Ironie der Bewegung ist nur dann auf der Höhe ihrer selbst, wenn sie identitätslos bleibt, um im rechten Moment im Präsenz-Geschehen aufgehen zu können.

Die Bewegung ist identitätslos, denn sie hat kein Ziel, an dem sie im Verlauf ihrer Zeit festhielte. Im Wechsel ihrer Ausdrucksformen und Gestalten hält sich kein Wesen durch, sie ist die Verkörperung eines Un-Wesens. Schon morgen kann der Zeit-Geist andere Symbole zu seiner Verkörperung verlangen als heute.

Ohne diese Symbole gibt es keinen Zusammenhang der Akteure und damit keine Bewegung, keine wirksamen Aktionen, nur die in der Ohnmacht gefesselte existenzielle Radikalität. Da Symbole keine Substitute sind, sondern aus existenziellem Antrieb in direkter Aktion geschaffen werden, sind sie die Sache selbst, um die es geht, hier und jetzt. Aber eben diese Sache kann an kollektiver Bedeutsamkeit verlieren, und dann wird das Festhalten an ihr mittels eines Ziels zum fetischistischen Kleben an einer Vergangenheit. Die Sache selbst ist eben nie die Ursache des Handelns. Die Ur-Sache der Bewegung ist die Kollektivität, der immaterielle Geist der Bewegung, der aber nur durch seine je adäquaten Symbole existiert, den es also vor seiner Wirkung, nämlich seiner Verkörperung durch Bewegungs-Akteure, gar nicht gibt.

Die bewegte Gestalt der Symbole läßt die Bewegten sich an keine Schollen binden, auf denen sie sich ihren Ruhesitz erbauen könnten. Die Bewegung bleibt von dem, was sich außerhalb ihrer abspielt, nicht unbehelligt, die Macht der Allgemeinheit macht sich als Faktum der Gewalt geltend. Und die Bewegung läßt den Zeit-Raum der Macht nicht unbehelligt, denn sie spielt sich als Einbrechen in ihn ab. Als nomadisierende Grenzgänger vagieren die Bewegten zwischen zwei Wirklichkeiten, immer wieder aus ihrer, der symbolischen, in die imaginäre hervorbrechend, um sich der Verortung zu entziehen, mit der sie wieder im Nichts der Masse aufgelöst werden sollen.

Ihr Auftauchen geschieht plötzlich, unerwartet. Jede ihrer Aktionen ist ein solches Auftauchen. Nach unbestimmter Zeit verschwinden sie wieder im Spiel der Bewegung, die selbst nur ein solches Auftauchen und wieder Verschwinden ist. Nicht umsonst war die schwarze Motorradmütze ein Symbol der 80er Bewegung, denn das Auftreten der Akteure geschieht unter Masken. Die Bewegung ist ein Maskenspiel.

Wird ein und dieselbe Maske immer wieder benützt, um die im Systemsinne schuldhafte Identität zu verbergen, so wird sie damit zum Erkennungszeichen für die andere Seite, die mit Vermummungsverbot reagiert. Die Maske darf daher erst im günstigen Augenblick sichtbar werden und muß bis dahin verborgen bleiben, als maskierte Maske, die sich in das anonyme Treiben der Masse mischt, um unvermutet aus ihr aufzutauchen. Die Nomaden nutzen die allgemeine Mobilität aus, das System des Nirgendwo, um möglichst schnell hier und dort zu sein. Nach einer Aktion in den U-Bahn-Schächten verschwinden, die Spuren in der Anonymität verwischen, vielleicht woanders auftauchen, vielleicht auch nicht. Die Verkehrsmittel des Systems wirken dabei wie unsichtbare Röhren des Präsenzraumes, der überall aus ihnen hervorschießen kann. Wie alle anderen Kulturtechniken und -technologien werden sie dabei nicht als neutrales Medium im Sinne der Ideologie von den Produktivkräften, die man sich irgendwann aneignen müßte, gebraucht; jederzeit kann ihre Lahmlegung angesagt sein. Man hat Zeitungen gemacht, deren Schreibweise und Layout dem audio-visuellen Zeit-Raum der Bewegung Rechnung trug, ohne deshalb das geschriebene Wort zum Wert an sich aufzublasen, wie es die Alphabetisierungsimperialisten tun. Es kann Zeiten geben, in denen es nichts mehr zu schreiben gibt. Beschleunigung und Verlangsamung bis zur Außerkraftsetzung sind wie Pogo und Phlegmatismus der Punks beliebige Geschwindigkeiten auf dem Weg in die Präsenz. Mitunter bedeutet das eine sogar das andere: informelle mündliche Kanäle der Bewegung können zu schnellerer Mobilisierung führen als ein elektroni-

Katastrophenkultur

Die Angst vor der Katastrophe breitet sich aus, nicht nur in amerikanischen Horrorfilmen. Wird eine blinde oder gar bösartige Natur, ein Weißer Hai, für sie verantwortlich gemacht, sagt die Kultur etwas über ihren Stand aus. Denn die Gewalt der Natur hat sich die Zivilisation selbst zuzuschreiben. Schon Rousseau konnte gegen Voltaires Entsetzen über die zigtausend Opfer des Erdbebens von Lissabon im Jahre 1755 einwenden, daß nicht so viele Menschen von den einstürzenden Bauten erschlagen worden wären, wenn sie sich nicht zuvor derart in einer Steinwelt massiert hätten. Die kulturelle Lebensweise entscheidet über die Auswirkungen von Naturereignissen.

sches oder Funk-Informationssystem des Staatsapparats, das, um handeln zu können, erst noch eine Instanz braucht, die auswertet und Anweisungen erteilt.

Die Andersheit zum System, die in den wechselnden Gestalten des symbolischen Zusammenhangs gründet, tritt in einem Maskenspiel auf, in dem sie sich kenntlich macht und wieder verbirgt, wobei dieses Verbergen dem Überraschungseffekt ihres Erscheinens dient. Aber sie kann auch bis zur Ununterscheidbarkeit Züge des Systems in ihrer Gestalt adaptieren. Die stillschweigende Parole des durchgedrehten Fortschrittsglaubens „Schneller leben!" fand sich als Graffiti im Umkreis der Bewegung wieder. Man konnte sie kritisch lesen als Brandmarkung eines sinnlosen Systemprinzips; oder parodistisch als die scheinbare Identifikation mit einer Losung, deren gespielte Konsequenz sie lächerlich machen sollte. So wurde bei Jubel-Paraden anläßlich von Militäraufmärschen eine simulierte Kriegsbegeisterung als Spielform der antimilitaristischen Demonstration eingesetzt. Beide Lesarten, die kritische wie die parodistische, bleiben auf Distanz zum Passwort der Zeit „Schneller leben!". Seine Übernahme als Graffiti bedeutete etwas anderes: sie war Ausdruck einer Besessenheit von der Geschwindigkeit des Systems, dessen Beschleunigung ins Ungewisse führt. Je höher die Geschwindigkeit, desto unvermittelter der Aufprall. Das System selbst provoziert die Kategorie der Plötzlichkeit, das wie aus einer anderen Zeit kommende Dazwischentreten von Unvorhergesehenem in die Zeit der Realisierung von Plänen, die Katastrophe. Schon der Autounfall hat etwas von dieser Plötzlichkeit. Systeme, die sich der Lichtgeschwindigkeit nähern, wie die elektronischen, steigern diesen katastrophischen Effekt, der durch kleinste Unwägbarkeiten hervorgerufen werden kann.

Im Tempo des Punk-Rock steckte diese Besessenheit von der Systemgeschwindigkeit, mit deren weiterer Beschleunigung der katastrophische Effekt beschworen wird. Schließlich ist die ganze Bewegung eine soziale Katastrophe. Wie ein Taifun bricht sie ins System. So als ob es zu dessen Zusammenprall mit einer höheren Energieform gekommen wäre, die das elektronische Universum der Lichtgeschwindigkeit beschleunigt. Der bewegte Zeit-Raum spielt

sich jenseits der medialen Omnipräsenz ab, durch deren Ordnung er plötzlich, wie durch magische Kräfte herbeigerufen, wirbelt.
Die Katastrophe ist ein Ereignis, bei dem Raum und Zeit, die in der medialen Welt verflüchtigt waren, wieder im Augenblick zusammentreffen; einem Augenblick des Schreckens, dessen Ausgang ungewiß ist. In ihm kann es zur potenzierten Gewalt im Namen der Allgemeinheit kommen – oder aber das Chaos des disfunktionalisierten Systems findet ein kollektives Maß. Die Katastrophe kann kein Ziel sein, aber ihr Ereignischarakter fasziniert eine Bewegung, die nichts zu verlieren hat, weil sie auf keine Zukunft baut.

Autonomie

Die Zeichen der Macht, über die die Vergesellschaftung im System abläuft, haben für die Bewegung keine Gültigkeit mehr. Mit der symbolisch zusammengehaltenen Kollektivität ist eine andere, eine systemfeindliche Form des Sozialen entstanden, die nicht mehr in der Trägheit der Masse endet. Die Beteiligten haben das Feld der Repräsentation verlassen, sie präsentieren sich auch nicht in vorprogrammierten Leerstellen als Mitmach-Zuschauer, sondern sie handeln als Akteure in einem Präsenz-Geschehen, dessen Raum und Zeit sie schaffen. Was bei Einzelnen Glaube an eine offiziell nicht gültige Bedeutsamkeit bliebe, wird ihnen dabei durch gemeinsame Taten von den Anderen als Wirklichkeit zurückgespielt. Die Welt bekommt ein neues Gesicht.
Es wird aus dem Plunder der offiziellen Realität geformt, der, einmal aus seinen Sinnhülsen ausgepackt, in tausend Stücke zerfallen überall herumliegt. Das Ernste wird komisch und das Nichtige in einer neuen Bedeutsamkeit vernichtet. Die Bewegung ist ein riesiger Entwerter der Konventionen, die durch ihre massenmediale Verbreitung als objektive Zusammenhänge präsentiert wurden – und sie ist der große Umwerter, der neu verknüpft, was ihm gefällt. Noch die durch die Waren angepriesenen Slogans finden Verwendung: was man nicht alles unter Freiheit und Abenteuer verstehen kann; oder dem Echten, für das es keinen Ersatz gibt; oder darunter, das Leben live zu erleben.

Das, was offiziell Realität genannt wird, löst sich auf, gerät in Bewegung. „Chaoten!“, schreien die Medien. Für die Bewegten ist es der erste Akt ihrer Autonomie, dieser Fremdbezeichnung gerecht zu werden. Die oberflächliche Illusion, daß es eine eherne Ordnung der Dinge gebe, wird zerstört, Chaos geschaffen, um in den Scherben der alten Welt zu stöbern und neue Konstellationen der Fragmente auszuprobieren. Auf Sinnmuster und Werte, die zum Bestand des Systems gehören, wird dabei bestenfalls ironisch zurückgegriffen.

Zerstörung und Neuverknüpfung gehen Hand in Hand, meistens geschieht das eine durch das andere in ein und demselben Akt. Als ihrerzeit die Yippies vor der New Yorker Börse öffentlich Geld verbrannten, setzten sie ein nicht vom ökonomischen Kalkül diktiertes Leben als Wert, indem sie einen Tausch-Wert vernichteten. Sie taten es mittels des Feuers, das den Normalbürgern als Element einer niederträchtigen und verabscheuenswürdigen Zerstörung erscheinen mußte, für sie selbst aber Element der begeisterten Neuschöpfung war. Eine Bewegung setzt ihre eigenen Werte, und sie setzt sie durch ihr Tun. Werte selbst schaffen heißt, sie nicht vor einem fremden Wertmaßstab zu begründen, es gilt das Recht der Tat, wobei das Recht zur überflüssigen Verdoppelung des Tuns wird und weggekürzt werden kann.

Eine Bewegung ist eine Verkettung von Taten, aber kein Täter-Subjekt, zu dessen Bestimmung eine planende Absicht gehören würde. Die einzelnen Bewegten sind auch keine individuell verantwortlichen Täter, sondern Akteure, in deren kollektivem Zusammenspiel erst die Tat entsteht.

Die 68er versuchten noch, ihre Gesetzesübertretungen mit einem moralischen Recht zu begründen, dessen Werte sie auch bei den anonymen Anderen als gültig unterstellten. Sie standen in der Tradition der Kritik, die sich immer mit herrschenden Werten, die die Herrschenden nicht eingelöst hatten (Freiheit, Gleichheit, Brüderlichkeit) rechtfertigen wollte. Aber je zynischer sich das Selbstbewußtsein der Macht gab, desto mehr wurden diese Werte aus dem Umlauf gezogen und mußten von seiten der Kritik immer tiefer in einer kontrafaktischen Hinterwelt angesiedelt werden, bis sie sich im Imaginären einer an-sich-seienden Substanz auflösten; im guten und friedlichen Wesen des MENSCHEN, wenn er erst seine entfremdende Charaktermaske hat ablegen dürfen; oder in der Vernunft, wenn sie erst von ihren ideologischen Verzerrungen gereinigt sein würde. Die 68er hatten moralische Werte der Generationen vor ihnen geerbt, aber der Versuch, sie einzulösen, blieb vergeblich, am Ende war das Erbe nichts als die Hypothek eines schlechten Gewissens. Die 68er rechtfertigten sich nur noch vor sich selbst, allerdings vor einem Selbst, dessen Werte noch fremde Andere geprägt hatten.

Die Anarchie des Augenblicks rechtfertigt sich nicht. Doch in jeder Bewegung tauchen jene auf, die taktische Rechtfertigungen vor dem bzw. für das Bewußtsein der Massen verlangen. Sie operieren auf einem der Bewegung fremden Terrain. Taktik bedeutet Kalkül, und als solches ist sie der Bewegung bereits suspekt. Doch jene Strömungen drängen sie aus einer strategischen revolutionären Konzeption heraus immer wieder zum Taktieren.

Als List kann Taktik in einem gewissen Sinn tatsächlich zum Repertoire einer Bewegung gehören, doch nur, wenn sie sich dabei selbst überlistet. Zu Anfang der 80er-Bewegung hat es in Berlin die Forderung nach Legalisierung von Besetzungen leerstehender Häuser

gegeben, obwohl es damals bereits „legal-illegal-scheißegal" hieß. Diese Forderung war zum Teil Relikten legalistischen Denkens, zum Teil dem noch werbenden Blick auf das (nur vermeintlich?) legalistische Bewußtsein der Massen geschuldet. Daß sie einen Schutz dargestellt haben, ist unwahrscheinlich, der bestand eher in den steppenbrandartigen Gesetzesübertretungen; aber hypothetische Fragen beantwortet die Vergangenheit nicht. Wie auch immer, mit wachsendem Selbstbewußtsein der Bewegung war klar, daß es nicht um bessere Gesetze gehen konnte, und jene Forderung wurde als unzeitgemäße Maske abgelegt. Im nachhinein war die Forderung nur eine List gewesen, noch mehr Leute zu Aktionen, die vom Standpunkt des Systems aus Gesetzesübertretungen waren, zu bewegen; eine Maske, die zu der Zeit, da sie getragen wurde, allerdings eine authentische Äußerung der Bewegung war.
Eine Bewegung hat kein Identität verbürgendes Wesen. Nicht nur deswegen gibt sie keinen guten Verhandlungspartner ab. Verhandlungspartner müssen sich auf ein gemeinsames Recht einigen können, doch der Staat wird das Herrschaftsrecht über das von ihm okkupierte Territorium nie aufgeben, während eine Bewegung nur

mit anderen gesellschaftlichen Segmenten von gleichem Status verhandeln könnte.
Mit Vertretern der Allgemeinheit zu verhandeln, heißt für eine Bewegung zu kapitulieren. Wenn ihre Kraft erlahmt, mögen einzelne Gruppen aus ihr es tun, sie können daraus eventuell persönliche Vorteile ziehen. Aber solange sie im Aufschwung ist, wird eine Bewegung sich nicht von Reformisten auf Kurs bringen lassen. In Berlin wollten sie die Hausbesetzungen auf eine Frage des Wohnrechts reduzieren, das in konkreten Fällen über das Eigentumsrecht gestellt werden sollte. Als ob sich eine Bewegung über einen Mangel definieren (und damit entschuldigen) müßte, für dessen Behebung ein Gesetz zuständig sein sollte!
Es kann keinen Dialog mit der Macht geben. Das ist schade für die Liberalen, die gerne als vernunftbeflissene Vermittler auftreten würden. Aber ein Dialog hat immer mit Konsens zu tun: entweder er hat ihn zur Basis, auf der geredet wird; oder er wird in einem Zustand mißlicher Sprachverwirrung gesucht, dann hat er die Form des Metalogs. Doch wie soll ein gemeinsamer Boden zwischen den konfligierenden Rechten gefunden werden? Die Sprachverwirrung zwischen Bewegung und System ist kein behebbares Manko, sondern Ausdruck konfligierender Rechte, die gar keinen gemeinsamen Boden anstreben, nicht zuletzt deswegen, weil der Staat immer die Richterinstanz bleiben wird.

Die Bewegung ist ein kollektiver Zusammenhang beziehungsweise ein Zusammenhang von Kollektiven. Sie ist eine Vernetzung zahl-

reicher Segmente, die auf der Horizontale einer Dimension liegen, wobei durch diese Vernetzung eine vertikale Schichtung entsteht, die sich aber nicht institutionalisiert, um im Namen der größten Einheit von oben nach unten zu wirken. Jede Ebene gibt es nur in ihrer Aktualität und sie hat keine Machtbefugnisse nach unten. Weder das Kreuz noch die Pyramide haben eine Chance.
Konsensfähigkeit bleibt die Grenze der Dimension eines Segments. In der Besetzerbewegung 80/81 stellte jedes einzelne Haus ein Segment dar. Das Haus selbst zerfiel vielleicht wieder in noch kleinere Segmente. Ein Verbund mehrerer Häuser konnte als Blockrat entstehen. In den einzelnen Stadtteilen trafen sich Leute aus den dort besetzten Häusern zum Kiezbesetzerrat, und schließlich gab es den Gesamtbesetzerrat und sogenannte Vollversammlungen der Szene. Die Grenzen waren fließend, keiner kontrollierte, ob einer auch wirklich Besetzer war oder aus welchem Haus er kam. Es ging nicht um ein repräsentatives Delegiertensystem, kein Gremium hatte Sanktionsgewalt gegenüber kleineren Segmenten.
Die größeren Gremien entstehen, um in Zusammenhängen entscheidungsfähig zu sein, in denen nicht mehr jeder jeden kennt. Es kennt nicht mehr jeder jeden, zumindest nicht persönlich, aber die Einberufung solcher Zusammenkünfte bedarf keines formalisierten, institutionellen Rahmens, sie läuft informell. Während der Besetzerbewegung wurden Informationen von Haus zu Haus, über Kneipen, Telefonketten oder bekannte Treffpunkte weitergegeben. Innerhalb von wenigen Stunden konnten Versammlungen einberufen werden, von denen Aktionen ausgingen. Die Gremien definierten nicht die Größe des Zusammenhangs, sondern sie waren umgekehrt Ausdruck seiner Wirklichkeit.

Von außen läßt sich eine Bewegung nichts vorschreiben, nur die eigenen Werte können ihr Tun leiten. Sie entstehen durch dieses Tun selbst, das um die Gunst des Zeit-Geistes wirbt. Allein die Geist- und damit Begeisterungsfähigkeit der Bewegungsaktivitäten schützt diese vor einem Abdriften in Willkür und hält sie im kollektiven Konsens. Autonomie bedeutet nicht Willkür, sondern die Gültigkeit von Werten in dem Kollektiv, aus dem sie entstehen. Daß sie nur in

dem Kollektiv gelten, aus dem sie entstehen, unterstellt das Auftreten nach außen, in der Welt der Anderen, gewissen Regeln. In der 80er-Bewegung war es selbstverständlich, daß Schaufensterscheiben von Banken, Supermärkten oder ähnliches zerstört werden, nicht aber von Tante Emma-Läden. Sofern letzteres doch vorkam, wurde den betreffenden Leuten klargemacht, daß so was nicht geht. Aber es war keine Instanz, die Verantwortliche zur Rechenschaft zog, sondern ein Ethos, mit dem die Bewegungsfähigkeit einzelner Aktivitäten und der mit ihnen gesetzten Werte reguliert wurde.
Das Ethos hält in den Einzelnen die Gültigkeiten fest, die sich im Kollektiv eingespielt haben. Es hat keine feste Gestalt, sondern offene Ränder, es besteht nicht aus ein-für-alle-Male bestimmten Inhalten, die sich nicht immer wieder einspielen müßten. Es verändert sich mit der Bewegung. Was zu einer Zeit noch provozierend war, ist zu einer anderen bereits selbstverständlich oder auch überholt, und umgekehrt.
Das Ethos läßt sich weder in einer Instanz verorten noch wirkt es als moralischer Leitstern, der den Bewegten mit der Vorbildfunktion des Ideals ihren Weg leuchtete. Es ist kein Instrument einer neuen Normierung, mit der Vorschriften aufgestellt werden sollen, es läßt sich inhaltlich gar nicht über die Zeit hinweg fixieren. Aber es ist Ausdruck davon, daß eine kollektive Bewegung nicht die Summe willkürlicher Aktivitäten ist, sondern auf symbolischen Übereinkünften beruht. Der aufklärerische Traum, daß dialektisch, anthropologisch oder sonstwie begründet verbindliche Normen menschlichen Handelns aufgefunden werden können, ist vorbei. Allein die Form des Sozialen entscheidet über die Spielregen, zu denen es kommt. Jenseits davon ist Nichts, zumindest nichts Verbindliches.
Das Ethos kann zu bestimmten Taten motivieren, aber es stellt in keinem Fall einen Zwang für irgend jemand dar, sich an etwas zu beteiligen. Autonomie bedeutet auch immer Autonomie der Einzelnen. Es hat auf Besetzerräten, wie bei den Ratsversammlungen der Indianer, keine einzige Abstimmung gegeben. Sobald eine Mehrheit über eine Minderheit Recht erlangt, wird damit die Rechnung aufgemacht, in der die Einzelnen nur noch als soziale Atome zählen, um summiert werden zu können. Das Gesetz der Zahl regiert und

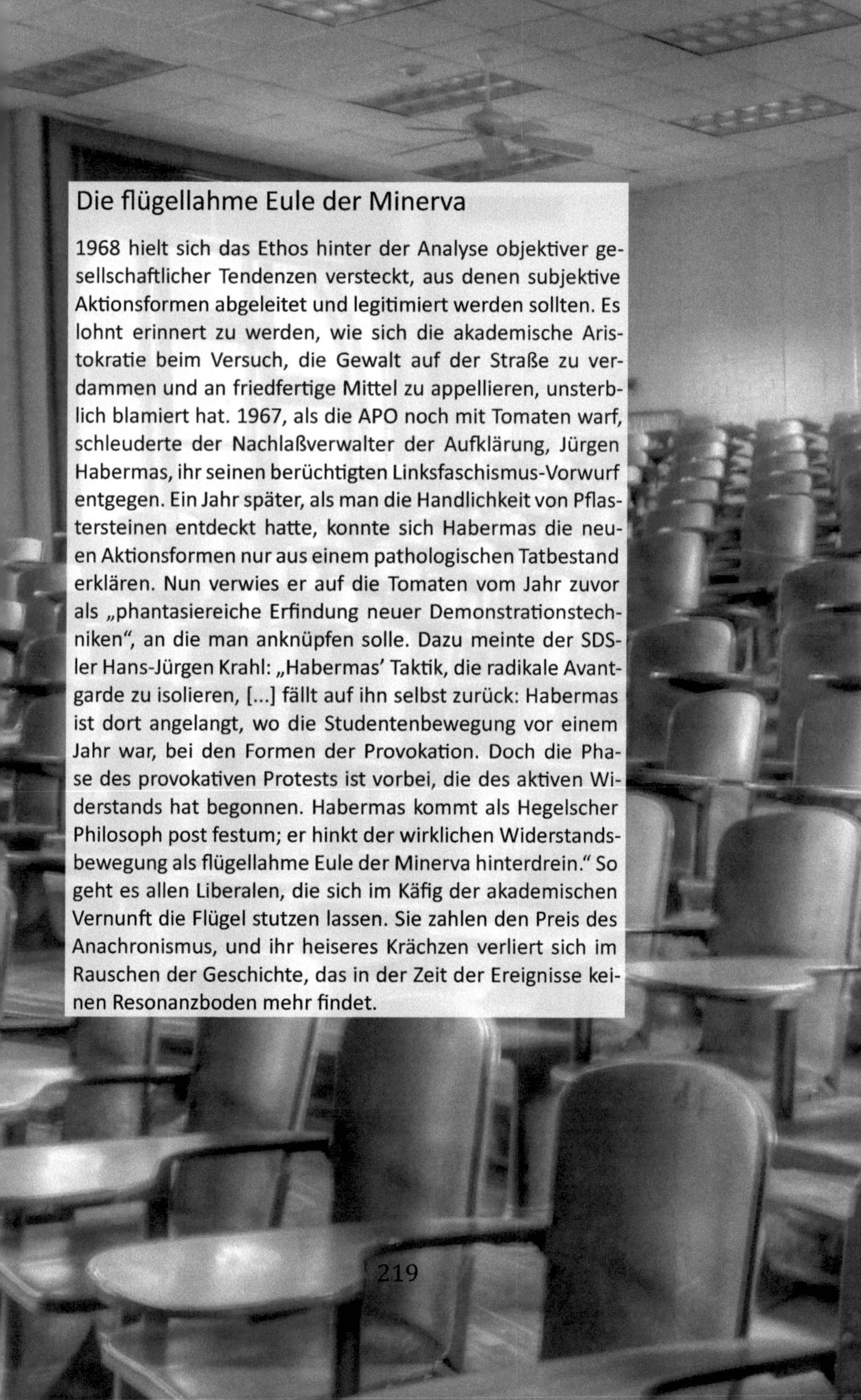

Die flügellahme Eule der Minerva

1968 hielt sich das Ethos hinter der Analyse objektiver gesellschaftlicher Tendenzen versteckt, aus denen subjektive Aktionsformen abgeleitet und legitimiert werden sollten. Es lohnt erinnert zu werden, wie sich die akademische Aristokratie beim Versuch, die Gewalt auf der Straße zu verdammen und an friedfertige Mittel zu appellieren, unsterblich blamiert hat. 1967, als die APO noch mit Tomaten warf, schleuderte der Nachlaßverwalter der Aufklärung, Jürgen Habermas, ihr seinen berüchtigten Linksfaschismus-Vorwurf entgegen. Ein Jahr später, als man die Handlichkeit von Pflastersteinen entdeckt hatte, konnte sich Habermas die neuen Aktionsformen nur aus einem pathologischen Tatbestand erklären. Nun verwies er auf die Tomaten vom Jahr zuvor als „phantasiereiche Erfindung neuer Demonstrationstechniken", an die man anknüpfen solle. Dazu meinte der SDSler Hans-Jürgen Krahl: „Habermas' Taktik, die radikale Avantgarde zu isolieren, [...] fällt auf ihn selbst zurück: Habermas ist dort angelangt, wo die Studentenbewegung vor einem Jahr war, bei den Formen der Provokation. Doch die Phase des provokativen Protests ist vorbei, die des aktiven Widerstands hat begonnen. Habermas kommt als Hegelscher Philosoph post festum; er hinkt der wirklichen Widerstandsbewegung als flügellahme Eule der Minerva hinterdrein." So geht es allen Liberalen, die sich im Käfig der akademischen Vernunft die Flügel stutzen lassen. Sie zahlen den Preis des Anachronismus, und ihr heiseres Krächzen verliert sich im Rauschen der Geschichte, das in der Zeit der Ereignisse keinen Resonanzboden mehr findet.

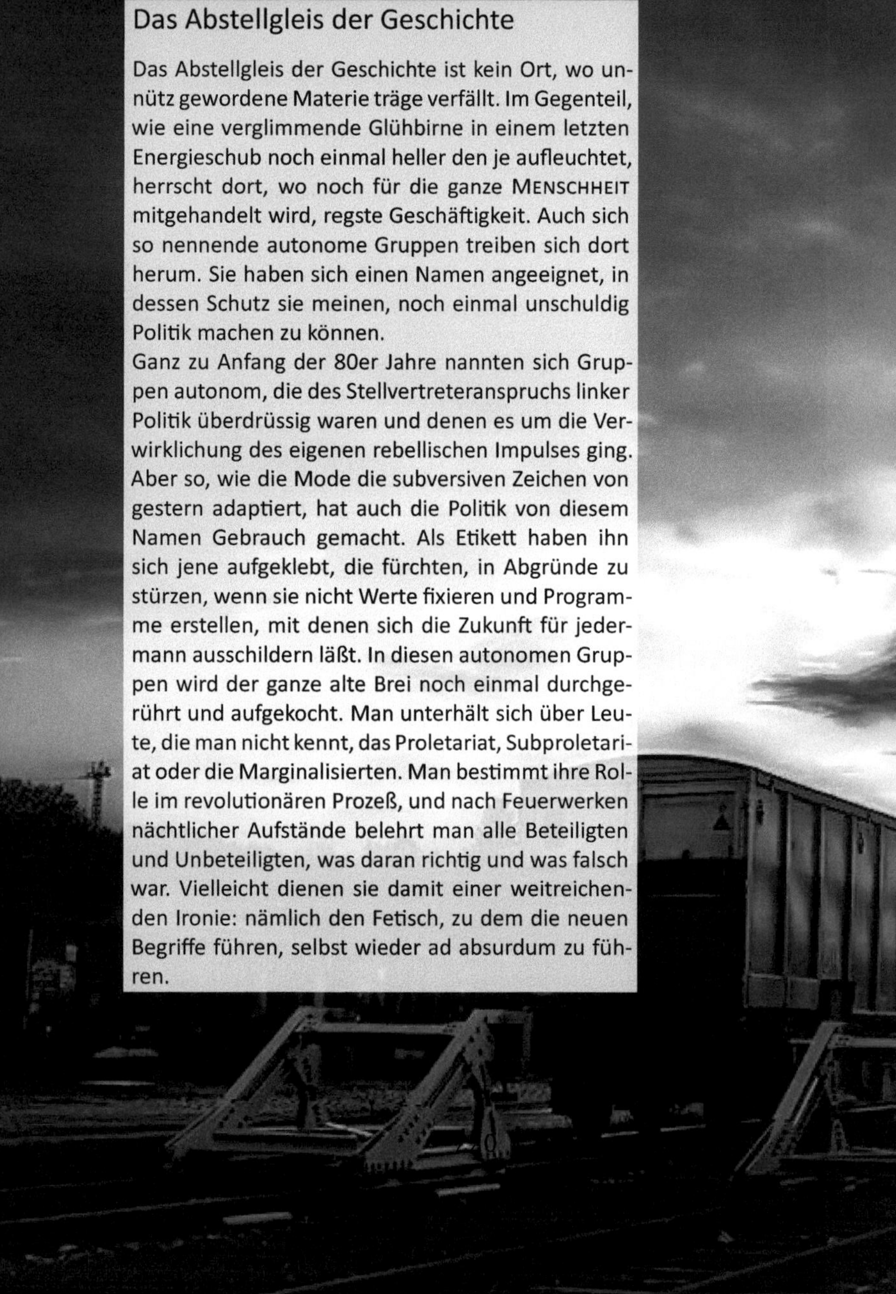

Das Abstellgleis der Geschichte

Das Abstellgleis der Geschichte ist kein Ort, wo unnütz gewordene Materie träge verfällt. Im Gegenteil, wie eine verglimmende Glühbirne in einem letzten Energieschub noch einmal heller den je aufleuchtet, herrscht dort, wo noch für die ganze MENSCHHEIT mitgehandelt wird, regste Geschäftigkeit. Auch sich so nennende autonome Gruppen treiben sich dort herum. Sie haben sich einen Namen angeeignet, in dessen Schutz sie meinen, noch einmal unschuldig Politik machen zu können.

Ganz zu Anfang der 80er Jahre nannten sich Gruppen autonom, die des Stellvertreteranspruchs linker Politik überdrüssig waren und denen es um die Verwirklichung des eigenen rebellischen Impulses ging. Aber so, wie die Mode die subversiven Zeichen von gestern adaptiert, hat auch die Politik von diesem Namen Gebrauch gemacht. Als Etikett haben ihn sich jene aufgeklebt, die fürchten, in Abgründe zu stürzen, wenn sie nicht Werte fixieren und Programme erstellen, mit denen sich die Zukunft für jedermann ausschildern läßt. In diesen autonomen Gruppen wird der ganze alte Brei noch einmal durchgerührt und aufgekocht. Man unterhält sich über Leute, die man nicht kennt, das Proletariat, Subproletariat oder die Marginalisierten. Man bestimmt ihre Rolle im revolutionären Prozeß, und nach Feuerwerken nächtlicher Aufstände belehrt man alle Beteiligten und Unbeteiligten, was daran richtig und was falsch war. Vielleicht dienen sie damit einer weitreichenden Ironie: nämlich den Fetisch, zu dem die neuen Begriffe führen, selbst wieder ad absurdum zu führen.

fordert die Unterwerfung im gemeinsamen Interesse, das schon die Krebszelle der neu-alten Allgemeinheit ist.
Bewegungen haben daher auch nichts mehr mit dem Sowjet-Modell zu tun, das auf dem imperativen Mandat seiner Delegierten beruht und bei dem sich die Basis den Mehrheitsentscheidungen des hohen Rats zu fügen hat. Dieses Modell übernimmt die systemhaft vorgegebene Dimension der Gesellschaft, die nur als repräsentative zur Ganzheit gelangen kann, um dann dem Diktat der mit ihr gesetzten Sachzwänge zu folgen. Es führt immer zur Ausbildung von Machtzentren und der Repression von Minderheiten.
Läßt sich in einer Bewegung kein Konsens erreichen, so müssen sich aus ihr heraus autonome Segmente bilden, die für sich, ohne den Kontext der anderen, handeln. Eine Bewegung kennt keine Sanktionen gegenüber denen, die sich von ihr lösen.

GOSUB

Seit der Mitte dieses Jahrhunderts läuft ein Schnitt durch die Generationen der westlichen Welt, der sich nicht mehr kitten lassen wird. In einer Zeit der beschleunigten Entwertung des Alters haben sich immer wieder Teile der Jugend von ihrer gesellschaftlichen Zweckbestimmung losgesagt, um einen subkulturellen Pakt gegen das bestehende Wertgefüge zu schließen.
Sub-Kultur ist nicht jede x-beliebige Szene, in der man die gleiche Musik hört, ähnliche Frisuren trägt, denselben Klamottenstil bevorzugt, sich ein paar gemeinsame Ausdrücke aneignet und sich um die gestische Überbietung der Gleichgesinnten bemüht. Sub-Kultur ist Kultur von Subs. Wer am Feierabend voll ist und den Rest der Zeit hohl, ist selbst schuld. So die Meinung der Subs. Sie gehen deshalb aufs Ganze. Das Risiko ist gleich Null, denn man verspielt nichts weiter als die gesellschaftliche Anerkennung, also nichts.
Die Subs haben keine Angst vor Ausgrenzung. Im Gegenteil, sie praktizieren sie. Sie grenzen alles aus, was im Normalltag mitmarschiert. Bürger oder Sub, das ist die neue Scheidelinie, die durch das System läuft. Der Bürger erkennt sie in der maßlosen Provoka-

tion, die die Subs in der Öffentlichkeit darstellen, die Subs erkennen sie am erbosten Blick des Bürgers.
Als die erschreckend fremde und rätselhafte Außenseite des Punk sichtbar wurde, jene seiner Erkennungszeichen also, die als seine Grenzen zum Normalltag in diesen hineinragten, haben die Medien die Scheinheiligkeit oder Geistesarmut besessen, ihn als reaktionär und faschistisch zu verteufeln. Ein paar Aufnahmen von Punks, die sich Hakenkreuze auf T-Shirts und Lederjacken gepinselt hatten, dienten als Beweisstücke. Ein leichtes Gruseln kroch den TV-Bürgern den Nacken hoch. Die Reaktion der Subs darauf war ein hämisches Lachen. Das ist die Art, wie sie den Kampf der Paradigmen ausfechten, denn um einen solchen geht es. Die Subs lassen sich nicht auf die Ebene herab, auf der die offizielle Journaille und die ernstzunehmende Linke mit dem Seziermesser abgewetzter Begriffe herumfuchteln, sie bilden keine diskursfähige Opposition. So waren auch die Hakenkreuze genausowenig wie die RAF-Embleme, die sich auf ähnlichen oder gar denselben Jacken fanden, Ausdruck einer politischen Gesinnung, sondern schlicht und einfach das Böse für den Blick des Bürgers. Jenseits der politischen Kategorien, jenseits der simulierten Oppositionen, war sein Name Punk. Was die Punks und was die Bürger damit verbanden, mußte nicht einmal eine gemeinsame Schnittmenge haben.

Der Moment, da Odysseus sich vom Mastbaum losriß und seine Ruderer sich das Wachs aus den Ohren pulten, um sich vom Gesang der Sirenen verführen zu lassen, war die Geburtsstunde der Sub-Kulturen. Im Gesang der Sirenen lockt wahrscheinlich nicht so sehr die gesellschaftlich verbotene Rückkehr zur Natur, wie Adorno und Horkheimer meinten, die den Kulturbegriff für sein bürgerliches Verständnis reserviert halten wollten. Es lockt eine Kulturform, in deren Riten das symbolische Zusammenströmen der Einzelnen zum Kollektiv stattfindet. Homers Odysseus war nur ein Einzelfall, allerdings einer von Vielen. Er steht für den Fall in die Vereinzelung. Diese wird in Sub-Kulturen zurückgenommen.

Sub-Kultur kehrt zur Quellform aller Kultur zurück: zum Kultischen. Sie hat nichts zu schaffen mit der Massenkultur, die an die Stelle traditionaler Volkskulturen gesetzt worden ist, und an der sich nur durch die Rolle des Konsumenten partizipieren läßt. Der ideale Konsument ist der, der sich noch selbst an der flüchtigen Wertsetzung der Produkte beteiligt, der Hitparaden mit seinen Musikwünschen bestückt, um sich dann glücklich zu schätzen, wenn er sich zu den Gewinnern zählen darf und es verstanden hat, in seiner eigenen Favorisierung den ebenfalls antizipierenden Geschmack der Mehrheit zu treffen. Sub-Kultur bringt auch keine Kunst hervor, in der jede Idee im Werk verstummt, um bestenfalls in innerlich begeisterten Individuen wieder aufzuleben. Selbst dort, wo es Ansammlungen von Kunstanhängern gibt, im Theater oder im Konzert, den dem Kultischen am nächsten stehenden Kunstformen, bleiben diese die Summe einzelner Zuschauer, denen nur die konzentrierte Ausrichtung des eigenen Blicks aufs Geschehen gemeinsam ist.

Sub-Kulturen spielen sich dagegen als kollektive Präsenz ab. Hier und jetzt schaffen sie Lebensformen, die sich mit den Verhaltenssteuerungen des Systems nicht vertragen. Sie brechen aus dem Bildschirm der Moderne aus, auf dem die Modelle generiert werden, die von den vereinzelten Individuen immer nur reproduziert werden können. In der Masse bleiben nicht nur die Anderen abwesend, sondern auch das eigene Selbst, das immer aussteht und nur im Märchen von der Zukunft Wirklichkeit hat. „No Future“ hieß der Schlachtruf der Punks, mit dem sie gegen die Regeln der imaginären Wirklichkeit antraten, um in einer zweifelsfreien Gegenwart anzukommen.

Zweifelsfrei ist die Gegenwart aber nur für Akteure, die sich gemeinsam den Rahmen ihres Wirklichkeitsspiels schaffen. Alle Kultur ist ein Rahmen des Spiels, aus dem Wirklichkeit gemacht wird. Sub-Kultur ist nicht nur ein anderer Rahmen, ein Spiel mit anderen Regeln, sondern sie bleibt auch immer das Spiel, in dem erst die Regeln des Spiels gefunden werden. Um auf diese Spielebene zu gelangen, müssen die Spielregeln des Systems durchbrochen werden. Musik ist das wichtigste Medium der Subs. Ihre Rhythmik, ihre Bewegungsimpulse und ihre Texte tragen die Message des Zeit-Geistes durchs Land. Aber diese Botschaft kommt nie in einzelnen Gehörgängen an, denn sie besteht in der Schaffung eines tausendgliedrigen Körpers. Jeder kann diese Musik hören, aber nur diejenigen werden ihre Botschaft verstehen, die Teil ihrer Aufführung werden. Indem sie eine direkte Situation herstellt, durchbricht subkulturelle Musik die Distanz der Anonymität und läßt eine Szene entstehen, in der jeder Akteur ist. Nur wenn sie live gespielt wird, kann sie die für den bürgerlichen Kulturbetrieb grundlegende Distanz zwischen Musiker und Publikum, aus der die Distanz der Leute im Publikum folgt, durchbrechen. In einem niemals reproduzierbaren, immer von der zu-fälligen Gunst des Augenblicks abhängigen Wechselspiel der Begeisterung treibt die Musik die Anwesenden dem Grenzwert der Ekstase zu, die, das erste Mal erlebt, wie eine Initiation wirken kann und für deren Erleben Außer-sich-sein und Bei-sich-selbst-sein umkehrbare Begriffe sind.

Wie bei einer segmentären Gesellschaft der die Dorf- oder Nomadengemeinschaften übergreifende Stamm nur Wirklichkeit hat, wenn er zu kriegerischen oder rituellen Anlässen aktualisiert wird, so bedarf auch die Sub-Kultur des Zusammenströmens ihres Körpers. Die verstreuten Glieder können sich in der Diaspora des Systems untereinander erkennen, sie sind symbolisch gekennzeichnet, aber immer wieder suchen sie den Zeit-Raum, bei dem sie zu einer eigenen Szene zusammentreffen.

Es waren schwarze Einflüsse, vor allem aus Amerika, durch die sich auch weiße Subkulturen Bahn brachen; wobei das Weiß im Kontext einer Sub-Kultur als Hautfarbe erlischt und zur Unbeschriebenheit der Blätter wird, auf denen sich die Textur des Zeit-Geistes einzeichnet. Die schwarze Kultur hat sich in der Diaspora als Gegenströmung zum weißen Mainstream durchgehalten, sie hat in ihrer Musik das Erbe einer oralen Tradition, die der Präsenz entspringt und immer wieder in ihr mündet, durch alle Stilentwicklungen bewahrt. Irgendwann haben auch Weiße wieder etwas von ihr verstehen gelernt.

Der Bebop, der den in Kansas City wieder mit Blues aufgeladenen Jazz auf urbane Geschwindigkeit beschleunigt hatte, wurde zur Botschaft, die auch von Weißen in Hunderten von Bars und Kellern aufgenommen werden konnte. Aber erst Elvis Presley markiert den Punkt, an dem der Funke übersprang und Weiße begannen, mit der Schaffung eigener Kulturen aus dem System der Väter auszuscheren. Elvis' Hüftkreisen ließ einst längst vergessene Körper aufleben, heute treibt dessen auf Platten gepreßte Stimme Punks den Schmalz aus den Ohren. Der Zeit-Geist ist ein flüchtiges und schwer verständliches Un-Wesen.

Der Rock'n Roll war nur der Anfang. Die Stile kommen und sie gehen, musikalisch ließen sie sich vielleicht als eine Entwicklungsgeschichte beschreiben. Aber sofern sie zum Medium einer Sub-Kultur werden, ist ihr Auftreten immer mit dem Moment einer radikalen Diskontinuität verbunden, die den zur Mode verkommenen Stil der Vorgänger nicht zuletzt durch einen neuen Körpereinsatz hinter sich läßt.

Die subkulturelle Musik der Weißen ist flüchtiger als die der Schwarzen, deren Entwicklung sich noch in einer Traditionslinie vollziehen kann. Back to the roots, sagen die Rastas. Nicht nur sie, auch avantgardistische Innovatoren im Jazz wie Archie Shepp verstanden ihre Musik als Eintauchen in die Quellen der schwarzen Kultur, weil sie sich auf das Überleben der oralen Kultur in den schwarzen Communities stützen können. Die Kollektivität ist für sie noch immer eine Wurzel, auch wenn es nicht mehr die eines Stammes von Blutsverwandten unter dem Zeichen von Totemtieren und Gottheiten ist. Die Metropolen der Modernität aber haben die weißen Massen vollständig entwurzelt. Was war, ist schon nur noch der Abfallhaufen der Modernität von gestern. *White Riot*, wie ihn die Clash in England auf dem Hintergrund von Aufständen in den schwarzen Communities besangen, verlangte eine eigene Sub-Kultur, befeuert durch eine Musik von gleicher Kraft, wie sie der Reggae auf die Schwarzen ausstrahlte. Eine Sub-Kultur ohne die Stütze einer Wurzel, deren Blüte sich in Form einer Utopie hätte ausmalen lassen. Punk war diese Sub-Kultur: ein Stamm ohne Wurzel, der verglühende Augenblick zwischen einer Vergangenheit, die nur toten Schutt angehäuft hatte und einer Zukunft, die längst als leere Trosthülse durchschaut war. Ohne Ziel und Projekt entstand in den Trümmern des Sinns eine Kraft, die roh, primitiv, barbarisch und destruktiv war. Aber nur diese Kraft war noch in der Lage, Kultur zu schaffen.

Man schimpft die Subs A-Soziale – und sie sind es, bezogen auf das Soziale des Systems. Gesellschaftliche Konventionen und Allgemeinheitsansprüche gelten ihnen nichts. Man sagt, sie ziehen die Werte in den Dreck. Sie aber sagen, sie ziehen sie *durch* den Dreck, das heißt sie schleifen sie dort herum, wo sie ihrer Ansicht nach bereits sind.

Durch ihre eigene Kultur scheren die Subs aus dem System der Anonymität aus, in dem die potentiell bedrohliche Fremdheit der Anderen verborgen bleibt. Dem Blick des Bürgers werden sie damit zu fremden, barbarischen Anderen, gegen die bei ihrem Auftreten eine feindselige Stimmung mobilisiert werden kann, mit dem sich die Bürger des Gefühls ihrer eigenen Zusammengehörigkeit versichern. Für sie gilt es, auch wenn der Narr als der Spiegel der Vergänglichkeit jeder Ordnung längst vergessen ist, eine existenzielle Verunsicherung abzuwehren, die auf Andere anziehend wirkt. Wie Jonny Rottens zerrissener, von Sicherheitsnadeln zusammengehaltener Anzug, wird der Ausdruck subkultureller Gemeinsamkeit für die Bürger zum Spiegel der Nichtigkeit ihrer Werte.

„Ernstfall, es ist schon längst so weit." Punk hat das Bild der Ordnung zerfetzt und eine Collage der Spiegelscherben erstellt, in der die Welt das Bersten ihres imaginären Sinngefüges betrachten durfte. Scherben mit scharfen Rändern, die sich als Fremdkörper in die Gesellschaftsorganisation des Systems schnitten. Zeit der Ratten, endlich war der gute Maulwurf eingeschlafen. Punk hat auch kein goldenes Kalb gegossen, das noch Jahre später als Milchkuh des Sinns hätte gemolken werden können. No Future, keine Utopien. Im urbanen Raum ist längst kein Platz mehr für positive Gehalte, wie sie die Hippies noch hochhielten. Aus der Besessenheit von der Rückseite der Dinge entstand die Kraft zur Kultur. Die Einstürzenden Neubauten ließen den Untergang tanzen, und sie waren zum Orakel geworden, als die Kongreßhalle in Berlin einstürzte.

Ob auf einer sonnenbeschienenen Parkwiese oder auf einer stinkenden Müllkippe, alles kann zum Ort einer Sub-Kultur werden. Die in Scherben geschlagenen Fragmente des perspektivischen Raums der Bürger werden am Körper getragen; ein mobiler Raum des Chaos aus tausend Körpern, die überall zur Sub-Szene zusammenfinden können.

Kultur ist nie nur das Zeichenensemble, durch das soziale Beziehungen geknüpft werden, sie stellt damit immer auch eine bestimmte Art des Naturverhältnisses her. Die Gesellschaftsutopien des Sozialismus waren, zumindest im Bann des Marxismus, geprägt vom fetischistischen Glauben an die Heilsmacht der Produktivkräfte. Ihre endgültige Entfesselung sollte das Antlitz der Natur des Menschen würdig machen. Aber keiner interessiert sich mehr für diese Möglichkeiten, deren Wirklichkeit längst eine definitiv andere Gestalt angenommen hat.
Die Hippies waren ihrerzeit auf der Suche nach mystischen, dem Fluch der Geschichte entzogenen Zugangsweisen zur Natur. Siddhartas Weg der Erleuchtung, der sich im enträtselten Geheimnis des Flusses vollendet. Die Natur gehört nie der Geschichte an, aber sie wurde ihr unterworfen und bis zur Unkenntlichkeit bearbeitet. Als Realität ist sie unter dem Zugriff moderner Technologie vorerst abhanden gekommen.
Die *res*, die einst die Grundlage des Zeichenverkehrs darstellte, ist in dem durch die Omnipräsenz der Medien entleerten Welt-Raum vernichtet, die Materialität ist von der Macht gezeichnet. Unterhalb der Zeichenebene der Macht steht nichts mehr zur Verfügung für utopische Sinnproduktionen. Es wäre albern zu meinen, nach ein paar Jahrhunderten Natur-Wissenschaft wisse man noch irgend etwas Sinnvolles über die Natur. Im urbanen Raum ist die Rede von ihr ein Öko-Witz über etwas, was keiner mehr kennt. So blieb sie im Punk, in dem sich nur das reflektierte, was vorhanden war, abwesend.
Der Spiegel des Bestehenden ist nicht immer affirmative Verdoppelung. Er ist es nur als blinder Spiegel, vor dem die Dinge nie auf ihre Rückseite gekehrt werden, wodurch der Zynismus entsteht. Er

kann auch übersteigernde Mimesis sein, mit der das Ende des fatalen Laufs der Dinge durch Beschleunigung beschworen wird. Das Steuer läßt sich nicht mehr herumreißen, aber vielleicht läßt es sich herausreißen. Erst müssen alle Möglichkeiten vernichtet werden, um das Unmögliche Wirklichkeit werden zu lassen. Mit dem Slogan „Wir wollen alles" war einmal die Aneignung des Sortiments der Wirklichkeit gemeint, heute meint er, Ja zu sagen zum Lauf der Dinge, der auf deren Ende hintreibt.

Natur taucht im System als Katastrophe auf, in Form von Erdbeben, Vulkanausbrüchen, Wirbelstürmen. Die verschwundene Realität schaut auf ein apokalyptisches Stündchen herein. Sub-Kulturen können es kaum abwarten. Sie werden solange als Destruktionskulturen auftreten, bis im Kampf gegen die Zeichen der Macht ein Feld der Realität geöffnet ist, das sich symbolisch bestellen läßt. So wie gesellschaftliche De-Kollektivierung Voraussetzung von abstrakter Wissenschaft und Herrschaftstechnologie war, wäre in der gesellschaftlichen Dimension, die nicht mehr die des Systems wäre, gelingende Re-Kollektivierung Voraussetzung für die Ausbildung eines qualitativ anderen Naturverhältnisses. Bis dahin läßt sich nur mit der noch unsichtbaren Rachegestalt der Natur im Bunde sein.

Gemessen an den epochalen Zeitvorstellungen des geschichtlichen Denkens ist den Sub-Kulturen nur eine flüchtige Existenz vergönnt. Sie tauchen auf, und noch ehe jene, die sich auf die Suche nach den Gründen ihres Erscheinens machen, aufgehört haben, sich zu wundern, sind sie schon wieder verschwunden – in ihrer massenhaften Verbreitung. Denn mit dem Schock, den Sub-Kulturen der bürgerlichen Welt versetzen, kommen auch schon die Mechanismen ihrer Re-Integration in Gang.

Die aus dem leeren Raum der Masse aufwirbelnde Sub-Kultur grenzt sich selbst aus. Ihr Auftreten wird von der bürgerlichen Gesellschaft zunächst als ein bedrohliches Außen gesehen, das als Feindbild auf Distanz gehalten werden soll. Aber diese Distanz darf nicht von Dauer sein, denn das eigentlich Bedrohliche für das System ist, daß es Orte außerhalb seiner gibt. Es muß sie sich einverleiben. Auf die heiße Phase der Ausgrenzung folgt die kalte Phase der Re-Integration, in der die Wirksamkeit der subkulturellen Symbole in der Wirkung ihrer medialen Beschleunigung erstickt wird. Die zunächst tabuisierten Symbole werden banalisiert und wie die Schriftsätze der Punk-Fanzines, die auf Werbeplakaten verniedlicht wurden, als Zeichen beliebiger Bedeutung in die Zirkulation der Massenmedien geworfen. Als frische Klone ziehen sie durch das Land, die Gebeine des ausgetriebenen Geistes. Haben in mythischen Welten Körper Geister zurückgelassen, so sollen von den Geistern der Subs nichts als käufliche Körper zurückbleiben, die das System verzehren kann.

Nicht bestimmte Werte oder Gestalten von Symbolen machen die Gefahr aus, sondern die Form der Kultur, der Kommunikations- und Lebensweise, in der sie entstehen. Nun betätigt sich das System als gigantischer Entwerter: indem es die Werte und Symbolgestalten der Sub-Kultur verbreitet, und zwar massenhaft, so daß sie ihren Sinn verlieren, der darin bestand, Ausdruck einer kollektiven Lebensform zu sein. Die Musik wird von den großen Konzernen gepreßt und auf den Markt geworfen, von wo sie auf die Plattenteller privater Stereoanlagen wandert. Die subkulturell geprägten Worte und Redewendungen finden sich in den Spiegelfechtereien des Salongeschwätzes wieder, die Foyers der hohen Gesellschaft werden in Haartracht und Kleidung um exotische Noten bereichert. Es gibt auf einmal wieder nichts Fremdes mehr, die Symbole, die die einen anzogen und die anderen abstießen und so die neue Scheidelinie durch die Gesellschaft trieben und im Kreis des Kollektivs das Tor des Ausstiegs bildeten, sind zu leeren Zeichen geworden. Zu Zeichen innerhalb der Systemstruktur und damit zu Zeichen, daß die Systemstruktur ihre Erschütterung überstanden hat. Aufführungsorte für die zum pluralisierten Stil erklärte Musik werden eingerichtet, Sozialarbeiter auf Kontrollstation geschickt, und das TV spannt die Unterprivilegierten in den sozialen Diskurs ein. Markt, Mode und die soziale Resteverwaltung sollen das Massengrab der Sub-Kultur schaufeln.

Man darf die Re-Integration nicht mit Repression verwechseln. Der einzige Feind ist das Gesetz der Zeichen. Das System setzt die Mechanismen zur Entwertung der Symbole in Gang, aber sie greifen im Inneren der Sub-Kultur.

Die Schallplatte spielt eine Doppelrolle. Sie agiert nicht nur fürs System, sondern ist auch Medium bei der Entstehung von Sub-Kulturen. Deren Musik bedarf zwar immer des Präsenzraumes, also des Konzertes, um einen gemeinsamen Geist aufleben zu lassen, aber sie entwickelt sich nicht aus lokalen Traditionen, auch wenn sie dann regionale Färbungen annimmt. Über die Platten werden musikalische Innovationen verbreitet, die in den Kellern neue Ausdrucksformen initiieren. Die Platte kann auch ein Medium in Präsenz-Situationen sein, auf Feten oder, auf Kassette überspielt, auf Demos. Wir erinnern uns: es ging voran! Dennoch ist die Schallplatte kein neutrales Medium. In ihr steckt das Gesetz des Marktes und der Sozialform der Masse. Am Ende bleibt sie bestenfalls als Dokument zurück. Die Reichweite des Mediums Schallplatte verbreitet musikalische Formen, die in lokalen Kontexten kollektive Bedeutsamkeiten erlangen können, aber ihr Gesetz ist es, diese lokalen Kontexte wieder zu entwerten.

Wer zum Sub-Musiker geworden ist, will meist irgendwann seine Spuren hinterlassen, andere wollen ihnen folgen können. Die Versuchungen des Werks, Geld oder einfach das Überleben des Namens im Ruhm, sind bei der Flüchtigkeit des subkulturellen Rahmens übermächtig. Am Ende führen alle Spuren ins große Archiv der Wirklichkeit, die längst vorbei ist. Ein erstes Anzeichen der

Re-Integration ist das Aufkommen des Starkults. Er setzt an der Form des symbolischen Erlebens an, um sie zu liquidieren. Immer wieder müssen die verstreuten Glieder der Sub-Szene zusammenfinden, aber irgendwann entstehen überdimensionale Magnete dieser Ereignisse, die sie in organisierte Spektakel umschlagen lassen. Woodstock war vielleicht der Höhepunkt der Hippie-Kultur und zugleich ihr Ende. Die Parodie darauf war das Live-Aid-Konzert 1985, das nur noch als Spektakel medialer Reichweite inszeniert wurde.

Der Musiker, der vorher Spezialist war, aber um dessen Person es nur soweit ging, wie er zur Beschwörung des kollektiven Geistes beitrug, wird im Starkult zum Idol. Allein sein Name wirkt schon, und er wirkt auf Distanz. Er eilt ihm voraus, aber nicht mehr durch Erzählungen, sondern durch die Zirkulation in den Medien. Er verbürgt die Authentizität der reproduzierten Musik, mit der ihre Hörer zur Summe der Käufer werden, und er wird in Live-Auftritten immer mehr Zuschauer anziehen; Zuschauer der Menge nach, und der Haltung nach, mit der die Blicke der Anwesenden wie beim TV aneinander vorbei auf die Bühne gerichtet sind.

Schon im Vorfeld wird die Dimension einer Sub-Szene gesprengt. Es beginnt ein Wettlauf um die Karten, mit denen man nicht mehr seinen Obolus für die Musiker entrichtet, sondern seinen Preis für die Partizipation zahlt. Im Konzertsaal dann sind die Anderen Konkurrenten um die beste Aussicht. Die Bühne ist erhöht und ausgeleuchtet. Ein farbiges Hologramm, in dem das vom Spot fixierte Idol zur lebendigen Ikone wird. Die unsichtbare Wand der Sichtbarkeit trennt Star und Publikum. Jetzt ist es unmöglich, daß einer von unten auf die Bühne steigt und wie Sid Vicious selbst zum Baß greift. Die Zirkulation des kollektiven Geistes ist an der Lichtgrenze unterbrochen und das Publikum wirkt nur noch als Reaktionsmasse, sein Feedback ist technischer Effekt. Der im Raum ohne Schatten um sich selbst betrogene Star kann nur noch diese Effekte steigern. Der ideale Abstand zwischen Idol und Fan ist die Null-Distanz, ein Extrem der Distanz, kein Spielraum mehr für Kollektivität. Das Idol hat es mit Nullen zu tun, die ihm nur noch als Vermehrungsfaktoren seines Ruhmes und Reichtums etwas bedeuten können. Nullen, die es nie im Singular gibt, nie als Selbst, das den Spielkreis der An-

deren schließt, sondern nur als sich ins Unendliche vermehrende Spiegelreflexion.
Das Idol ist der Totengräber von Sub-Kulturen. Bei seinem Auftreten ist keiner mehr durch Andere bei sich selbst, sondern er ist, wie der politische oder religiöse Führer, der eine Andere, der das eigene Selbst repräsentieren soll, das man nur noch durch Identifikation erlangen kann. Setzt sich das Symbolische wie ein Puzzle zusammen, so kennt der Ruf des Führers nur mehr das Echo.
Es gibt Idole, die reine Produkte der Massenmedien sind. Sie werden durch die Auswertung von Marktforschungen generiert. Aber die Sub-Stars sind Personen, deren Name sich anfangs mythisch verbreitet hat, durch Erzählungen in Szenen. Zum kultischen Objekt gemacht, werden sie selbst zu Gefangenen des medialen Zeit-Raums. Der Ausbruch aus ihm war ihre Message und jetzt erweitert jeder ihrer Schritte nur dessen Gehäuse. Es mag ein Zufall sein, vielleicht aber ein bedeutsamer, daß viele der größten Sub-Stars wie Charlie Parker, Jimi Hendrix, Janis Joplin, Jim Morrison oder Sid Vicious die Höhe ihres Ruhms nicht überlebt haben. Der „Kult", der um sie inszeniert wurde, war das Vakuum geworden, in dem ihr eigenes Feuer ersticken mußte.

Noch keine Sub-Kultur ist ihrer Re-Integration entkommen, und noch immer blieb das System nicht destabilisiert zurück, sondern es hatte sich durch die Codierung der subkulturellen Symbole zu Zeichen der Systemmacht aufgefrischt, seinen Parameter erweitern können und an Flexibilität gewonnen. Aber es gibt keine kontinuierliche Geschichte der Subkulturen, die sich damit als eine Serie von Niederlagen fortschriebe. Neue Subkulturen entstehen zu gegebener Zeit und sie machen wieder einen Neu-Anfang, der eine Schöpfung aus dem Nichts sein wird und sich allen systemimmanenten Kulturformen widersetzen wird, in die auch die re-integrierten Subkulturen von früher hinabgefallen sind. „Never trust a Hippie!", mahnten die Punks, um an der Diskontinuität keinen Zweifel zu lassen.
Der Zeit-Geist wird sich neue Ausdrucksformen suchen und ungeahnte Sub-Kulturen werden entstehen. Wieder werden sie zwischen den Orten und Zeiten ihres Zusammentreffens als Provo-

kation durch die Gesellschaft laufen und Söhne und Töchter aus welchem Haus auch immer zum Ausstieg aus der Normierung verleiten. Am existenziellen Abgrund, über den in traditionalen Gesellschaften Initiationsrituale Brücken schlugen, werden ihre Flugexperimente zum Mitmachen verführen. Und wieder wird der in einer kollektiven Kultur lebendig gewordene Ausdruck zum Keilriemen werden, der eine Bewegung beschleunigt, die nicht kampflos geschlagen werden kann.

Revolte

Sub-Kulturen machen aus dem Vakuum des Sinns eine Zeit des Wechsels; aber nicht des Wechsels in nur eine andere System-Rolle, sondern in ein anderes Spiel mit anderen Regeln. In ihm gibt es Mitspieler, und es gibt einen Gegenspieler: das System. Allein die Regel, nach der sich die Gegenspieler aufeinander beziehen, steht nicht fest. Jeder versucht, das Prinzip oder die Prinzipienlosigkeit seiner Spielform im Verhältnis zum anderen geltend zu machen. Das System tritt dabei als Gesetzesmacht auf, das heißt zum einen als die Sanktionsmacht seines Rechts, die Einzelne in die systemimmanenten Institutionen ausgrenzende Gewalt; zum anderen als die Re-Integrationsmacht der Vermassungs-Mechanismen. Die Gegenspieler sind sich nicht Spielpartner, sondern Spielverderber, möglichst beiderseits. Analog zu dem Spiel, in dem es darum geht, gemeinsame Regeln zu finden, entsteht ein Spiel, in dem es darum geht, die Regeln des Anderen außer Kraft zu setzen. Das heißt es wird ernst, das Spiel treibt zur Form des Kampfes.

Sub-Kulturen haben keine Chance, sie werden durch die Vermassung re-integriert, wobei ein Kern in der Gruppenform zurückbleibt – wenn sie nicht zur Kraft einer Bewegung werden, in der der symbolische Ausdruck kämpferischen Aktionscharakter hat. Nur als Bewegung kann die andere Spielform den Kampf aufnehmen. So wie die Bewegung der subkulturellen Triebkraft, der oralen und taktilen, nicht mehr auf Distanz zielenden Ausdrucksformen zur Gestaltung des Zeit-Geistes bedarf, so braucht eine radikale Sub-Kultur eine Bewegung, um nicht kampflos unterzugehen.

Der Ausdruck von Sub-Kulturen wird durch Akteure geschaffen, nicht wie in der Mode als passive Insignien erworben. Aber die Akteure sind noch keine Kämpfer. Die Welt ist durch und durch Bühne. Auch wenn an den szenischen Orten der Subs ein eigenes Spiel stattfindet, bleibt drum herum doch alles fremde Szenerie, in der sie die Rolle des bösen Buben zugewiesen bekommen haben. Sub-Kulturen konfrontieren das System mit Spiegel-Bildern, die gefährlich sind, weil sie leben, deren Bedrohlichkeit sich aber durch die massenmedialen Integrationsmechanismen bannen läßt. Der Raum der Sub-Kultur ist der augenblickhafte Ort des Bildes, den die Subs selbst darstellen. Diese Orte werden durch die massenhafte Verbreitung der Symbole als leere Zeichen im Nirgendwo der medialen Welt aufgelöst.

Die Bewegung hebt dagegen als Zeit-Raum-Gewinnung an, in der das Netz ihrer Orte dem System abgewonnen wird. Dessen Kulissen werden für das eigene Spiel requiriert. Die dem System abgezogenen Weltbruchstücke, zum Beispiel besetzte Häuser, werden für dieses zum ärgerlichen Faktum, das nur durch Medientransport nicht mehr eliminiert werden kann. Der Staat, der sich durch das Gewaltmonopol über ein umgrenztes Territorium definiert, tritt auf den Plan – und die Bewegung wird zur Revolte.

Es ist kein zeitliches Nacheinander, in dem die Bewegung zur Revolte würde, die Bewegung ist immer schon Revolte, Aufstand gegen das System. Dieses Kampfmoment ist nur ein Aspekt, der in den Hintergrund der symbolischen Lebenszusammenhänge tritt, wenn die Bewegten nicht gerade in direkter Konfrontation mit dem Apparat stehen. Als Szene ist die Bewegung mit dem Auffinden der Regeln ihres eigenen Zusammenlebens beschäftigt, eine autonome Vollzeitbeschäftigung. Aber dieser Hintergrund kann sich jederzeit in einem plötzlich hereinbrechenden Ereignis aktualisieren. Die Szene einer Bewegung lebt in einer Spannung, in der sich das Verlangen ihrer ersten Aktionen nach einer Steigerung bemerkbar macht.

In der Revolte wird der Kampf der Wirklichkeiten Realität für beide Seiten. Er bleibt dieser Kampf der Wirklichkeiten nur, sofern er Kampf um die Form der Auseinandersetzung bleibt. Das unterscheidet die Revolte, selbst noch in ihrem agonalen Extrem, vom Krieg. Sie stellt sich dem System nicht mit dessen Militär-Logik entgegen.

Guerilla bedeutet zwar auch bereits eine Gegenlogik zum soldatischen Militärwesen imperialistischer Staaten: das Untertauchenkönnen durch den Verzicht auf die Uniform, die dadurch und durch informelle Nachrichtenübermittlung bedingte Mobilität, die Vertrautheit mit dem Gelände, das nicht besetzt, sondern von seinen Bewohnern verteidigt wird, das heißt die persönliche Motiviertheit. Aber die großen Beispiele siegreicher Guerilla-Verbände, China, Kuba oder Vietnam endeten wieder in einem Regime von Systemdimension. Ihre Organisationsform war immer auf Einheit ausgerichtet und trug die neue Herrschaftsform schon in sich. Zentralisierte Führungen haben dabei die Autonomie der Bevölkerung den mit Waffenlieferungen verbundenen politischen Forderungen interessierter Dritter geopfert.

Die Revolte bricht plötzlich aus. Ihr Anlass kann eine Häuserräumung sein, oder in anderem Kontext tödliche Schüsse, die auf Unbewaffnete abgefeuert werden. Sie kann aber auch von den Revoltierenden selbst provoziert sein, wenn aus einer Demo heraus ein repräsentatives Gebäude gestürmt wird oder ähnliches. Als Anlaß wird immer etwas recht Zufälliges ergriffen, um das zu tun, was längst fällig ist, nämlich loszuschlagen.
Der Kampf beginnt nicht nach dem plötzlichen Auftakt, sondern dieser gehört schon zu jenem. Das Plötzliche ist die Erscheinungsform der Revolte, es ist die Zeit-Ort-Bestimmung, die die Macht des Apparats unterläuft. Der Machtapparat kann nur planmäßig, in einer Befehlshierarchie, operieren. Was ihn unvorbereitet trifft, ist für ihn katastrophisches Ereignis. Die Revolte wirkt katastrophal. Nie ist sie nur Widerstand, der reagiert, wie es die Rechtfertigungseiferer darzustellen belieben. Das Plötzliche ist eine Zeitform des Angriffs. Schauplatz der Revolte ist die Straße. Sie bleibt es entgegen der Meinung jener, die im Kurzschluß mit der herrschenden Wirklichkeit unter Verweis auf die Macht der elektronischen Medien schon ihr Ende als Ort der Auseinandersetzung besiegelt sehen wollen und alles auf Computer-Sabotage, Hacker oder ähnliches setzen. Die Straße ist im urbanen Raum der einzige Ort symbolischer Kampfformen. Nur auf ihrem Terrain kann es zur direkten Kommunikation der Kämpfer kommen, und damit zum Aufflammen der

Euphorie, in der der Kampfgeist der Revolte gründet. Zur Straße gehören die an ihr liegenden Häuser, ihre Dächer, unter Umständen die sie unterhöhlende Kanalisation. Die Straße der Revolte ist eine andere als die auf den Stadtplänen in den Schaltstellen des Apparats verzeichnete. Was eben noch Verbindungsweg war, ist auf einmal zur gefährlichen Sackgasse geworden, in der eine Falle lauert; oder umgekehrt, die wieder freie Straße wird zum riskanten Durchgang, an dessen Seite überall Hinterhalt droht. Die Topographie der Stadt gerät in Unordnung, sie wird zur Landschaft der Revolte. Diese läßt sich auf den Karten des Systems nicht verzeichnen. Das Gelände der Revolte läßt sich nicht als befreites Gebiet ein- und ausgrenzen, die rote Fahne auf dem okkupierten Repräsentationsgebäude der Macht ist verwittert. Es ist ein bewegtes Territorium, das Desaster der Ordnung. Barrikaden umgrenzen es nicht im Sinne der alten Stadtmauern, sie werden ganz im Gegenteil in seinem Inneren als dessen Brennpunkte aufgebaut. Es sind dezentrierende Brennpunkte, die viel zu schnell errichtet und wieder aufgegeben werden, als daß eine zentrale Einsatzleitung Zeit hätte, aus ihrer detaillierten Kenntnis einen effektiven Gegenplan zu entwickeln. Barrikaden dienen, genau wie sabotierte Ampelanlagen oder ähnliches, dazu, die Tempi neu zu verteilen, nicht aber, einen Stellungskrieg zu provozieren, der es den feindlichen Kräften ermöglicht, konzentriert anzugreifen.

Im Kampfgeschehen der Revolte geht es nicht darum, die eine Frontlinie aufzubauen, um an ihr die Entscheidung herbeizuführen. Es geht vielmehr um Diffusion. Nur im diffusen Geschehen sind die Kräfte der Revolte denen des Apparats überlegen.

Der Apparat bezieht seine Macht aus seiner Logistik, das heißt aus entwickelter technologischer Ausrüstung und einem hierarchischen Ordnungsprinzip, das seine Einheit sichert und ihn zu mehr als der Summe seiner Teile macht. Er ist organisierte Masse. Der Befehl, der eine Hundertschaft zur massiven Gewalt bündelt, ist ein sicherer Zusammenhalt als das Gemeinschaftsgefühl, das die Revoltierenden nur im Bann der Euphorie über die Summe ihrer Einzelkräfte hinauswachsen läßt. Im Zeichen der Niederlage zerfällt das Kollektiv schnell in lauter Einzelne oder bestenfalls kleine Gruppen. Zerstreuung, Panik und Flucht sind das Ergebnis.

Die Kampfkraft der Revoltierenden ist situationsabhängig. Aber es wäre ein Fehler, diesen Nachteil durch technologische Aufrüstung und straffe Disziplin kompensieren zu wollen. Man hätte sich nur sein eigenes Un-Wesen geraubt, ohne doch dem Feind an Ausbildung und Ausrüstung gleichzukommen. Es gilt vielmehr, den Vorteil im Kampfgeist der Revolte aufzuspüren. Er liegt darin, daß sich die Euphorie steigern kann, während Disziplin und Gehorsam nur bewahren können – bis zu dem Punkt, da Aussichtslosigkeit angesichts des Unvorhergesehenen sie schließlich doch platzen läßt. Die Euphorie entfaltet sich, wenn die aus der Vereinzelung aufgestaute Ohnmacht in der gemeinsamen Aktion überwunden und lange angehaltene Wut freigelassen wird.

Die Kampfformen der Revolte sind vielfältig. Manchmal gleichen sie der Maschinensabotage, denn der Apparat funktioniert wie eine Maschine. Manchmal bedienen sie sich der List der Nachgiebigkeit, mit der man den Gegner ins Leere laufen läßt. Manchmal bestehen sie wie ein mit Beton gefüllter Fußball in einer Attrappe, an der der Feind seine eigene Gewalt kosten darf. Immer geht es darum, ihm keine Angriffsfläche zu bieten. Sich seiner geschlossenen Einheit frontal zu stellen, wäre ein aussichtsloses Unterfangen. Es gilt vielmehr, seine Organisationsform zu unterlaufen, ihn an der Entfaltung seiner Strategie zu hindern. Durch unerwartete Brandherde des Kampfgeschehens werden seine Teile isoliert und in aussichtslose Situationen getrieben. Erst dann, wenn sich die Einsatzkräfte des Korsetts ihres Apparats nicht mehr sicher sein können, gehen die Revoltierenden frontal vor. Immer geht es darum, die Konzentration der Kräfte des Apparats, die zentral gelenkt werden, aufzusprengen, das Kampfgeschehen zu dezentrieren. Ein wesentliches Mittel ist dabei die Störung seines Informationsflusses, durch Störfrequenzen, Fehlinformationen oder Finten.

Die Revolte sucht nicht die militärische Konfrontation, sondern das militante Chaos. Dem dienen alle möglichen spontanen Taktiken. Die Revolte kennt keine Strategie, strategische Klugheit ist eine Zentralisierungsinstanz. An ihrer Stelle agieren die augenblickhafte List und der Mut, der das Ungefähre im Spiel der Kräfte sucht; und damit auch die eigenen Grenzen, um sie zu überschreiten. Die Revoltierenden vertrauen auf das Gefühl für das richtige Tun, das kollektiv entsteht.

Die Taktiken sind spontan, weil sie sich an der Gunst des Augenblicks orientieren und nicht vor dem Geschehen geplant sind. Nebenbei überspringt man damit auch die Zeit möglichen Verrats durch Spitzel. Spontane Taktik heißt jedoch nicht, daß es keine Vorbereitungen gäbe. Bestimmte Ausrüstungsgegenstände wie Krähenfüße, Farbeier oder Molotow-Cocktails werden vorher angefertigt. Klandestine Operationen integrieren sich innerhalb der Revolte in deren ungeplanten Verlauf. Die Revolte ist ein Wechselspiel von Sichtbarem und Unsichtbarem. Wo eben noch Friedhofsruhe herrschte, ist auf einmal der Teufel los, und wie von unsichtbarer Hand bereitgestellt, sind alle Mittel vorhanden.

Die Mittel der Revoltierenden sind meistens improvisiert. Die modernste Technologie läßt sich nur in Systemdimension produzieren. Aber dieser Technologie wird oft zuviel Respekt entgegengebracht. In gewaltsamen Konflikten zwischen verschiedenen Kulturen trafen immer auch verschiedene Waffensysteme aufeinander, und es waren nicht immer die im Sinne des Fortschritts entwickelteren, die den Sieg davontrugen. Jedes Waffensystem läßt sich nur in einer bestimmten Kampfform zum Einsatz bringen, die ihre Effizienz nicht in jeder beliebigen Situation entfalten kann. Das haben die barbarischen Germanen im Teutoburger Wald am römischen Militär vorgeführt, ein Sieg kriegerischer Stämme über den soldatischen Staat. Das hat Napoleon 1808 über das spanische Volk mit seiner Guerilla-Methode verzweifeln lassen, und das haben bestausgerüstete Polizeiapparate in den Großstädten des 20. Jahrhunderts oft genug zu spüren bekommen. Die Waffen der Revoltierenden werden aus dem Material hergestellt, das ihnen zugänglich ist und für das sie Verarbeitungsmethoden haben oder entwickeln können. Sie brauchen keinen auswärtigen Verbündeten, der ihnen ein kompliziertes Waffensystem und mit diesem eine dafür notwendige Organisationsform samt politischer Doktrin liefert. Noch der Gebrauch erbeuteter Waffen bleibt improvisiert und darf die Kampfform nicht in Abhängigkeit von auswärtigen Munitionslieferungen oder einer zentralisierten Einsatzplanung bringen. Was Verwendung finden kann, bestimmt sich nach den Gegebenheiten des Geländes und der Situation.

Die Revolte verliert nie den Kontakt zum Terrain, auf dem sich der Kampf abspielt. Die Revoltierenden wissen, wo es Pflastersteine gibt; sie wissen, wo es Baustellen mit Material für Barrikaden gibt; sie wissen, was als Fluchtweg dienen kann und was nicht; sie wissen um Verstecke, und sie wissen auch, wohin man sich besser nicht zurückzieht. Das Schwimmen im bewegten Territorium ist nur möglich, weil dieses nicht als befreites Gebiet dem geballten Angriff ausgesetzt wird. Die Revoltierenden müssen jederzeit untertauchen können. Jede Form der Befestigung, die an eine Stellung bindet, hemmt. Verteidigungsanlagen dürfen die Mobilität nicht hemmen. Mobilität im vertrauten Gelände und die Möglichkeit der nicht-hierarchischen Verständigung bestimmen die Kampfformen der Revolte.

Welche Waffen tatsächlich Verwendung finden, hängt von der Situation ab, von ihrem Verlauf und ihrer Eskalation. Man schießt nicht gleich, aber man läßt auch nicht einseitig auf sich schießen. Beide Seiten wissen, daß alle Grenzen des eigenen Tuns nur provisorisch sind, daß es letztlich kein gemeinsames Recht gibt, das beide bedingungslos anerkennen. Es ist allein die Furcht vor den Konsequenzen der absoluten Feindschaft, die die imaginäre Grenze der Humanität meist bestehen läßt. Der letzte Einsatz, das Leben, wird nicht gleich ins Spiel gebracht. Das Spiel ist ernst, ist Kampf, aber sein agonaler Untergrund bleibt zunächst gebändigte Drohung.

Die Revolte spielt sich wie eine Generalprobe ab. Zunächst scheint alles reversibel, jeder kann sich zurückziehen. Morgen, vielleicht auch schon in ein paar Stunden, kann sowieso alles zu Ende sein. Dann wird jeder versuchen, den ausschweifenden Racheschwadro-

nen des Systems zu entgehen. Wer erwischt wird, für den ist es erstmal vorbei. Im Knast endet die kollektive Wirklichkeit, der Gefangene ist hoffnungslos individualisiert, die Mauern der Ausgrenzung bezeichnen die gewaltsame Re-Integration ins soziale System der Trennung. Einen schwachen Trost bietet die Hilfe von Freunden und Unterstützern. Oder eine Ideologie, das Sich-Einschwören auf politische Heilsversprechen, auf Ideen, denen auch ohne den lebendigen Geist eines Kollektivs eine Wahrheit zugesprochen wird, zu deren heldenhaftem Protagonisten man durch das eigene Martyrium wird.
Ohne die Vorstellung einer kontinuierlichen Geschichte und eines kontinuierlichen Subjekts, zu dessen Teil man durch die eigene Aktivität würde, gibt es nichts, wofür das Risiko lohnen würde. Es gibt auch im Kampfgeschehen weder ein strategisches Ziel (die Eroberung des Machtzentrums) noch taktische Notwendigkeiten (die unbedingte Verteidigung einer eigenen Bastion), die die unabdingbare Inkaufnahme dieses Risikos nach sich zögen. Es geht nicht um Gewinn oder Verlust, die Revolte ist keine Kosten-Nutzen-Rechnung, sie bestimmt ihren Sinn von überhaupt keinem Ziel her, sondern aus sich selbst, aus ihrem Verlauf. Wie der leidenschaftliche Spieler nie den Zustand nach der Entscheidung sucht, sondern die Spannung, bevor diese gefallen ist, nicht die Augenzahl der Würfel, sondern die Zeit, da diese rollen, so ist es in der Revolte allein die Begeisterung fürs Geschehen, die an ihr teilnehmen und jede Erwägung des Risikos vergessen und in geistesgegenwärtiger Aufmerksamkeit aufgehen läßt. Wie der Spieler haben sich die Revoltierenden einem Erfolg verschrieben, den man nicht wirklich anstreben kann; weil er nur dem Trickster zuteil wird, dem, der nicht die Erfolgschancen ausrechnet, sondern sich ganz der reinen Passion hingibt.
Unmerklich ist der Übergang von der Generalprobe zum Stück selbst, kein äußeres Zeichen markiert ihn. Allein das Gefühl der Akteure zur eigenen Improvisation entscheidet über deren Status; darüber, ob weitergemacht wird, wenn der Feind die Erhöhung des Einsatzes fordert, mit der alles Vorhergegangene zum Vorgeplänkel erklärt wird. Wenn es dem Feind nicht gelingt, durch Eskalation der Mittel die Einzelnen mit dem Bewußtsein des Risikos von

den Anderen zu isolieren, so daß sie sich in einer Kettenreaktion der Angst für den individuellen Rückzug entscheiden; wenn die Revoltierenden ein Spiel ohne Grenzen betreiben, dann ist die Generalprobe zum Stück selbst geworden.

Nicht aufhören zu wollen, sich selbst nicht mehr durch Preisgabe der kollektiven Improvisation dem System opfern wollen, im Geschehen selbst aufgehen, das ist das einzige, worum willen gekämpft wird. Die Revolte ist nicht der militärische Akt einer Revolution, das heißt einer Handlung, die sich von einer gesellschaftlichen Zielvorstellung her bestimmt und legitimiert. Sie ist in ihrem Vollzug bereits Ausdruck der kollektiven Autonomie, um die es geht.

Im Verlauf einer Bewegung kommt es immer wieder zu Szenen der Revolte, und zwar solange, wie die Bewegung Anziehungskraft hat und der Zustrom neuer Leute Steigerung des Geschehens verspricht. Solange interessiert das Geschehen selbst, das Geschehen als Begehung und Beschwörung des Unkalkulierbaren. Aber der Blick in die Zukunft, der alles eigene Tun im Ansatz versteinern läßt, kann nur im Zeichen der Vermehrung, in der Auf- und vielleicht sogar Durchbruchsstimmung ausgeblendet werden. Irgendwann, wenn etliche Leute verhaftet worden sind und bei ausbleibender Vermehrung keine Chance besteht, die Gefangenen zu befreien, stellt sich die Erfolgsfrage als Kriterium der Revolte. Dann geht ihr Zyklus zu Ende. Jeder entscheidet sich im Bewußtsein des eigenen Risikos; nichts mehr, was ihn mitreißen könnte, vorbei auch die Zeit des Bluffs, schlechte Karten, keine Gewinnchancen, und die entscheiden auf einmal.

Als zu Beginn der Berliner Hausbesetzerbewegung die ersten Leute bei Straßenschlachten verhaftet worden waren, ging die Lawine erst richtig los. „1,2,3, laßt die Leute frei!“ peitschten rhythmische Sprechchöre in Demonstrationen von 20.000 Leuten durch die Straßen. Es war eine Scheinforderung, dessen Adressat unbestimmt blieb. Verhandlungen mit Polizei oder Justiz standen nicht zur Debatte, an sie gerichtet, wäre die Forderung sowieso unrealistisch gewesen. Eben dieser unrealistische Charakter der Forderung war Ausdruck der Anziehungskraft der Bewegung zu diesem Zeitpunkt. Man wollte das Unmögliche, noch zog diese Haltung Leute an, und damit stieg die unkalkulierbare Chance, die Gefangenen vielleicht wirklich befreien zu können. Ein paar Monate später war der Spruch zu einem vom Zeit-Geist verlassenen Zitat geworden, in dem sich nur noch die erneut ausbreitende Ohnmacht spiegelte. Wenn die Frage „Wofür?“ auftaucht, gibt es keine Antwort mehr. Die Revolte wird dann in ihren letzten Scharmützeln zum privaten Harakiri-Unternehmen einiger Hartgesottener, die am liebsten eine ebenso straffe Organisation wie der Staatsapparat aufbauen würden. Aber das wäre nur eine Variante, das Spiel zu verlieren. Die Revolte läßt sich nicht auf Dauer betreiben, sie ist das Glühen eines vielfältigen Augenblicks, in dem die Zone der aus dem System herausgesprengten Wirklichkeit ins Äußerste ausgedehnt wird. In ihrem Entstehen und in ihrem Verschwinden bleibt sie ein diskontinuierliches Ereignis.

Am Ende sieht es so aus, als sei nur das Gedächtnis des Apparats lernfähig, nicht aber das der Revoltierenden. Der Apparat verbessert seine Methoden und hat die Straße schnell im Griff. Diese Methoden werden gespeichert, während die Revolte keine Erben hat. Aber so war es immer, der Kampf wurde in der Revolte noch immer gegen ein System von Methoden improvisiert. Auch der nächste Zyklus wird wieder eine Konfrontation akkumulierten Wissens mit dem für es Unvorhersehbaren sein. Und dieses wird bei Aufrüstung des Apparats nur noch von immer wilderen Kriegerinstinkten zu realisieren sein.

Scheidelinien

Die Bewegung läuft über eine Verkettung von Phänomenen ab, die im öffentlichen Zeit-Raum sichtbar werden. Aber ihr Sinn bleibt denen, die nicht an ihr teilnehmen, verborgen. Es gibt keine Chance, diesen Sinn nach außen zu vermitteln, denn die Bewegung treibt eine Scheidelinie durch die Gesellschaft, die zwei unvereinbare Wirklichkeiten trennt: die des individualisierten Zuschauerdaseins und die der kollektiven Existenz von Akteuren. Die Bewegung hat sich mit ihrem symbolischen Zusammenhalt vom Rest der Gesellschaft abgesondert. Nur weil die Symbole Absonderung vom Systembe-

trieb der Masse bedeuten – und bedeuten sie dies nicht mehr, sind sie zu leeren Zeichen geworden – kann sich der autonome Zusammenhang einen Zeit-Raum eigener Regeln schaffen. Die Symbole markieren die Absonderung vom System, ihre Sichtbarkeit an den Einzelnen läßt diese sich untereinander erkennen, selbst wenn sie sich nicht kennen.
Zum Selbst-verständnis der Bewegten gehört daher nicht nur die Feindschaft zum System und seinen Institutionen, sondern auch das Gefühl der Andersheit gegenüber denen, die in der Massenstruktur verbleiben. Das unterscheidet die Akteure der symbolischen Wirklichkeit von politischen Aktivisten, die sich mit „den Massen" verbunden fühlen, indem sie sich als die Protagonisten von deren eigentlichen Interessen ansehen.
Die historischen Unternehmungen der Linken, die ihre politische Hoffnung auf universalistische Denkfiguren der Aufklärung gründeten, ignorierten die strukturierende Ohn-/Macht der Masse und bündelten die Summe der Anderen in ihrem Denken zu den Massen, die aufgrund einer Systembestimmung(!), nämlich ihrer sozioökonomisch bestimmten Lage an sich ein gleiches Interesse wie sie selbst hätten.
Eine Bewegung bricht mit den substanzialistischen Vorstellungen einer Zeit der Geschichte, in der ein Emanzipationssubjekt nach Bewußtwerdung seiner selbst zur Realisierung allgemeiner

Glücksmöglichkeiten schritte. Ihr geht es auch nicht mehr wie den sozialistischen Zukunftsentwürfen um die Aufrechterhaltung der durch den Dekollektivierungsprozeß errichteten gesellschaftlichen Dimension. Von daher hat sie es gar nicht nötig, allen ein gleiches Anliegen zu unterstellen.

In all ihrem Tun kann es einer Bewegung egal sein, wie die Masse der Zuschauer es aufnimmt, die Masse ist ihr gleichgültig. Aber mit dieser Haltung geraten die Bewegten in eine paradoxe Situation: auf der einen Seite gibt es den autonomen Zusammenhang nur als Absonderung vom System und seinem Massenbetrieb, zum anderen scheint es eine eherne Regel zu sein, der jede Bewegung unterworfen ist, daß sie nur solange existieren kann, wie neue Leute zu ihr stoßen; Leute, die in der Massenstruktur von ihr angesprochen werden müssen. Das Paradox löst sich von selbst auf – oder gar nicht. Einer Bewegung bleibt nichts, als sich in seiner Spannung zu halten.

Es sind dieselben Aktionen, die bei den einen Zustimmung finden und bei den anderen auf Ablehnung stoßen. Aber beiden Haltungen steht eine Bewegung gleichgültig gegenüber, solange sie sich nur in Form von Meinungen äußern. Die Scheidelinie, die sie legt, trennt nicht zwei Lager folgenloser Meinungen, sondern die Akteure von den Zuschauern. Es ist eine existenzielle Entscheidung, die den Unterschied markiert.

Nur wenn eine Bewegung immer wieder existenzielle Entscheidungssituationen zu provozieren vermag, gibt es für sie die Chance neuen Zustroms. Aber sie kann diese Situationen nicht planen oder durch eine pädagogische Politik erreichen wollen. Es hat auch keinen Sinn, an einem Tag der offenen Tür mit der Nachbarschaft Versteck zu spielen, indem man Tischdeckchen und Blumenvasen den Eindruck erwecken läßt, man habe mit den militanten Ungeheuern von der Straße nichts zu tun.

Die so erworbene Sympathie gilt nicht dem, was die Bewegung ist. Weder durch Werbung noch durch Politik kann eine Bewegung wachsen. Sie kann überhaupt nichts willentlich bewirken, sie kann nur überspringen, indem Einzelne sich selbst zu Adressaten machen, zu Angesprochenen ihrer Aktionen, die ohne Blick auf Andere durchgeführt werden. In der Entscheidungssituation, die

es nur in direkter Konfrontation mit einem Geschehen gibt, sieht man sich auf einmal der eigenen Rolle gegenüber, die einem von dem anonymen Regisseur, dem System, zugeteilt worden war. Und plötzlich spricht nichts mehr dafür, die Differenz zwischen ihr und dem Darsteller, der man ist, durch die Macht der Gewohnheit zu überbrücken. Indem man seine Chance ergreift, die einem im Glücksspiel um die Gunst des Zeit-Geistes zuteil wird, gelangt man in ein anderes Rollenspiel um die Wirklichkeit, in der man lebt.
Die Welt ist voller Gründe, für alles und jedes und noch dessen Gegenteil. Es gibt keine Notwendigkeit, sich für die Bewegung zu entscheiden. Es gibt nur die zu-fällig mögliche, von einem selbst zu verwirklichende Wendung des No Future in eine Präsenz, die nicht mehr nach ihrem Grund fragt.
Vielleicht ist es genauso richtig zu sagen: niemand entscheidet sich. Wer auf die Seite der Bewegung wechselt, wird durch eine Faszinationskraft angezogen, die nur jene anspricht, die von vorneherein dazu bestimmt sind, sich ihrer Verführung hinzugeben.
Wahrscheinlich bedarf es einer komplementären Betrachtungsweise, um nicht selbst wieder Beteiligter in jenem Prozeß zu werden, in dem Andere, die man nicht kennt, unter Anklage gestellt werden, um sie auf (die eigene) Linie zu bringen, dem Prozeß der Macht. Entscheidung der Einzelnen und Faszinationskraft des Kollektivs wären demnach austauschbare Ansichten desselben Phänomens, dem sie für sich alleine genommen beide nicht gerecht würden. Vielleicht ließe eine solche komplementäre Betrachtungsweise auch durch die philosophische Skylla und Charybdis von Freiheit und Determination gelangen. Wer alle als gleichermaßen frei betrachtet, der wird auf jene, die sich nicht für dasselbe entscheiden, am Ende mit Haß oder Verachtung blicken. Sie werden zu den Feinden, die am Gang der Dinge schuld sind und die es zu bekämpfen gilt. Wer umgekehrt alle als durch ihre Sozialisation determiniert sieht (natürlich nur alle Anderen, denn man selbst und die Gleichgesinnten haben sich zu einem freien Bewußtsein emporgeschwungen), der wird sich zum von der Wahrheit beauftragten Anwalt der eigentlichen Interessen der Anderen machen, die es gegen diese in einer Art Erziehungsdiktatur durchzusetzen gälte.

Das Feld symbolischer Wirksamkeit, das eine Bewegung um sich ausbreitet, ist, da es durch die Möglichkeit direkter Kommunikation begrenzt wird, immer kleiner als die vom System errichtete gesellschaftliche Dimension. Nur wer direkt mit ihrem Geschehen konfrontiert wird – nicht jene, die von ihm nur als einer massenmedial ventilierten Nachricht erfahren – kann sich überhaupt in einer existenziellen Entscheidungssituation wiederfinden. Und selbst dort ist eine Entscheidung für die Bewegung niemals zwingend. Viele, die des Zuschauerdaseins längst überdrüssig sein mögen, fühlen sich vielleicht gerade durch die Symbolik dieser Bewegung, die da auftaucht, nicht angezogen. Es hat keinen Sinn, nach dem Warum der Verschiedenheit zu fragen, um zu dem einen Grund zu finden, von dem aus sich die ganze Welt nach dem Bild der eigenen Vorstellungen umgestalten läßt. Eben diese imperialen Entwürfe läßt eine Bewegung hinter sich. Eine Bewegung kennt nur ihre eigenen Ausdrucksformen, und diese bestehen nicht in Meinungen sondern in Taten. Wer sich von ihnen angesprochen fühlt, wird zur Bewegung stoßen; wer nicht, der nicht.

Auf jeden Fall muß eine Bewegung offene Ränder haben, um Zustrom aufnehmen zu können. Als geschlossene Community könnte sie ihre Symbole nicht entfalten, deren Zentrum die Peripherie ist. Aber an diesen offenen Rändern lauert auch das System, um in die Bewegung einzudringen. Wenn die Spitzelparanoia Wogen schlägt, jeden Neuen mit Verdacht belädt und die Gastfreundschaft im Mißtrauen erstickt, ist kaum noch zu entscheiden, ob das dem Eindringen Einhalt gebieten kann oder nicht bereits Symptom von ihm ist: das System im Kopf.

Das System im Kopf hat viele Gesichter, und natürlich erscheint es (beziehungsweise versteckt es sich) in denen von Anderen.

Es taucht mit den Paten auf, Prominenten, die den Schirm ihres Namens über die Bewegten ausbreiten, um sie vor willkürlichen Übergriffen des Staatsapparats zu schützen. Aber das Schutzbündnis kostet seinen Preis, denn geschützt werden sollen nicht das Rowdytum und die sinnlose Gewalt, sondern nur berechtigte Ansprüche, auf Wohnraum zum Beispiel. Die Medien haben längst von der einseitigen Verteufelung abgelassen und begonnen, die Kategorien des Berechtigten und des Unberechtigten in die Hirne zu hämmern. Zeitungen haben ihre Journalisten ins Feld geschickt, TV und Radio Sondersendungen mit Beteiligten ausgestrahlt, als ob denen die Bewegung anhaftete, die sich derart über Medien transportieren ließe. Die Meinungsmaschinerie ist längst in Gang gesetzt, um Geschwätz über Geschehnisse, an denen man nicht beteiligt ist, zu produzieren. Präventiv sind die Gräben leerer Meinungen ausgehoben, in die dann der Impuls kanalisiert werden soll, der durch Berührung mit der Bewegung entstehen könnte. Auf einmal tauchen die Integratoren innerhalb der Bewegung auf und greifen nach dem reformistischen Süßzeug, das den einen dargeboten wird, um die Peitsche der Ordnung auf die hoffnungslos A-Sozialen knallen lassen zu können. „Man kann die Paten doch nicht vor den Kopf stoßen." „Anders haben wir gar niemand mehr auf unserer Seite." Langsam treibt sich der Keil der Kompromisse als Scheidelinie durch die Bewegung.

Nur eine andere Variante vom System im Kopf ist das Kleben am alten Aufruhr in den Medien. Die ersten, aufgebrachten Berichterstattungen in den Medien waren wie amüsante Theaterkritiken, mit denen man sich eines gelungenen Skandals versichern konnte. Aber dann haben sie einen Narzißmus geweckt, der alles verkehrt. Das Wichtigste am Frühstück wird dann der Blick in die Zeitung mit der Berichterstattung der Aktionen vom Vortag. Die Massenmedien werden zum Spiegel des eigenen Tuns, dessen Bedeutung sich auf einmal danach bemißt, ob der Akteur von gestern heute sein eigener Zuschauer sein darf. Bald zählt nur noch, worüber auch berichtet wird. Man wird zum Lieferanten spektakulärer Nachrichten, oder man zieht sich enttäuscht vom eigenen Tun zurück. Die Massenmedien als Spiegel, der die Existenz der Bewegung bezeugt, werden zu deren Exekutor.

Es hilft alles nichts. Wenn man sich gezwungen sieht, der Systemzange der Re-Integration und der gewaltsamen Vernichtung des isolierten Restes mit mühsam errungenen Kompromissen zu entgehen, werden diejenigen, die die Bewegung noch im Kopf haben, ihren Körper nicht mehr finden. Die Versammlungen werden zu einem zähen Brei lästiger Auseinandersetzungen, und auf der Straße herrscht Ratlosigkeit oder verzweifelte Unbesonnenheit. Die Erfolgsfrage taucht auf – und mit ihr bleiben jene aus, die sich der Bewegung im Zeichen des Durchbruchs noch angeschlossen hätten. Auf einmal zählen nicht mehr die erkämpften Erlebnisse, sondern das, was von ihnen bleibt. Der Sinn ist wieder problematisch geworden; der Sinn, der nie in einer Antwort besteht, sondern im Ausbleiben der Frage nach ihm.
Nicht, daß es keine Antworten mehr gibt, es gibt derer sogar mehr als Fragen, denn jetzt geht die Zeit der Politaktivisten wieder los, die nicht müde werden, auf den Versammlungen ihre Diskussionsergebnisse einzubringen, Linienfragen geklärt wissen wollen und von „der Sache" reden, die einem Disziplin und Weitsicht abnötigt. Von der Revolte zur Revolution ist ihre Losung, mit der sie eine Perspektive entwerfen wollen. Wenn immer weniger Leute kommen, weil sie der Diskutiererei müde sind, ist das für die Politaktivisten nur ein gutes Zeichen, daß sich da etwas gesund schrumpft. Bei denen, die immer noch kommen, besteht nämlich die Hoffnung, daß sie sich vom diffusen Gefühl der Revolte zum revolutionären Bewußtsein hocharbeiten. Nur das Bewußtsein und kontinuierliche Arbeit weisen den Weg durch die Geschichte, der nie aufgehört hat, irgendwann zum Ziel zu führen. Die politische Zeit ist ein Kontinuum, in der es die Bewegung als eine andere Wirklichkeit nie gegeben hat.

Irgendwann ist einfach nichts mehr zu machen. Wenn die Bewegung keine Begeisterung mehr entfacht, wenn sie nicht mehr von der spontanen Euphorie, die neue Zeit-Räume entdecken läßt, vorangetrieben wird, sondern nur noch von einem zweifelhaften Pflichtgefühl in Gang gehalten werden soll, ist es aus. Die Bewegungssymbole haben sich erschöpft und nichts kann den Zerfall der Bewegung mehr aufhalten. Das Abwägen beginnt und der Zweifel gewinnt die Oberhand. Wenn man sich jetzt aus Anlässen trifft, bei denen man noch vor ein paar Monaten ohne viel zu fragen die Schaufensterscheiben hätte klirren lassen, kommt keine Entscheidung mehr zustande. „Ich würde ja", denken jene, die die Bewegung noch im Kopf haben, „aber was ist mit den Anderen? Ohne sie..." Alles ist wieder wie es immer war, das alte Zählwerk der Zeit hat sich wieder eingeschaltet, und die ganze Bewegung scheint nur ein Spuk gewesen zu sein. Der Gedanke an die Trägheit der Anderen läßt alles stillstehen und man ist wieder auf seine Individualität zurückgeworfen, Teil der Masse, in der alles Tun sinnlos ist.

Jeder muß es für sich selbst realisieren. (Woraus sich die Möglichkeit ergibt, es gar nicht zu tun, sondern einfach weiterzumachen). Sowenig es einen Gründungsakt der Bewegung gibt, sowenig kann es einen Auflösungsbeschluß geben, der ihr ein offizielles Ende setzt. Sie hat tausend Enden, denn sie endet in der Re-Individualisierung. Für alle, die die ausgeschilderten Lebenswege verlassen und Schule, Job oder Uni geschmissen haben, ist es bitter. Sie müssen zurück ins Niemandsland, und nicht jeder wird sich dort wieder zurechtfinden. Am Ende erscheint alles als bloßer Schein. Was galt, hat seine Bedeutung verloren und die Zeit nagt an der Erinnerung. Zu kurz für ein Leben und zu lang für eine Anekdote, hängt der Bewegung nun etwas Unwirkliches an. Irgendwann findet man sich in einer Umgebung wieder, die das alles bestenfalls noch vom Hörensagen oder aus Medienberichten von damals kennt. Und dennoch: all das Gerede vom Scheitern der Bewegung ist Unsinn. Sie taucht auf und dann verschwindet sie wieder, das ist alles. Der Zeit-Geist hat auf ein Weilchen hereingeschaut und dann hat er diesen Ort wieder verlassen. Die Bewegung hat das System nicht ein für alle Male gestürzt, o.k. Aber war das jemals drin? Vielleicht, wenn ein Labyrinth von tausend verschiedenen Sub-Kulturen das System unterhöhlen würde und tausend Bewegungen gleichzeitig losbrächen. Aber das wäre ein ganz zufälliges Ereignis, auf das man nicht setzen kann. Eine Bewegung hat kein Ziel, das sie erreichen kann, und deshalb kann sie auch nicht scheitern. Sie ist der Zeit-Raum ihrer Existenz und sonst nichts.

Viele haben es bedauert, daß die Besetzerbewegung der 80er Jahre weniger Spuren hinterlassen hat als die 68er. Aber ein guter Wanderer hinterläßt keine Spuren. Er begeht neue, fremdartige Zeit-Räume, die er auch wieder verlassen muß, ehe er sich in ihnen einrichten kann. Er nimmt nichts mit als sein Vertrauen in die große Unbekannte, die immer mitspielt.

Danach

Mit der Bewegung ist ein Zeit-Raum eigener Rechnung zu Ende gegangen. Ein Zyklus, der vielleicht irgendwann und irgendwie selbst zyklisch wiederkehrt? Oder war auch dieser Zeit-Raum nur ein Förderbandabschnitt im Strom der Zeichen, ein Spuk, der aus und vorbei ist und sich der Un-Zahl von Einmaligkeiten zugesellt hat, die nie mehr wiederkehren?

Jene, die dabei waren, müssen die verflossene Zeit der Präsenz Vergangenheit werden lassen. Geschichte? Oder Jugendsünde? Ein altes Problem taucht auf: das der Identität, sei es der politischen und/oder der persönlichen. Was läßt sich festhalten, von was muß man sich lösen? Die Revolutionäre, die tugendhaften Söhne und Töchter der Geschichtsepoche, waren bereit, sich fürs Leben zu zeichnen, um an einer Idee festzuhalten. Nicht körperlich und unauslöschbar wie die Stammeskrieger, die sich bei ihrer Initiation Pflöcke durchs Fleisch treiben ließen. Aber doch durch ein inneres Gelöbnis, das von gleicher Kraft sein sollte, um die Stürme wie auch die Windstillen des Lebens zu überdauern. Diejenigen, die diesen ewigen Eid irgendwann, aus welchen Gründen auch immer, als Kapitel ihrer Biographie beendet haben, wissen um seine Macht; ebenso wie die Folterer in den Verhörkellern rund um den Globus, die diesen Eid durch langsames Einbrennen in die Körper ihrer Widersacher zu brechen versuchen. Woher aber sollte jene Kraft des Festhaltens noch kommen, wenn der Glaube an die Geschichte vorbei ist? Nichts wird sich je einlösen. Dort, wo die Bewegten ihre metamorphe Kraft am nötigsten brauchten, erlischt sie, weil das Feedback durch die Anderen ausbleibt.

Und gar jene, die nicht dabei waren?! Was bleibt denen, bei denen sich die existenzielle Radikalität regt, ohne daß der Zeit-Geist so gnädig ist, vorbeizuschauen? Keiner gibt das Staffelholz der Geschichte an sie weiter. Die großen geschichtlichen Ereignisse, die Revolutionen, die siegreichen und die gescheiterten, die Generalstreiks, die Widerstandsbewegungen in besetzten Ländern – all das waren Ereignisse, an die sich auch im nachhinein anknüpfen ließ, weil sie nicht nur selbst großartig waren, sondern weil sie auch immer ein Versprechen auf etwas noch Großartigeres in sich

trugen. Aber die Bewegung? Sie hat keine Nachfolger, denn jede Bewegung beginnt bei Null. Sie kann keinen Pfad durch die Zeit legen, der auch schon in die Zukunft vorausgebaut wäre.
Eine Zeitschleife hat sich geschlossen, nach der sich alles, was schon davor war, fortsetzt. Und dennoch ist etwas anders. Nicht der erneute Glaube an die Macht oder deren Dauer, der im nachhinein alles als selbstinnovativen Schub des Systems interpretieren ließe. Auch wenn Teile der Linken niemals von diesem unnützen, peinlichen und unwürdigen Gejammere über eine stets sich verschärfende staatliche Repression ablassen werden, das ist nur der alte Glaube an die eigene Ohnmacht. Was sich verändert hat, unterschwellig noch unter einer scheinbar wieder homogenen Oberfläche der Gesellschaft, ist das Verhältnis zur Zeit. Es gibt keine Geschichte mehr, die sich lenken ließe. Es gibt keine Vernunft oder politische Kraft, die zum Beispiel den Giftausstoß der chemischen Industrie jemals bremsen könnte. Aber es gibt auch keine Geschichte mehr, die den Horizont der Zeit besetzt hielte, um auf Ewigkeit alles im Projekt des MENSCHEN münden zu lassen. An diesem Horizont lauert vielmehr das Ende der Dinge, zumindest so wie sie uns bekannt sind. Auch die beliebten historischen Jahrmärkte, auf denen die Unverlierbarkeit der Zeit vorgekaukelt wird, können den Sanduhreffekt nicht wieder vergessen machen. Auf einmal scheint es, daß auch die Zeit eine begrenzte Ressource ist und daß es mit allem ein Ende haben könnte.
Jede Zeit hat ihre eigene Metaphysik. Die der Moderne, des unaufhörlich sukzedierenden Fortschritts, war das Noch nicht. Die Dinge wurden unter dem Aspekt ihrer stetigen und unaufhaltsamen Vervollkommnung gesehen, ihre Perfektion war ihr transzendentaler Hintergrund. Nun aber kehren sich die Sichtweisen um, auf einmal lassen sich die Dinge von ihrem Ende her betrachten. Ein Blick taucht auf, der zum Ende vorausgeeilt ist, um von dort zu den Dingen zurückzukehren, wobei er sie nun von ihrer Rückseite her sieht. Längst wird die Zeit des Fortschritts von der ihres Endes überlagert; ungleiche Zeiten, in deren Interferenzfeld Davor und Danach umkehrbare Begriffe werden.
Die Ereignisse, die noch nicht stattgefunden haben, sind schon passiert. Es ist zu spät, die Wirkungen, auch wenn sie noch nicht ein-

getreten sind, aufhalten zu wollen. Mit diesem fatalen Ausblick auf die Zeiten, die kommen, sind Haltungen entstanden, die das Ende als Möglichkeit erspäht haben und bereit sind, alles auf seine Wirklichkeit zu setzen. Mit ihnen hält sich in einer Zeit, in der die Geschichte wieder Macht über den Lauf der Dinge beansprucht, der Ausblick auf ihr Desaster durch.

„Sozialismus oder Barbarei!“ war seit bald einem Jahrhundert immer wieder die ultimative Parole der Linken. Jedes Mal sollte es die allerletzte Chance sein, überhaupt noch einmal entscheiden zu können. Über Generationen und Generationen immer wieder fünf vor zwölf. Entweder war die Zeit stehengeblieben oder aber die Uhr. Letztlich ist darüber die Zeit des Sozialismus abgelaufen. Er war die Utopie einer besseren Verwaltung der Systemdimension. Aber nachdem jener Punkt ohne Wiederkehr überschritten ist, der innerhalb des Sozialen keine Entscheidung zum Besseren mehr übrig läßt, hat er ausgespielt. Seine Horrorvision, die Barbarei, ist angesagt; und schon gibt es jene, die sich mit dem Schreckgespenst angefreundet haben und die bereit sind, die Möglichkeit als Chance zu ergreifen.

Es geht nicht mehr um perspektivische Orientierungen des Handelns, diese Orientierungen brauchen nur jene, die sie selbst schon längst nicht mehr anbieten können. Es geht um die Bereitschaft, sich den Situationen, die kommen, zu stellen. Wer Zeit-Räume braucht, in denen er seine Phantasie schweifen und streunen lassen kann, mag sie nicht mehr in Utopia finden, sondern in Szenarios, die das Desaster durchspielen.

Der Ozean hat ein Gedächtnis von mehreren hundert Jahren. Seismische Ereignisse, tektonische Verschiebungen, Geburten unterseeischer Vulkane in zehntausend Metern Tiefe können ihre Auswirkungen erst Hunderte von Jahren später an der Meeresoberfläche auftauchen lassen. Das Absinken ganzer Küstenregionen mitsamt seiner Dörfer ins aufgepeitschte Meer kann seinen Auslöser in einer Zeit noch vor Besiedelung dieser Küste gehabt haben. So wie das Licht der Sterne uns erreicht, nachdem diese vielleicht schon vor Tausenden oder Millionen von Jahren erloschen sind, war alles schon längst passiert, bevor es eintrat. Was macht die Bürger und somit die Linken, die als einzige Standartenträger der bürgerlichen Geschichtshoffnung noch übrig geblieben sind, eigentlich so sicher, daß unsere Gegenwart nicht eine Sammlung von Phänomenen ist, die nur noch wie zum Hohn aus einer längst vergangenen Epoche in unsere Zeit ragen, weil das Licht des Bewußtseins, das aufgeklärte Denken, sie nicht schneller transportieren kann? Was weigert sich so hartnäckig anzunehmen, daß die Geschichte, mit der die MENSCHHEIT ihre Macht über die Erde ausüben wollte, nur noch als Schimäre in das Selbstverständnis dieser Zeit hineinleuchtet? Der Lauf der Dinge ist längst zum Fatum geworden. Mögen die vermeintlichen Herren dieser Welt noch so viele Konferenzen über das Ozon-Loch abhalten, stopfen werden sie es damit nicht mehr. Der Lauf der Dinge wird nicht mehr durch Entscheidungen im Bereich des Sozialen reguliert, höhere Spielebenen haben ihr Eingreifen signalisiert, da die Welt des MENSCHEN nicht mehr synchron mit ihnen läuft.

Das Desaster der Ordnung, die die Realität ausgeklammert hatte, hat bereits seine Vorboten ausgeschickt, auch in den Bereich des Sozialen. Die Bewegung war nichts anderes als eine solche desaströse Kraft. Sie hat nichts hinterlassen, was weitergeführt werden könnte oder müßte. Aber vielleicht läßt sie sich als eine Art Vorbote verstehen, der von noch gewaltigeren Ereignissen kündet. Diese Botschaft hätte nicht den Sinn, das Kommende noch einmal abzuwenden, sondern ihm zu gegebener Zeit zuvorzukommen. Man liest die Zeichen anders, wenn man sie von ihrem Ende her versteht. Ihre höchste Auslegung wäre es wohl, sie irgendwann mit ihrem Geschehen eins werden zu lassen.

Die Ereignisse, die kommen, werden heftige Realitätseinbrüche sein. Gänzlich unpolitische Faktoren wie Viren, Erdbeben, Überschwemmungen, schließlich Nahrungsmittelverknappungen werden den Gang der Dinge bestimmen. Das Soziale des Systems ist in Gefahr; in der Gefahr, daß um diese Ereignisse herum autonome soziale Gebilde entstehen, die die politischen Karten der Welt zu Altpapier werden lassen. Das Soziale wird sich mit dem Schicksal neu arrangieren müssen.

Die Scene

Nach der Restrukturierung der Zeichen ist von der Bewegung ein Bodensatz übriggeblieben: die Scene. Sie spielt sich in Kneipen, auf Feten, an einer Straßenkreuzung und manchmal noch auf Versammlungen ab. Man sieht dieselben Leute wie damals zu Bewegungszeiten, ein paar Gesichter sind verschwunden, ein paar neue sind dazugekommen. Aber alles ist geronnen, keiner kann die Scene mehr mit der Bewegung verwechseln.
Jeder, der zu ihr gehört, redet von der Scene, aber eine Definition fiele schwer. Weder ihre Orte noch ihre Zeiten noch auch die Leute, die zu ihr gehören, lassen sich eindeutig ausmachen. Man kann sich in einer Scene-Kneipe aufhalten, ohne von ihr etwas mitzukriegen. Man könnte sie für eine Fiktion halten, die nur aus einem diffusen Zusammengehörigkeitsgefühl entsteht, mit dem jeder, der es hat, etwas anderes verbindet. Aber vielleicht gehört eben diese Undefinierbarkeit wesentlich zu ihrem Charakter, denn sie ist eine Wirklichkeitsmischung, weder Masse noch Gruppe noch kollektive Bewegung, und doch von allem etwas.
Die Scene erlaubt es, nach dem Wiedereinsetzen der individualisierten Normalzeit an der Bewegungsvergangenheit als einem Stück gemeinsamer Geschichte festzuhalten. Man kann sich Geschichten von früher erzählen und sich noch einmal mit den Genealogien schmücken, die außerhalb der Scene keiner versteht: bei welchen Besetzungen man dabei war, mit wem man welche Aktionen gemacht hat und so weiter. Aber die Scene funktioniert letztlich nicht als Veteranentreffen. Die gemeinsame Vergangenheit

läßt sich nur vereinzelt noch einmal herbeizitieren. Im größeren Kreis wird die Gegenwart bald zur Scheidelinie der Gemüter. Die Verschiedenheit, die in der Bewegung zur gemeinsamen Symbolik zusammenfand, trennt die Erinnerungsfäden auf, wenn es daran geht, sich in der Gegenwart zu verorten. Das Band der Gemeinsamkeit ist zerrissen, jeder hat eine andere Erfahrung mitgenommen, und jetzt droht die Vielfalt der Geschichten zu tausend Formen der einen Geschichte zu werden, die sich gegenseitig ausschließen. Die einen wollen aus der Bewegung auf einmal die Notwendigkeit organisierter Politik als Lehre gezogen haben, während bei anderen genau das Gegenteil der Fall ist. Die Scene ist ein Zusammenhang, dessen Kohäsionskraft eigentlich schon längst erloschen ist – und dennoch existiert.

Die Scene ist mehr als eine Kette von Orten und Zeitpunkten, an denen sich Ehemalige treffen. Sie hat Infrastrukturen, die jederzeit für verschiedene Zwecke nützlich sein können: informelle Kanäle, Versammlungsräume, Druckereien, Werkstätten. Aber welchen Zwecken zu dienen sinnvoll ist, wird immer mehr zum Problem der Scene. Daß nach den tausend Enden der Bewegung nichts mehr

selbstverständlich ist, soll in endlosen Diskussionen vergessen gemacht werden, und so hat die Scene immer ein Thema, über das man/frau redet. Man diskutiert über die Haltung der Scene zum Hungerstreik der RAF-Gefangenen oder zum Staatsbesuch des Präsidenten von sonstwo, zu einer Bandenaktion gegen Schicki-Kneipen oder darüber, ob man/frau etwas gegen einen als Chauvi bekannten Kneipenbesitzer unternehmen soll. Der Stoff, aus dem die Scene ihre Themen gewinnt, entstammt sowohl dem eigenen Lebensfeld wie auch der Welt der Medien. Manchmal ähnelt sie einem Club von Salonschwätzern in einem etwas heruntergekommenen Ambiente, der sich zu einer historisch gewichtigen Pseudo-Person aufspielt. Aber dann ist sie plötzlich wieder ein aktionsfähiger Zusammenhang, der einen ganzen Stadtteil gegen rassistische Umtriebe zu schützen vermag. Manchmal erscheint die Scene als sinn-los, aber wert-voll, und manchmal scheint es genau andersrum zu sein. Manchmal ist alles so öde wie die politischen Grundsätze, die dann als einzige noch Gültigkeit zu haben scheinen, und manchmal schert sich keiner um sie und man hat einfach seinen Spaß, bei dem man die Zeit vergißt.

In der Scene lebt man nur freizeitweise, jeder geht mehr oder weniger seinen eigenen Beschäftigungen nach, und er muß es, denn sie kann das Leben der Einzelnen nicht umschließen. Sie ist kein bewegter Zeit-Raum, sondern die ewige Wiederkehr des Feierabends, an dem man sich für die Sinnlosigkeit des Tages zu entschädigen versucht. Sie ist ein permanenter Veranstaltungskalender, dessen Programm nur minimale Abweichungen kennt. Sie ist der Ort, an dem die kleine Rache ausgeheckt und das große Fest gefeiert werden kann. Nach einer unvermuteten langen Nacht der brennenden Barrikaden ist sie die gute Laune selbst.

Schlimm wird es nur, wenn die Politischen sich zu Sprechern der Scene aufschwingen und, nicht genug damit, auch noch Verantwortung für den ganzen Weltlauf übernehmen wollen. Es wird dann über die Scene als Ghetto diskutiert. „Warum hört keiner auf uns?" ist die Frage, die sie beschäftigt. „Wir müssen unsere Inhalte erweitern, um den Marginalisierten etwas zu sagen zu haben!", ihre Antwort. Als ob es nicht bereits mehr als genug Inhalte gäbe! Als ob nicht bereits alles durchgespielt sei! Nichts führt daran vorbei, daß

die Anziehungskraft der Symbole, die einzig etwas in Bewegung gesetzt hatten, erloschen ist und daß es nicht die Requirierung alter, längst ausgesonderter Theorien ist, die erneut etwas in Bewegung wird setzen können.
Dann soll eine kursierende Moral wenigstens innerhalb alle auf eine gemeinsame Plattform zurückholen. Doch mit Grundsätzen ist nichts gewonnen. Die Scene bekommt die Rolle des konservativen Wertewächters zugewiesen, der das unkontrollierte Vagieren Einzelner draußen halten soll. Aber das ist nur die Scene in den Köpfen jener, die glauben, sie repräsentieren zu können, um beim Bier über Andere zu Gericht zu sitzen. Am Nachbartisch hocken die Ironiker zusammen, denen das aufgekochte politische Gehabe Anlaß zur Belustigung ist. Sobald einer von ihnen herüberkommt, erscheint er den Politischen unter der Maske des Zynikers. Aber die Scene ist auch der Ausgleich, der beim Herüberreichen des Joints geschaffen wird. Immer wieder gibt es Gesten der Gemeinsamkeit in der Scene, die durchsetzt ist von Distanzhaltungen aller Schattierungen. Die Ironiker, die Zyniker oder auch die notorischen Nörgler sind überall dabei, um sich über die Engstirnigkeit der Scene, die es ja doch nicht schafft, etwas auf die Beine zu stellen, auszulassen. Sie gehören dazu. Manche von ihnen sind heimliche Trickster, Narren, deren banale Weisheit darin besteht, nicht den dummen Pausenclown der Ereignisse zu spielen, der immerfort seine ewiggleiche Nummer zum besten gibt, sondern im rechten Moment zur Stelle zu sein.
Die Scene geht dort weiter, wo sich die Zeitschleife der Bewegung wieder geschlossen hat. Mit ihr beginnt auch wieder die Fiktion der Geschichte, an der sich die Linke mit ihrer Geschichte des Widerstands beteiligt. Aber auch das Ende der Geschichte, das schon am Anfang der Bewegung stand, geht weiter: Der fatale Lauf der Dinge, der sich nicht mehr steuern läßt – und die Bereitschaft, sich an jenen Stellen, an denen der Zeit-Geist auftaucht, ohne das Versprechen eines Lohns in der Zukunft der geistesgegenwärtigen Wendung der Situation in eine zweifelsfreie Präsenz hinzugeben.
Die so wert-volle Scene wird sich an noch so manch einem Feuer erwärmen, aber das Gebäude der Macht wird sie nicht in Brand stecken können. Wenn die nächste Bewegung losbricht, werden nur

noch die wenigsten von damals dabei sein, und es wird nicht zuletzt die von den vergangenen Ereignissen übriggebliebene Wertkruste sein, die die meisten für die neuen Erscheinungsformen des Zeit-Geistes unempfänglich gemacht haben wird.
Jeder in der Scene träumt mitunter davon, daß alles wiederkommt, nur besser und haltbarer als damals. Aber das, was kommt, wird nie irgendwelchen verlängerten Erinnerungen entsprechen. Vielleicht wird es überhaupt keine Bewegungen mehr geben, die sich in der Leere eines undeterminierten Raumes als soziales Gebilde ihre eigene Kultur erschaffen können. Vielleicht ist die Zeit schon zu weit fortgeschritten, so daß Bewegungen nur noch unter der Forderung und dem Zeichen einer Realität entstehen werden, die als Katastrophe in das System hereinbricht. Solche Bewegungen wären selbst von katastrophalen Über-Lebensbedingungen gekennzeichnet. Das System läßt sich durch eine Bewegung auf einem reinen sozialen Feld nicht kippen. Aber wenn alles birst, werden nur noch Bewegungen den Ausgang finden.

Spiel-Räume

Am Flipper-Automaten steht man wie ein Offizier am Kartentisch, und zugleich ist man sein eigener Kanonier. Der Apparat ist ein begrenzter Raum des Geschehens, der sich dank dieser Begrenzung vollständig überblicken läßt. Die Hände mit den Fingern links und rechts an den Buttons bleiben auf der Höhe des Geschehens, während man zugleich alles von oben überblickt. Ein kartographischer Blick, der sich mit der Fingermotorik kurzschließen muß, um die Kugel stets wieder von einem Opfer der Gravitationskraft zum gelenkten Geschoß werden zu lassen. Die schiefe Ebene ist dabei eine Metapher für die Abschüssigkeit des Lebens. Das Spiel ist ein Ankämpfen gegen das unausweichliche Ende, das die Schräge im Verein mit der Trägheit der Kugel über jeden Versuch verhängt. Die Kunst besteht darin, möglichst lange im Spiel zu bleiben. Gefordert sind Aufmerksamkeit und exaktes Reaktionsvermögen, dessen Umwandlung in zielgerichtete Aktionen das Maß der Meisterschaft angibt. Entweder bestimmt die elastische, piepende, von

Lichtspielen und Leuchtsignalen durchblitzte Landschaft den Weg der Kugel, oder man selbst versteht es, sie immer wieder hindurchzulenken. Eine tückische Landschaft voller Chancen und Fallen. Man muß die Spannungsstärke der Bandengummis kennen und die Beschleunigungskraft der Katapulte, die die in ein Loch beförderte Kugel zurückschießen. In jedem Fall aber ist der Flipper ein transparentes Universum, in dem der Ausfallwinkel dem Einfallswinkel entspricht, so daß der Über-Blick zur Vorstellung von der Beherrschung des Raums führt.
Anders bei den Computer-Spielen, bei denen sich Aufmerksamkeit und Aktion nicht auf ein Objekt im Raum richten. Man selbst ist dieses flimmernde Etwas, das sich nur mittels des Joysticks bewegt, und man ist von allen Seiten bedroht. Vom Bildrand oder gar mitten aus der eben noch freien Landschaft tauchen plötzlich irgendwelche Horrorteile auf, denen es auszuweichen oder die es abzuballern gilt. Kein Kampf gegen die schiefe Ebene, sondern gegen das Unerwartete, dessen Tödlichkeit mit der Dauer des Überlebens wächst. Anders als beim Flipper kündigt sich die Gefahr nicht an, sondern

sie taucht unmittelbar aus dem Unsichtbaren auf, und es gibt keine Chance, ihren Einfallswinkel durch die eigene Joystickaktion zu bestimmen. Die Welt der Computerspiele ist ein nur ausschnittweise und begrenzt wahrnehmbares Universum fremder Mächte, die plötzlich erscheinen und angreifen. Um durchzukommen, gibt es keine andere Chance, als deren Geschwindigkeit mit den eigenen Reaktionen zu überbieten.

Wo sich der Glaube an die steuerbare Geschichte zersetzt hat, erscheint die Welt ähnlich dem Geschehen in einem Computer-Spiel als Raum plötzlich und vernichtend auftretender Gefahren. Die Bedeutung all dessen, was sich innerhalb der Bildschirmgrenzen abspielt, ist zu einer Frage von Deutungen geworden, die das sichtbar Gemachte auf verschiedene unsichtbare Entwicklungen hin überschreiten. Solange der moderne Mensch das Wesen war, das nicht nur versprechen sondern zugleich auch noch hoffen durfte, das Versprochene einzulösen, solange konnte er ernsthaft an seine Wirklichkeit und deren Planbarkeit glauben.

Damit ist es vorbei, sobald die lauernde Realität als unbekannte Größe erkannt ist, deren Einfallswinkel und Art der Bedrohlichkeit sich nicht mehr vorhersagen lassen. Die Welt ist zum Spielraum geworden, in der Als Ob regiert.

Zu den Zeiten, da die Geschichte ihr Deutungsmonopol des Laufs der Dinge noch behaupten konnte, schien alles immer korrigierbar. Der Vernichtungsfeldzug des MENSCHEN galt als beständige Eliminierung begangener Fehler. Jetzt aber wird es ernst und somit beginnt ein neues Spiel. Auf einmal, einhergehend gerade mit der Austauschbarkeit der Deutungen, scheint am Gang der Dinge nichts mehr reversibel und der Scheitelpunkt jener Parabel überschritten, deren fatale Verlaufsrichtung mit tödlicher Gewalt in die Welt des MENSCHEN zurückkehrt. Sei es, daß zuerst die Ressourcen erschöpft sind, sei es, daß die Erde dem chemisch ventilierten Produktionsausstoß nicht mehr anders als mit einer noch mächtigeren Zerstörung begegnen kann, das Ende scheint unaufhaltsam unterwegs, man meint die Zeitbombe der Zivilisation schon ticken zu hören. Das ist der Spiel-Raum, jene Zeitspanne, die noch bleibt, nachdem die Steuerphase der Rakete beendet und nichts mehr veränderbar ist. Mehr Zeit gibt es nicht mehr, nicht für uns. Wenn

es noch Spielideen gibt, müssen jetzt die ersten Züge gemacht werden.
Verschiedene Spiel-Programme laufen bereits, um alle Möglichkeiten der Moderne nach ihrem geheimen Passwort abzufragen, mit dem sich die Pforte öffnen läßt. Die Vorstellungen darüber, was hinter dieser ominösen Pforte sei, gehen von Null bis ins Unendliche.
Da ist das Spiel der Hacker, der Kommunikationssaboteure.

Es ist die reine Lust an der Möglichkeit, die die Hacker auf die Suche nach den Schlüsseln treibt, mit denen sich in verbotene Programme eindringen läßt, um sie zu kopieren, zirkulieren zu lassen, den eigenen Namen, versteckt in einem Kürzel, in ihnen zu hinterlassen; eine Spur, die im Löschen des geknackten Programms bestehen kann. Es ist die Lust an der reinen Möglichkeit, vielleicht gepaart mit ein wenig Boshaftigkeit oder auch umgekehrt moralisch legitimiertem Willen. Aber beides ist uninteressant, denn in den Effekten schimmert kein Motiv mehr durch. Es gibt die Möglichkeit, das System zu knacken, nur darum geht es, nicht um irgendwelche Utopien. Der wilde, anarchische Impuls, der im Spielraum der Welt wach geworden ist, wird logisch aufgezäumt, der algorithmischen Ordnung des Systems angepaßt. So muß ihm dieses System nur noch die Möglichkeit anbieten, sich innerhalb seiner auszuagieren, und schon schließen sich einige Kids dem Mehrheitstrip an und lassen ihre disziplinierte Phantasie nun als Chefprogrammierer der Sicherheitsabteilung schweifen.
Wollten die Hacker selbst zur von außen eindringenden Gefahr des Systems werden, so finden sie sich unter dem Gesichtspunkt stetiger Weiterentwicklung und Verbesserung der Programme in deren reiner Immanenz wieder. Die Saboteure von gestern sind die Sicherheitsexperten von morgen. Aber das heißt genausogut:

jede heute verschärfte Sicherheitsmaßnahme fördert auch die Ausgefuchstheit künftiger Hacker. Jene Haltung, die in grundloser Besessenheit auf das Ende setzt, wird solange immer wiedergeboren werden, wie das Reich der Möglichkeiten andauert. Diese Haltung läßt sich nicht mehr aus der Welt schaffen. Das heißt zugleich: überall kann sie im Verborgenen, der Dialektik ihrer Integration auf listige Weise entzogen, auf der Lauer liegen, vielleicht sogar ihrer selbst noch unbewußt. Mitten im Apparat sitzen heimliche Spieler, die Runde um Runde unerkannt mitgehen, um auf einmal alles in einem letzten Duell zu setzen. So wie vermeintliche Saboteure immer schon integriert sind, sind vermeintlich Integrierte immer schon am Sabotieren. Nichts kann mehr als sicher gelten.

Die elektronische Welt

- Bilder paradiesischer Gärten, Invasionen von fremden Planeten, Auflehnungen der Automaten, aber niemand hat angenommen, daß...
- Was? Daß sich eigentlich nichts ändern werde?
- So läßt sich das nennen.

(Stanisław Lem)

Und wenn wir doch eines Tages wie aus einem Traum erwachten, um festzustellen, daß wir in einer Welt reiner Immanenz leben, in der noch jeder Ausbruchsversuch aus ihr von einer unantastbaren Macht geplant war? Wir könnten dann vielleicht schon nicht mehr unterscheiden, ob der Traum ein guter oder ein schlechter war, noch ob die Wachwelt einem Paradies oder der Hölle ähnelte. Wäre es nicht eine Welt, in der alle Gegensätze über kurz oder lang nichtig würden? Wäre ein Erwachen überhaupt noch möglich? Ist diese ein- und ausbruchssichere Welt am Ende längst der Fall und bleibt das Erwachen daher aus?

Der Boom, den die Mikroelektronik seit der Entwicklung des ersten Transistors im Jahre 1947 verzeichnen konnte, ist nicht der irgendeiner Industrie-Branche. Ob unter den ewig Gestrigen oder den ewig Fortschrittlichen, ob im Licht brancheninterner Technikerphantasien oder empörter Schreckensvisionen, überall ist man sich einig, daß dem Siegeszug der Mikroprozessoren epochaler Stellenwert zukommt.

Aus der Perspektive der gescheiterten Revolutionen hat bereits ein Zeitalter universeller und autistischer Affirmation begonnen, in dem es nur noch ein mögliches Außerhalb gibt: Utopien, in denen sich eine dem Bedürfnisstand des Bewußtseins angemessene Welt ausdenken läßt. Eine gedachte Gegenwelt zu den offiziellen Zukunftshochrechnungen. Eine Welt, die den Vorteil hat, daß es keinen Weg zu ihr gibt, den man gehen müßte, und auf dem man behindert werden könnte. Umklammert von einem allmächtigen System tritt die linke Resignation den melancholischen Rückzug in die mentalen Reservate einer Erinnerung an die Hoffnung an. In der Diaspora eines utopischen Bewußtseins ohne Bewegung soll das Außerhalb seinen letzten Ort haben. Aber sind diese Orte op-positioneller Ideen nicht gerade Teil der System-Immanenz, die sich immer über Gegensätze verwirklicht? Das exklusive Selbst, das sich mit seinen Utopien für ganz anders als die Anderen und daher vielleicht außerhalb des Ganzen wähnt, verschmilzt zum unkenntlichen Tropfen in der Masse.

Alles spricht für die elektronische Welt, am überzeugendsten sie selbst. Eine freundliche und gefällige Welt, die alles erleichtert, Haushalt, Berufsarbeit und sogar die Kommunikation. Die rechnergesteuerte Waschmaschine erkundigt sich natürlichsprachlich nach der Wäscheart, um sich dann vollautomatisch deren Reinigung und anschließender Trocknung zu widmen, während kleine Raumpflegeroboter über die Teppiche summen. Der Pilot einer Kunstfliegerstaffel erhält nach dem tödlichen Tragflächenkontakt mit der Nachbarmaschine nicht nur selbst noch ein Leben geschenkt, sondern auch die Schuld am Tod der Anderen erlassen. Der Simulator macht es möglich, die Eintragungen im Lebensbuch wieder zu löschen. Alles war nur ein Informationsspuk. Der Tod ist nicht echt, weil das Leben simuliert ist. Aber man simuliert es nur solange, bis man sicher zu sein glaubt, auch in echt keiner andersartigen Realität zu begegnen. So zumindest die Überzeugung der Positiven.

In der Industrie haben sich tüchtige Automaten auf ihre eigene Art Respekt verschafft. In Japan, zunehmend auch in Europa, rationalisieren sie, vornehmlich in der Automobilherstellung, Fertigungshallen von den Fleisch- und Blut-Arbeitern frei. Nicht nur zum zweifelhaften Leidwesen der ihrer Arbeit enthobenen, sondern mitunter auch auf Kosten der übriggebliebenen. Jährlich töten Industrie-Roboter bereits mehr als ein Dutzend Menschen an ihren Arbeitsplätzen. Obwohl versichert wird, daß es sich jeweils um dumme Zufälle und keineswegs um gezielte, also intelligente Aktionen handelt, werden solche Meldungen doch mit einem gewissen Gruseln aufgenommen.

Es gibt Zauberworte, die weiter reichen als alle bisherige Vernunft. Ob *Artificial intelligence* oder *Artificial realities*, die Zukunft der Rechner soll sich nicht in überschaubaren, durch Programmvorgaben abgezählten Möglichkeiten erschöpfen, sondern ungeahnte, sich erst dialogisch erschließende Wege gehen. Nach den dummen Programmen, die nur ausführen können, was man ihnen zuvor eingegeben hat, sind die Münchhausen-Programme angekündigt, die sich am eigenen Schopf aus dem Sumpf des Informationschaos der Welt ziehen: echte Gegenüber, mehr noch: ganze Welten, die in sich alle möglichen Gegenüber beinhalten.

Myron W. Krueger, Informatikprofessor an der University of Connecticut, arbeitet an interaktiven Environments. Er entwickelt Räume, deren mit Bildschirmen tapezierte Wände und mit Sensoren versehene Fußböden sich als bizarre Landschaften dreidimensional um ihre Besucher zu schließen scheinen. Ein solcher Raum reagiert auf die Bewegungen seines Gastes, um sich gegebenenfalls auch gemäß dessen Verhalten umzugestalten und neue Möglichkeiten zu entwickeln. Krueger kann sich diese Räume auch als therapeutische Umgebung vorstellen. Ängstliche Menschen könnten in ihnen unter Umgehung des Therapeuten ihre Hemmungen abbauen und wieder Fuß in der Welt fassen lernen. Wie bei Weizenbaums berühmtem Eliza-Programm könnten Menschen einem künstlichen Gegenüber mehr Vertrauen schenken als einem natürlichen.

Die Computer sollen nicht nur das Feld vereinzelter Spielerei oder gezielter Nutzanwendung besetzen, sondern auch die Schnittstellen des zwischenmenschlichen Verkehrs. Schon stehen wir auf der Schwelle zu einer sich kybernetisch aussteuernden Kommunikation, in der auf dem Bildschirm des Heimcomputers nicht mehr nur der graphisch gestaltete Geburtstagsgruß eines Freundes oder eine natürlichsprachlich verlesene Einladung zum Essen aufflimmert. Das nächste Meeting, vielleicht auch ein Dienstgespräch, könnte schon mit einer holographischen Simulation des Gegenübers stattfinden. Es geht zunächst um Forschungsgelder. Die Entwürfe blitzsauberer Zukunftsbilder haben sich vom weltanschaulichen Ballast, der das utopische Denken immer beschwerte, freigemacht. Sie rechnen nur die bestehenden Möglichkeiten hoch, um eine perfekte, widerstandslose Welt sich im Geiste aufbauen zu lassen.

Eine Frage taucht auf, in der die Jubelphantasien und die Horrorvisionen von der elektronischen Welt konvergieren: Sollte es am Ende der Geschichte zu einer ontologischen Mutation der Wirklichkeit kommen? In der historischen Zeit der Zeichen ließ sich die Wirklichkeit als eine durch Zeichen vermittelte Triade aus Selbst, Realität und Anderen denken. Die Zeichen, die man im Diskurs mit Anderen austauschen können mußte, verknüpften die zunächst voneinander unabhängigen Größen Selbst und Realität zur Wirklichkeit. Kann und muß die Wirklichkeit mit zunehmender Computerisierung des Alltags, in dem die Apparate uns nicht nur intelligent ansprechen, sondern sogar taktile Eindrücke hervorrufen können, zunehmend als Dyade Mensch-Maschine gedacht werden? In der perfekten Maschinensymbiose würden die Zeichen, die das Welt- und das Sozialverhältnis vermitteln, auf nichts mehr außerhalb ihrer verweisen und das Bezeichnete würde in einer vollständig immanenten Welt zum fremdartigen, vielleicht schon unverständlichen Mythos einer vergangenen Epoche geworden sein. Es gäbe kein Geschehen mehr unterhalb der elektronisch gesteuerten Zeichenebene, nicht für uns. Die elektronische Welt würde die Differenz der Land-Karte zum Territorium nicht mehr kennen. Sie wäre eine anders strukturierte, eine mutierte Wirklichkeit, in deren Immanenz Zeichen und Geschehen verschmolzen wären. Das Soziale (die Anderen) und die Realität (letztlich der Tod) entfielen in ihrer perfekten Simulation, in der es nur eins nicht mehr gäbe: ein Kriterium der Illusion.

Der Zeichen-Apparat einer so mutierten Wirklichkeit müßte eine vollständige Weltmaschine sein, er müßte Dinge, Ereignisse und Andere aus sich generieren können. Die elektronische Welt müßte Universum sein, sie müßte all das, was sie nicht wäre, ebenfalls hervorbringen, simulieren können.

Sie bestünde nicht mehr aus Bildern von etwas, denn es gäbe keine Differenz mehr zwischen Zeichen und Bezeichnetem. Wie etwas geliefert würde, hätte es als wirklich zu gelten. Der Zeichen-Apparat müßte ein Kriterium für die Wirklichkeit seiner Welt liefern be-

ziehungsweise jedes Kriterium zu deren Widerlegung ausschalten können. Er müßte den Menschen ganz einfach unterhalb des desaströsen Zweifels mit seinen Phänomenen kurzschließen können. Ein Kurzschluß, der, wenn es denn je zu ihm gekommen wäre, nie bemerkt werden könnte.
Doch hat sich damit überhaupt etwas geändert? Haben die massenmedialen Zeichen nicht längst vom Boden der Realität abgehoben und die Anderen zu schimärischen Schatten werden lassen? Oder gab es „früher" immerhin noch die Möglichkeit, Anderen außerhalb medialer Zusammenhänge zu begegnen und zusammen mit ihnen zur Realität für das Soziale des Systems zu werden? Das TV hat gesprochen, aber nie geantwortet wie die Dialog-Maschinen, die vorgeben können, selbst ein lebendes Gegenüber zu sein. Und wenn sie schließlich noch die menschliche Gestalt täuschend echt imitieren könnten?! Vielleicht ist ja auch schon längst alles der Fall und nun tritt nur der mit dem Verschwinden der Realität zwangsläufige paranoische Reflex ein, der der Echtheit der Anderen nicht mehr traut. Elektronische Bilder können direkt am Bildschirm generiert werden. Woher die Gewißheit nehmen, daß die vermeintlich Anderen nicht nur Programmausstattungen einer Welt sind, die nur einmal, nur für einen, gilt?

„Mit geschlossenen Augen lauschte er dem leisen, eintönigen Singen, das er durch keinerlei Kommandos abzustellen vermochte, das er nicht abstellen konnte, das von ihm unabhängig war wie der irdische Wind." Ausgerechnet im Regenerierzentrum, wo der gesamte Müll des Raumschiffs, das dreckige Wasser und seine Exkremente in ihre Elemente zerlegt, um nachher, wieder neu zusammengesetzt, zu seiner Nahrung zu werden, ausgerechnet hier geht der Mensch in Lems Erzählung *Der Hammer* hin, um der Unfehlbarkeit der nicht altern wollenden Automaten zu entkommen und dem Vergehen der Zeit zu lauschen. „Nicht einmal verstaubt waren sie, obwohl er seit Monaten keinen angerührt hatte." Trotz aller Bemühungen der Ingenieure war das Rauschen der Technik nicht auszuschalten gewesen. Der minimale Reiz, der von dem anti-entropischen Regenerator ausgeht, wird zum Bedeutsamsten dieser Welt, in der der

Mensch die stille Zwiesprache mit etwas sucht, was von ihm unabhängig ist.

Die Systeme immaterieller Informationen entgehen dem Tribut nicht, den sie der Materialität der Welt zu leisten haben. Es handelt sich um mehr als den einkalkulierten Verschleiß, der die beständige Erneuerung auch ohne periodische Zerstörung durch Kriege ermöglicht. Trotz aller Raffinesse der Material- und Werkstoffkundler können die zivilisierten Zeichen ihrem Schicksal des unkontrollierten Zerfalls nicht trotzen. Auf Wegen, die um so gefährlicher sind, je weniger sie sich berechnen lassen, dringt die Entropie in sie ein. Das Rauschen der Zeit knabbert am Plan. Materialermüdung und Erosion, schockierend unintelligente Verfahren, lassen über unabsehbare Zeiträume Energieströme unbemerkt anders als programmiert fließen und aus den Informationsketten einen eigenartigen, wenn nicht gar eigenwilligen Komplex entstehen. Durch einen Würfelwurf der Materie (oder eine „materielle Verelendung"?) entstehen, ähnlich der Wirkungsweise mancher Software-Viren Desperado-Programme, die der menschlichen Befehlsgewalt bestenfalls noch zum Schein unterstehen. Nie programmierte Programme, die nicht intelligent, sondern zufällig entstehen (wie die Intelligenz?), ihre Benutzer narren und ihren Sachverstand schmähen.

Für manche liegt eine Art Versprechen im Scheitern des perfekten Plans, vielleicht ist es auch nur ein augenzwinkerndes Einverständnis mit ihm. Denn die Schnittstellen mit der Realität könnten die Tore sein, durch die sich in eine andere Wirklichkeit gelangen läßt. Nicht die Visionen der Planer, der ausgedachte Komfort, reizen, sondern das Brüchige, der Anti-Plan, der unbekannten und gewaltigen Zyklen folgt. Am Ende der Geschichte scheint es, daß alles, was Nähe zum Schicksal verspricht, stärker wirkt als dasjenige, was mit seiner vorgefaßten Idee identisch bleibt.

Was den Plan von außen scheitern läßt, letztlich die Undomestizierbarkeit der Materie, hat im Inneren der elektronischen Welt ein Korrelat. Die Zerfallszeit der Zeichen und das Zersetzungswerk des Zweifels haben eine gemeinsame Schnittstelle. Ein vom System unkontrollierbarer Ort, der sich doch zwangsläufig in ihm auftut.

Das System kann sich nur aporetisch aufbauen. Ist die elektronische Welt Universum, geht alles von vorne los, denn das Universum der Möglichkeiten enthält auch die Frage nach den Anderen und der Realität der Dinge. Das Denken denkt in der Struktur seiner Wirklichkeit. Das Reich der Möglichkeiten aber enthält in sich immer die äußerste Möglichkeit seiner Unwirklichkeit. Es könnte ein eigenständiges Zeichensystem sein, dem in der Realität nichts entspricht. Dann fiele die Wirklichkeit nicht nur in den Stand der Simulation, sondern den des Betrugs hinab.

Doch jede definitive Enthüllung bleibt oder bliebe eine Möglichkeit, nach deren Beweis das Denken vergeblich sucht. So wie die Antworten der Maschine fraglich würden, wären es auch die eigenen. Ohne Feedback durch Andere läuft der Zweifel leer, diese Anderen aber blieben genauso fraglich. Der Zweifel scheint zwangsläufig, aber genausogut dessen Verzweiflung. Er kann dem System mißtrauen, aber zu keiner eigenen Gewißheit gelangen. Auf einmal erscheint das paranoische Netz als Fraktal aller Ebenen innerhalb des Denkens.

Wenn die Zeichen fraglich geworden sind, die des Alltags, die der Geschichte und letztlich noch die des Widerstands gegen diese, so scheint sich nur noch ein ästhetischer Ausweg anzubieten, um die Melancholie in Schach zu halten: das Spiel mit den Zeichen, die alle Bedeutsamkeit verloren haben. Chris Marker stellt in seinem Film *Sans Soleil* (1983) seinen japanischen Freund Hayao vor, der die Zeichen der Geschichte, die Aufnahmen vom Kampf gegen den Flughafen in Narita, am Computer umsteckt, nachdem das Festhalten an ihrer Bedeutsamkeit zur Farce geworden ist. Eine ästhetische Anerkenntnis der Immanenz der Welt, deren Auswege einzig in individuellen Spielereien bestehen.

Die elektronische Welt wird auch den Philosophen entstehen lassen, der über alle Möglichkeiten, die diese Welt bereitstellt, reflektiert und zu dem Ergebnis kommt, daß das Reich der Möglichkeiten impliziert, auch keine Möglichkeiten zu haben. Die unendliche Vielfalt des elektronischen Zaubers versinkt in seinem Schweigen. Dieses Schweigen ist vielleicht die einzige Wirklichkeit aller Möglichkeiten. Aber muß in einer Wirklichkeit aller Möglichkeiten nicht auch die Wirklichkeit ohne alle Möglichkeiten drin sein? Das Unmögliche, die andere Wirklichkeit, wird zwangsläufig zum Gegenstand philosophischer Spekulation.

Es tauchen Mythen auf. Das elektronische Alter Ego erzählt: Einer von uns ist unecht. Die Cyborgs, getarnte Automaten, sind unter uns. Wer seinesgleichen erkennt, hat das Geheimnis des Lebens entdeckt. Es besteht, wie am Anfang aller Kultur, in der Entdeckung und symbolischen Bedeckung des Todes. Der Tod wird zum okkulten Faszinosum. Die Todeskulte der jugendlichen Gruftis in Ost und West, die den verabredeten Selbstmord zelebrieren, gehören vielleicht schon in diesen Komplex.

Auch der Saboteur wäre eine zwangsläufige Schöpfung des Apparats. Einer, der wie die Hacker alle Möglichkeiten austestet, um die eine zu finden, die Passwort ist. Dieses Passwort ist das Rätsel, das Geheimnis der Wirklichkeit, das zu lüften kein Einsatz zu hoch ist. Die Möglichkeiten auf jene eine unter ihnen befragen, mit der alle anderen vernichtet werden könnten. Den Knopf finden, mit dem man alle anderen abstellt.

Was dann? Am Ende aller Möglichkeiten der elektronischen Welt müßten sich der Zweifel und die Einsamkeit der Existenz überschreiten lassen. In einer sozialen Bewegung, die Raum und Zeit umdefiniert und die Straßen zurückerobert? Schon laufen die Polizei-Computer heiß und berechnen die benötigten Einsatzkräfte. Aber sie werden an einen verlassenen Ort geschickt. Die Meldungen waren fingiert. Niemand hat sich dort zusammengefunden. Ein einsamer Gag? Doch plötzlich kommen sie, einzeln noch, aber schon unzählig. Zu viele, die die fingierte Bewegung ernst genommen haben. Und auf einmal gibt es kein Zurück mehr, für keinen.

Die Immanenz der Welt des MENSCHEN führt unausweichlich zur obsessiven Suche nach ihrem Ausgang. Es drängt etwas nach außen, und zugleich drängt etwas von außen nach innen. Doch dieses Scheitern der vollständigen MENSCHLICHKEIT widerlegt nicht die Immanenz der Welt. Im Gegenteil, es ergibt sich aus ihr. Die Immanenz ist das Zusammenspiel und Ineinandergreifen mehrerer Ebenen, in dem es das Projekt des MENSCHEN war, ein geschlossenes System ohne Anschlußstellen an die ihn umgebende Realität aus dem Ganzen auskoppeln zu können. Immanent aber ist lediglich die Unverfügbarkeit des Ganzen. Die elektronische Welt ist der Spiel-Raum der Macht. Man kann in ihm spielen, solange die Energieversorgung nicht unterbrochen wird. Es ist ein Spiel um das Vergessen des Endes. Oder dessen Eintreten? Am Ende ist die Vorstellung der elektronischen Welt nur ein Gedankenspiel gewesen, eine Utopie oder vielleicht schon nur noch deren Ersatz, um die Leere der Möglichkeiten von der Zukunft her abzusaugen und eine gewisse Dichte ins Dasein zu bringen. Aber es gibt kein Zurück in die Zukunft. Überall läßt die Materie das Ende als Realität auftauchen, und so taucht das Ende auch im Denken auf. Fehlt nur noch das Soziale, das eine andere Wirklichkeit zu schaffen vermag.

Realitätsfieber

Der Junge, der von einer Autobahnbrücke aus Steine in die Windschutzscheiben der unter ihm vorbeirauschenden Wagen fallen läßt, sucht vielleicht nichts anderes als ein Zeichen der Realität. Die Welt, die ihm ein hermetischer Raum von Informationen ist, bedarf des tödlichen Eingriffs, um etwas von ihrem Rätsel preiszugeben. Er kann die Realität nur in einem Akt herausfordern, dem eine einhellige Empörung folgt. Die Zeitungsmeldungen müssen heißlaufen, bis sie die Realität gleichsam ausschwitzen. Das Wichtigste ist, daß sie das Ereignis nicht in ihr Spiel des folgenlosen Ausgleichs der Meinungen integrieren können. Die Empörung darf in keiner Erklärung untergehen, dazu muß etwas Unfaßbares in die Welt gesetzt worden sein. Eine fatale Zwangsläufigkeit des Bösen, die in nichts anderem als einer Neugier gründet, der gegenüber von keinem Geheimnis der Wirklichkeit die Rede war.
In gewisser Weise ähnelt der Steinewerfer von der Autobahnbrücke dem Anschlagsgrüppler. Beide schaffen Ereignisse, über die berichtet werden muß, auch wenn ihr Sinn darin liegt, die Anonymität der medial gelieferten Wirklichkeit, in der man selbst nicht vorkommt, zu durchbrechen. Aber was die politische Intention in den Teufelskreis der Medienüberbietung und -partizipation treibt, führt das jugendliche Realitätsmanko in einen teuflischen Kurzschluß mit den medialen Effekten. Die Medien sollen bezeugen,

daß es eine Realität außerhalb ihrer gibt. Prickelnder noch mag die Provokation der Realität durch Geisterfahrer sein, die, möglichst nachts, gegen die Fahrtrichtung über die Autobahnen brausen. Auch der Scheinwerferschock, mit dem die Entgegenkommenden bei Tempo 100 und mehr gelähmt werden und der die eigene Lebendigkeit spürbar macht, braucht das mediale Feedback.
Jeder Geisterfahrt geht eine Wette voraus, selbst wenn es keinen aus(zu)zahlenden Wettpartner gibt. Es geht um die Existenz in der oberen oder in der unteren Hälfte des Diagramms, das von der Todeskurve durchschnitten wird. Der Kitzel liegt im Live-Erlebnis. Man muß es schaffen, solange drauf zu bleiben, bis es die Verkehrspolizei mitbekommen hat und man im Autoradio die Warnungen an die Anderen verfolgen kann. Beim Surfen auf der Todeskurve wird der Geisterfahrer sich seiner selbst fraglos, auf die Gefahr hin, sehr schnell nicht mehr zu sein.

In der Moderne ist die Realität zu dem geworden, was offiziell alles nicht der Fall ist. Sie erscheint daher stets als Einbruch einer geleugneten Macht, die zum zunächst nur partikularen, irgendwann aber partikularisierenden Zusammenbruch des Codes des MENSCHEN führt. Doch noch bevor die irreversible Zersetzung der System-Ordnung statthat, kündigt sie sich in Phänomenen an, die die Ereignisstrukturen ihrer Zeit aufnehmen, um sie gegebenenfalls zu überbieten.
Statt politischer Kämpfe kündigen sich vielfältige Formen der Erpressung mit der Realität an, Bündnisse und vorgetäuschte Bündnisse mit ihr. Entwendete Giftfässer oder Gen-Ampullen warten überall auf ihren Einsatz. Es geht längst nicht mehr um die Durchsetzung von irgend etwas, um die Machbarkeit vernünftiger und weltverbessernder Ideen. An die Stelle weltumspannender oder auch nur persönlicher Strategien tritt die diebische Freude am Effekt, der nur verlangt, der medialen Allgegenwart eine Nasenlän-

ge voraus zu sein. Die voyeuristische Lust am selbstinszenierten Spektakel und die Besessenheit von der Katastrophe verschmelzen miteinander, Medien- und Realitätseffekte werden kurzgeschlossen.

Die Vernunft, die eigentlich lange genug Zeit hatte, sich und der Welt gerecht zu werden, bläst zur Jagd auf diese Haltungen. Aber jetzt ist es zu spät. Nachdem sich nichts mehr steuern läßt, entfaltet das desaströse Ende eine merkwürdige Anziehungskraft, und vielleicht werden nur jene, die dieser Anziehungskraft keinen Widerstand entgegenbringen, wie durch ein schwarzes Loch ins nächste Leben gelangen.

Urban Riots

Alles kann zusammenschnurren zu einer Nacht der brennenden Straßen. Ein nichtiger Anlaß und kein zureichender Grund treiben dann, wie am 1. Mai 1987 in Berlin-Kreuzberg, innerhalb von Stunden Hunderte und Tausende auf die Straßen, deren brennende Barrikaden einen freien Raum bezeichnen, aus dem die Staatsmacht ausgetrieben ist. Keiner denkt in solchen Augenblicken an ein Morgen, alle Energie geht im Zeit-Raum der Präsenz auf. Jeder ist Teil der Fata Morgana, die hinter der ersten Barrikade beginnt, wo das Feuer der zweiten schon nur noch wie ein Trugbild flimmert. Alles ist jetzt, selbst die geplünderten Waren aus den zerstörten und niedergebrannten Supermärkten sind nur Trophäen des Augenblicks. Bier und Sekt stehen überall herum und enden klirrend auf einem Scheiterhaufen der Waren. Öffentliche Uhren und Telephonzellen fallen Äxten zum Opfer. Alle sind dabei, nicht nur die alten Kämpfer und die jungen Radikalen, der Sog der Gesetzlosigkeit zieht alle mit. Lautsprecher werden an die Fenster gestellt und dröhnen über die Straßen der Anarchie. Akkordeonspieler bringen betrunkene Pärchen zum Tanzen, die Nacht ist ein Fest und ein Rausch. Alle haben ihre Chance. Die, die schon immer mal den Verkehr regeln wollten, finden am Rand des Geschehens ihre Bühne, und diejenigen, die dem Feuerwehrmann Schutzgeleit durch das Chaos der Menge geben möchten. Unverwechselbar, unvergeßlich und unreproduzierbar ist der Sound, das Klacken der Steine auf dem Metall der Container, das Prasseln der Feuer, das Heulen der Wölfe.

Am nächsten Tag ist die Normalität schnell wieder hergestellt, die Glaser verrichten ihre Arbeit, städtische Aufräumkommandos tun ihre Pflicht, alles geht weiter wie immer. Die Politaktivisten schreiben gegen das Ereignis an, versuchen es einzuordnen und Lehren daraus zu ziehen. Die grünen Reformisten kritisieren die Polizeitaktik und fordern eine bessere Sozialpolitik, damit so etwas nicht wieder passiert. Die Autonomen scheiden im Namen der Ereignisse das Falsche vom Richtigen. Aber das alles gehört schon wieder ins Meinungskarussell des Medienzirkus. Keine Meinung reicht an die Ereignisse heran.

Solche Revolten, die nichts fordern und bei denen es um nichts geht, sind mit ihrem Geschehen eins und darüber hinaus nichts, es läßt sich keine Politik mit ihnen machen. Für diejenigen, die dabei waren, bleibt vielleicht eine nette oder irritierende Erinnerung, bei einigen bleibt das Gefühl der Vertrautheit mit der großen Unbekannten. Die Drohung des grundlosen Aufstands ist da und läßt sich nicht mehr aus der Welt schaffen, als höchste Unwahrscheinlichkeit gehört sie zu den Möglichkeiten dieser Welt. Ihr Eintreten läßt sich rational aber weder vorhersagen, verhindern oder herbeiführen, ihr günstiger Augenblick kann in einer absolut ausweglosen Situation auftauchen.

Noch empfindlicher als das politische Bewußtsein reagiert das System auf die brisante Unschärfe rebellischer Emissionspotentiale. Wenn es die lebenden Ikonen seiner Macht spektakulär durch die Stadt ziehen lassen will, hat es der Gefahr eines unberechenbaren Diffusionsgeschehens präventiv zu begegnen. Konnte sich ein Kennedy Anfang der 60er in West-Berlin noch auf der Straße feiern lassen, so mußte Reagan 1982 mit einem riesigen Polizeiaufgebot und ausgeklügelten Strategien von tobenden Streetfightern abgeriegelt werden. Stand 1982 das chilenische Fußballstadion Pate bei der amtlichen Vorgehensweise, so kam es bei Reagans Besuch der Stadt 1987 zu einer weiteren Steigerung der Mittel. Die Polizei riegelte den gesamten Bezirk Kreuzberg 36 ab, um das Ausströmen von Störern in die Innenstadt zu verhindern. Hunderttausende wurden zu potentiellen Attentätern. Die Vorstellung vom unberechenbar sich manifestierenden inneren Feind hatte sich in präventive Raumstrategien nach dem Muster des ummauerten Ghettos umgesetzt. Durch eine Beamtenummauerung wurde Kreuzberg zum Dunstfeld eines diffusen inneren Feindes erklärt. Nur durch die zeitlich und räumlich begrenzte Errichtung eines Lagers konnte er kontrolliert werden.

Im Gefolge der Kiez-Abriegelung besetzte ein riesiges Polizeiheer mit Panzerfahrzeugen den Stadtteil. Die Polizeiführung glaubte an die Revolte und fühlte sich darauf vorbereitet, sie niederzuschlagen. Man hatte das kartographierte Terrain vor Ort studiert, mögliche Fluchtwege eruiert und Fallen aufgebaut. Natürlich kam es zu kleineren Scharmützeln, aber natürlich blieb die große Revolte aus. Nicht auf Bestellung! Bei einsetzender Dunkelheit begannen Trommeln unbestimmte Botschaften über die Dächer Kreuzbergs auszusenden. Suchscheinwerfer zitterten an dunklen Fassaden hoch, während sich die Einsatzkräfte unter ihre Schilde bückten. Es waren unbestimmte Botschaften an eine unbekannte Zukunft. Irgendwann kommt jede Grenzziehung zu spät, weil sie vorher schon über-

schritten wurde. Wenn die Grenze überall errichtet werden kann, kann sie auch überall in ihrer Überschreitung entstehen. Nachträglich wird sie im Bersten der Ordnung sichtbar. Plötzlich, in Urban Riots.

Das System II

Nach der allgemeinen Relativitätstheorie gilt der Satz von der Gleichheit der trägen und der schweren Masse. Je nach Betrachterstandpunkt kann ein Körper als schwer oder als träg angesehen werden.
In einem schwerelosen Raum befindet sich ein Kasten, darin ein Mann mit Meßgeräten. Außen an der Kastendecke ist ein Seil befestigt, an dem ein Wesen den Kasten mit konstanter Beschleunigung durch den Raum zieht. Von außen gesehen fliegt der Kasten

nach oben, für den Mann darin aber entsteht ein Druck nach unten, den er sich als Wirkung eines Schwerefeldes interpretiert. Der Mann glaubt, schwer zu sein, ebenso wie die Gegenstände, die auf den Boden fallen, wenn er sie losläßt. Von der Innenperspektive aus erscheint alles als Wirkung einer Schwerkraft, mit der die Dinge sich auf ein Gravitationszentrum hin orientieren. Von außen aber müssen diese Vorgänge anders interpretiert werden, nämlich als Wirkung der Trägheit, durch die sich die Dinge einen Bewegungsimpuls mitteilen lassen. Der Mann erscheint schwerelos und nur durch die beschleunigte Bewegung auf den Kastenboden gedrückt. Nach Einstein kann keine Sichtweise die Priorität beanspruchen und sich zur Wahrheit der anderen aufspielen. Derjenige, der um die allgemeine Relativitätstheorie weiß, kann nicht entscheiden, ob seine Welt ein Gravitationszentrum hat oder ob sie nur von außen bewegt wird.

Der Kasten ist das System. In ihm scheint alles von einer unhintergehbaren Schwerkraft auf seinen Boden gezogen zu werden. Darum herum jedoch ist nichts, nur schwereloser leerer Raum. Die Bewegung des Kastens kann als das Tun der Anderen angesehen werden, dem jeder als Teil der trägen Masse folgt, unter dem Schein der eigenen substanziellen Schwere.

Im System müssen wir uns auf einen Standpunkt außerhalb des Kastens stellen, das heißt in die Ruhe der Gelassenheit gegenüber den Systemwerten begeben, die nur die Substanzillusion über die eigene Verhaltenssteuerung durch das Tun der Anderen sind. Dann enthüllt sich die Substanz dieses Tuns, dem alle durch Trägheit folgen, als imaginär. Dieser Wechsel des Betrachterstandpunktes ist eine Form von relativierendem Nihilismus. Interpretiert er nur das unabänderlich selbe anders oder sollte es möglich sein, durch ihn in den leeren Raum zu gelangen, um dort ein neues Gravitationsfeld entstehen zu lassen? Ließe sich durch eine andere Betrachtung der Welt eine andere Wirklichkeit erzeugen? Als individuelle Bewegung wird dieser Nihilismus an den Rändern des Kastens als Verrücktheit kaserniert. Aber kollektiv ließe sich eine systemsprengende Bewegung ausdenken, mit der ein Standpunkt von außen den System-Rahmen durchbräche. Die Gelassenheit, die Ruhe, würde außerhalb zu Symbolen zusammenfinden, die wie Substanz wirkten und eine neue Schwere der Körper entstehen ließen. Innerhalb des Kastens würde die Ruhe zur Bewegung und prallte als solche mit den Mauern zusammen, als welche die Institutionen des Systems auf einmal dastünden.

Die Apokalypse

Apokalypse bedeutet „Offenbarung", „Enthüllung". Damit ist ein doppeltes Geschehen bezeichnet: zum einen die Eingebung dessen, was passieren wird, die visionäre Enthüllung des kommenden Weltendes und die Aufzeichnung dieser Visionen, wie die Johannes-Offenbarung. Zum anderen meint es aber auch diese Geschehnisse selbst, nicht mehr den drohenden, sondern den stattfindenden Untergang.

Als die Wiedertäufer 1534 in Münster ihre Gemeinde ausriefen, hatten sich in den Augen der Reformierten die Zeichen der Apokalypse längst gehäuft. In Rom saß der Anti-Christ auf dem päpstlichen Thron und der Weltlauf näherte sich seinem Finale. Die Zeichen begannen, zum Geschehen selbst zu werden. In der Münsteraner Kommune, die sich eineinhalb Jahre halten konnte, begann die

Sammlung der 144.000 Gerechten, die das Weltgericht überleben würden und mit denen der wiedergekehrte Christus 1000 Jahre auf Erden leben würde. Die Kommunarden verstanden sich nicht mehr nur als Gläubige der Schrift, sondern, wie auch ihre Gegner, als Protagonisten in deren definitiv weltlichem Geschehen. Sie hatten nicht die kirchlichen Sakramente für ungültig erklärt, die Obrigkeit und die Pfaffen verjagt, den Besitz kollektiviert und bewaffnet den bischöflichen Truppen getrotzt, um eine neue Kirche zu gründen, die eine neue Lehre oder die Reinheit der alten durch die Geschichte transportieren sollte. Sie wurden zu den Bewohnern des Neuen Jerusalem, Teilnehmern an den Ereignissen, die die Offenbarung des Johannes beschrieben hatte. Nichts war ihnen so gewiß wie das kommende Ende.

Geht eine Welt unter, so entsteht eine neue und andere. Werden und Vergehen gehen weiter, nach unbekannten Regeln, die immer im Spiel sind. Wahrscheinlich sind diese Regeln in die goldenen Tafeln geritzt, die sich gemäß der germanischen Mythologie am Tag nach Ragnarök, der Götterdämmerung, in der die Asen und ihre Welt von den noch älteren Kräften vernichtet werden, im Gras finden. Es gab sie schon in ältester Zeit, aber der MENSCH hat die Zeit-Räume ihrer Gültigkeit vergessen. Als das Wesen, das versprechen darf, kann es auch vertragsbrüchig werden, und sei es nur aus Vergeßlichkeit. So scheint es, daß er den Pakt mit der Realität einfach vergessen hat.
Die Apokalypse ist der Ausgleich, der durch das Eingreifen einer höheren Spielebene geschaffen wird. Das Mittelalter hat sich dieses Ereignis als Eingriff Gottes und somit als Akt der Gerechtigkeit vorgestellt, das heißt im Zeichen einer selbst noch MENSCHLICHEN Größe. Aber die Apokalypse ist ein ganz und gar außermoralisches Geschehen, sie schaut nicht die Einzelnen an, sie fegt über alles hinweg. Man mag es bedauern oder nicht, das hat keinen Einfluß auf das Geschehen. Doch es soll gemäß den Mythen alter Völker eine gewisse Aussortierung stattfinden. Jene, die die Erinnerung bewahren und den Kontakt mit der großen Unbekannten halten, können den Ausgang aus der alten Welt und darüber Zugang zur neuen finden.

Die traditionalistischen Hopi-Indianer halten in ihren Ritualen und Mythen die Erinnerung wach, daß die Welt, in der sie leben, nicht die erste Welt ist; daß es schon drei Welten gab, die untergehen mußten, weil die Menschen das Maß ihres Weges vergessen hatten. So wurde die erste Welt durch Feuer zerstört; die zweite dadurch, daß die Zwillinge, die an den Polen die Schwingungsachse der Erde halten, ihren Platz verließen und infolge davon die Erde vereiste; die dritte dadurch, daß die Kontinente auseinanderbrachen und im Meer versanken. Alles Leben auf der Erde hat nach der Überlieferung der Hopi dem Weg zu folgen, der ihm innerhalb des Ganzen zugedacht ist. Dieser Weg hat kein Ziel, in dem er zur Ruhe kommen könnte, er bleibt die Bewegung der Schöpfung, in ewiger Wiederkehr wie der Wandel der Jahreszeiten. Wenn die Schöpfungskraft der Menschen die symbolische Karte der Welt verliert und sich selbständig macht, um eigenen Zwecken zu folgen, gerät die Welt aus ihrer Kreisbahn und geht unter. So auch die vierte. Aber es gibt einen Weg durch die Untergänge der Welten. Stämme, die sich an das Abkommen mit der Realität gehalten haben, sind ihn gegangen, um ihn durch ihre Mythen zu überliefern.

All die Vernichtungen im Feuer, in den Fluten, in den, Abgründen der Erde und der Verdunkelung waren demnach Auffrischungen eines alten Wissens, dessen Vergessen irgendwann tödlich wurde. Nur wer sich erinnerte, konnte überleben. Sobald diese Erinnerung erloschen ist, wird sie katastrophal aufgefrischt, das gehört zum Pakt mit der Realität. So erscheint die Apokalypse als eine Art Schrift, mit der die Realität ihre Unhintergehbarkeit ins Gedächtnis derer schreibt, die überleben werden. Eine Schrift jenseits aller MENSCHLICHEN Codierung, eins mit dem Geschehen selbst, in dem das Erinnerungszeichen aufs neue eingebrannt wird. Nur wer erinnert, wird überleben; und wer überlebt, wird erinnern. Die Angst, daß die Apokalypse den Brand der Bibliothek bedeutet, ist berechtigt. Aber das Wissen, dessen es bedarf, wird nicht verloren gehen, sondern wiedergefunden werden.

Erinnerung und nicht Verwirklichung ist der Sinn der Apokalypse. Ein merkwürdiges Licht fällt von dort auf die Utopien der Geschichte. Bis in die 70er Jahre hinein ging es wie selbstverständlich immer um die Verwirklichung von Utopien. Auch wenn der wissenschaftliche Sozialismus sie offiziell verabschiedete, war er doch selbst nur die Utopie der rationalen Lenkbarkeit der Welt. Enttäuscht mußten die ewig Zufrühgeborenen feststellen, daß diese Ideenpaläste in den 80ern keine Konjunktur mehr hatten. Auf seiten der Akteure hat man sich ihres Pathos entledigt. Nachdem das Ende am Horizont der Möglichkeiten sichtbar geworden ist, hat es keinen Sinn mehr, sich diesen zur genehmsten Gestalt zusammenzuphantasieren. Um als Baumeister tätig werden zu können, müßten Menschen erst wieder die Sprache der Natur verstehen gelernt haben. Die Kraft, dorthin zu gelangen, wird aber nicht mehr aus Utopien gewonnen werden, aus Zeichen, die nirgendwo verankert sind, sondern in einem apokalyptischen Hier und Jetzt entstehen, in dem sich Zeichen und Geschehen ineinandergeschoben haben werden.

Entgegen den Vorstellungen derer, die eine verheißungsvolle Zukunft brauchen (um sich dann mit allen Mitteln gegen deren Eventualitäten abzusichern), vermag die Gewißheit des nahen, schicksalhaften Endes ungeheure Energien freizusetzen. Das 14. Jahrhundert sah im wütenden Zeichen der Pest, gerahmt von Naturkatastrophen, vom Schisma der Kirche und vom Hundertjährigen Krieg zwischen England und Frankreich, allerorten soziale Bewegungen aus der Ordnung der Macht ausbrechen, von Bauernaufständen bis zu den Selbstgeißelungsprozessionen der Flagellanten. Angesichts des Endes der Welt war deren Ordnung nichtig geworden und ihre Vertreter aller Autorität beraubt. Das Schicksal ist stets eine mächtigere Energiequelle als die Utopien der Geschichte gewesen.

Als die Völker, die am Vailala-Fluß in Papua lebten, von der weißen Zivilisation kontaktiert wurden, entstanden dort die Cargo-Kulte. Sie basierten auf dem Glauben, daß die Ahnen zurückkehren und große Mengen an Gütern (engl. *cargo*) mitbringen, die ursprünglich dem Volk gehörten, später jedoch von weißen Kolonialisten unrechtmäßig angeeignet worden waren. Die Anhänger der Cargo-Kulte wurden zu einer desintegrativen Macht der Gesellschaft. Sie trafen alle Vorbereitungen, um die Güter zu empfangen und zu lagern. Sie schufen neue Organisationen, bauten eine eigene Polizei und einen eigenen Zivildienst auf und sie verwarfen die traditionellen Religionen, Gebräuche und sozialen Bindungen. Besessen von ihrer eschatologischen Erwartung, waren sie aber auch für ein „zivilisiertes" Leben unbrauchbar. Kultanhänger veräußerten Geld, Gut und Besitz und kündigten ihre Arbeitsverträge auf, um ein Leben für das große Ereignis zu leben.

Vielleicht hat die Apokalypse für viele etwas von diesen Cargo-Kulten. Die Besessenheit von ihr läßt alles andere nichtig werden. Die Gewalt des heraufziehenden Ereignisses absorbiert alle Bedeutsamkeit; und so ist es der Paranoiker, der sich gerne in ihren Zeichen verfängt. Ein zukünftiges Ereignis wird ihm zum Fixpunkt der Orientierung. Alle Zeit wird auf ihn hin ausgerichtet.
Die Besessenheit vom Eintreten eines bestimmten Ereignisses kann in Wartekirchen stillgestellt werden, in denen die Antizipation langsam zum Anachronismus wird. Aber sie kann auch eine List in sich bergen, die ein neues Soziales entstehen läßt, bevor das alte katastrophisch vernichtet worden ist.

Es gibt eine ästhetische Fangemeinde des Schlußaktes, die in der Apokalypse die letzte und höchste, weil jede andere ausschließende Möglichkeit sieht. Ein Absolutes, in dem Sinn und Sinnlosigkeit sich gegenseitig aufheben. Gerade weil es das Leben und die Welt kostet, ist an diesem Spektakel selbst teilzunehmen eine Form von Teilhabe am Absoluten. Das perfekte Environment. Mitten im Bild sein, wenn alles verglüht. Im Kunstrahmen setzen Ultimatisten seit geraumer Zeit eine Energie frei, die sich vom detonierenden Desaster, der kulminierenden Kettenreaktion und dem klirrenden Crash nährt. Eine Beschwörung, aber auch als Bannung des äußersten Punktes betrieben, der im Kunstrahmen auf einmal wiederholbar wird.

Andere Ästheten leugnen die äußerste Möglichkeit im Namen aller übrigen. Sie sorgen sich um ihre Sorglosigkeit. Die apokalyptische Light-Show mag diejenige jeder Disco übertreffen, aber die Leute laufen ungepflegt herum, sind gewalttätig und niemand mixt einem fachkundig Drinks. Dem ästhetischen Genießer bleibt die Apokalypse eine undenkbare Möglichkeit, ein hohles Gedankenspiel, das den Höhepunkt seiner Beliebtheit immer schon hinter sich hat. „Das Thema hatten wir doch schon, ich kann das Gerede von der Apokalypse nicht mehr hören", winkt sein auf- und abgeklärtes Bewußtsein ab. In der TV-Gesellschaft ist es zum Recht der Einzelnen geworden, daß die vermeldete Katastrophe von heute morgen auch wieder vorbei und vergessen ist, um sich neuen Reizen hingeben zu können. Das Leben soll ein Vergnügen sein, und dazu ist die freie Wahl im Reich der Möglichkeiten Voraussetzung. Als konkurrenzlose Möglichkeit, als wahl-lose Wirklichkeit scheidet die Apokalypse aus. Der moderne Ästhet kann seine eigene Existenz anführen, um die Apokalypse zu widerlegen. Er lebt und kann alles, was war, Revue passieren lassen, während all die apokalyptischen Bewegungen, die irgendwann einmal das baldige Ende der Welt angekündigt hatten, dann doch von der Geschichte überlebt und besiegt wurden. Ist es wirklich so oder ist nicht vielmehr jeder Untergang einer Kultur eine Apokalypse? Daß die Geschichte sich wieder um die Orte ihres Verschwindens geschlossen hat und ihr Gedächtnis nun eine lineare Verbindung zur Vergangenheit behauptet, kann deren Untergang nur übergehen, nicht aber ungeschehen machen. So gesehen läßt sich fragen, ob die Apokalypse dann nicht das ist, was die Geschichte anderen passieren läßt, nicht aber ihr eigenes Schicksal?

Alles ist eine Frage der Zeit-Räume, die sich überblicken lassen. Wer weiß, wie oft schon alles zu Ende war, auch der große, vereinheitlichende Zeichenstrom der Macht!? Jene vorgeschichtlichen, unarchäologischen Scherben, die die Mythen um Atlantis zusammenzusetzen versuchen, zeugen vielleicht von einer stattgehabten Apokalypse der Macht. Auch die höchste Zivilisation ist nicht vor dem Untergang gefeit, gerade sie nicht.

Nicht, daß die Apokalypse als Prinzip des Ausgleichs einer Moral folgte und der Macht abhold wäre. Sie interessiert sich nicht für menschliche Belange. Es geschieht, was geschieht. Die großen Kataklysmen fragen nicht nach Stamm oder Staat. Aber nur Stämme werden sich den Gegebenheiten der Zeit anpassen können, die als Ausfluß des Vergessens der Umgangsregeln mit der Realität auf uns zukommen.

Nichts garantiert, daß die Apokalypse irgendwann einmal passieren wird, gewaltig, furchtbar, unüberhörbar – und daß es nicht schon längst so weit ist, unbemerkt, schleichend und ohne die Chance eines würdigen Abgangs. Die Zeichen des Endes überlagern langsam aber sicher den Diskurs des Fortschritts. Während der „materielle Wohlstand" wächst und wächst und wir immer reicher und reicher werden, geht die industrielle Verseuchung der Elemente an die Substanz sämtlicher Bioformen. In den Städten ist die Luft zum Atmen bereits merklich knapper geworden, giftige Feuer verbreiten die Message der modernen Zeiten. Flüsse und Meere sind zu lebensgefährlichen Gewässern geworden. In riesigen Klärwerken kann das chemisch verschmutzte Süßwasser nur noch unter ungeheurem Aufwand notdürftig gereinigt werden, ohne daß sich aus dem bereits verwendeten noch einmal Trinkwasserqualität zurückgewinnen ließe. Der Wandlungskreislauf der Elemente ist durch einen Vektor der Irreversibilität begradigt. Die Nahrung, angeblich reichlicher und reichhaltiger als die aller bisherigen Generationen, ist durch Anbau-, Umwelt-, Transport- und Konservierungsbedingungen zu einer brisanten Substanz geworden, die bald nur noch mit aufmerksamem Blick auf die Datenebene der Schadstofftabellen genossen werden kann. Zivilisatorische Zeichensysteme sollen die gezeichnete Materie umgehen lassen.

Man läßt sich informieren, aber die Zeichen des Endes sind nicht recht lesbar. Zu allem gibt es eine Gegendarstellung, eine gegenläufige Zeichenkette, die alles wieder in den Optimismus des Fortschrittsdenkens integrieren soll. Keine Panik, die Experten tagen schon, wird schon alles wieder werden! Zu jeder skandalösen Statistik gibt es eine beruhigende Bilanz der Medizin.

Es läßt sich eine schleichende Degeneration vorstellen, die sich ihrer Katastrophe nie bewußt zu werden brauchte, weil die imaginären Zeichen in einem von der Realität entkoppelten Diskurs zirkulierten, der selbst ein Teil dieser schleichenden Apokalypse wäre.

Das apokalyptische Anwachsen der Realität, deren Ereignisketten wie untiefe Riffe an den Bootsplanken der imaginären Wirklichkeit schabten, bliebe unbemerkt. Beweisbar wäre nichts. Es wäre vielmehr eine Haltungsfrage, welchen Zeichenketten man persönlich Plausibilität zubilligte.
Eine Apokalypse, eine Enthüllung, die niemand bemerkt? Ist die Apokalypse die Absurdität, die der Fall ist? Während die Zeichen für die einen zum Geschehen werden, verschwindet den anderen in einer medialen Absorption der Apokalypse das Geschehen in den Zeichen.
Natürlich gibt es auch die explosiven Unfälle, die sensationellen Zusammenbrüche und dramatischen Zuspitzungen, in denen die Zeichen verschwimmen. Beides geschieht, das Chaos breitet sich schleichend und kumulativ aus wie der Müll oder plötzlich wie die aus dem Reaktor entweichende Strahlung. Stromausfälle im urbanen Raum, wandernde Giftwolken, gleitende Öl- und schäumende Algenteppiche. Überall und immer wieder kulminiert die schleichende Zeit des Verfalls in einem explosiven Ende. Das Chaos hält dabei nur Schritt mit der Menge der zuvor gerichteten Energie. Solche abrupten Einbrüche in die Ordnung des Normalltags scheinen der beste Nährboden für apokalyptische Bewegungen zu sein. Ein kurzer Augenblick, in dem die Spitze einer scharfkantigen Realität aus dem Zeichengewimmel auftaucht und nach einer sozialen Bezeichnung verlangt. Hier, um die heißen Katastrophen herum, kann sich das katastrophische Potential des Sozialen zusammenfinden. Dort, wo die Ordnung des Systems aufgeplatzt ist und wo der Staat seine Katastrophenpläne bewaffnet zum Einsatz bringen muß, lauern die apokalyptischen Krieger vielleicht schon im Hinterhalt. Sie wollen dem Geschehen den Rückweg in die alte Ordnung abschneiden. Bewaffnete Banden, wilde Horden, die den Unfall zum Ernstfall erklären und eine Entscheidung nach vorne gefällt haben. Alles ist annehmbarer als SIE weitermachen zu lassen wie bisher.
Die fokussierende Kraft dieser heißen Katastrophen, die zur abrupten Apokalypse führen kann, bleibt allerdings begrenzt. In einem direkten Einflußgebiet mögen ihre Wirkungen verheerend sein, grausam und gnadenlos, eine Eigeninitiative jenseits der massenmedial eingeübten Verhaltensweisen geradezu fordernd. Aber noch fin-

det eine Umverteilung der Folgen durch das System statt. Wenn die Nahrungsmittelketten durch den chemischen Ausstoß in einer Gegend gerissen sind, wird eben importiert. Wenn Giftmüll, der die kleineren der hyperindustrialisierten Länder bereits in gefährliche Nähe des Erstickungstodes führen würde, zu entsorgen ist, wird exportiert. Als globale versucht sich die Ordnung auch am Ort des Unfalls zu behaupten und die Gefahr der plötzlichen durch das unsichtbare Gespenst der schleichenden Apokalypse einzutauschen. Aber zu dieser gehört auch der immer größere Aufwand für einen immer kleineren Effekt bei diesem Bemühen.

Die Ungleichzeitigkeiten von Geschehnissen, die der revolutionäre Geschichtswille immer ausrotten wollte, werden zur Gegenkraft der globalen Systemherrschaft. Während die Apokalyptiker schon unaufhaltsam losbrechen, haben es die im Feedback ihres Informationskreislaufs Kurzgeschlossenen immer noch nicht gemerkt, daß ihre einheitliche Welt längst nicht mehr existiert. Sie werden die schwarzen Flecken auf ihrer Karte auch nicht mehr wahrnehmen, denn diese sind die Durchlässe zu anderen Welten, die nicht für alle bestimmt sind.

Ernstfall, Panik und das Ende des Voyeurs

Noch vor der morgendlichen Stoßzeit klettern die Megafonstimmen die Häuserwände empor. Sie nähern und entfernen sich mit Schrittgeschwindigkeit, um eine Spur nervöser Geschäftigkeit hinter sich herzuziehen. „Achtung, Achtung, hier spricht die Polizei..." Die regionalen Medien gehen auf Sondersendung: Evakuierung einer Kleinstadt. Eine vermutlich tödliche Giftwolke ist aus einem Chemiewerk entwichen. Die erste Stellungnahme der Werksleitung („völlig harmlos") wurde bereits durch Ad-hoc-Gutachten kritischer Wissenschaftler dementiert. Es geht nun um eine hochgiftige Substanz. Der Krisenstab der Tatsachenfunktionäre hat sich zum Handeln entschlossen. Der Ehrgeiz des verantwortlichen Polizeibeamten ist die Unterbietung der 3-Stunden-Marke bei der Evakuierung der Stadt. Der Ernstfall wird durchgespielt. Militärfahrzeuge und zivile Helfer formieren die Masse zum Flüchtlingsstrom, der in den Turnhallen einer Nachbargemeinde wieder aufgefangen wird. Alles läuft wie am Schnürchen, die Anti-Panik- und Anti-Aufstands-Einheiten haben an diesem Tag und Ort nicht viel zu tun. Abgesehen von der statistisch notwendigen Anzahl hartnäckiger Querköpfe machen die Menschen mit. Einige wirken verstört und etwas besorgt, andere scherzen und zeigen sich eher amüsiert. Für die einen bedeutet der Ernstfall tödliche Gefahr, von der sie sich bedroht fühlen, für die anderen scheint er immer noch Testcharakter zu haben.

Die Staatsmacht testet im Ernstfall ihre Katastrophenpläne. Sie muß des Einbruchs der Realität wieder Herr werden. Die Massenmedien können das Ereignis landesweit als entschärftes Informations - Zeichen zirkulieren lassen, aber vor Ort greifen sie zu kurz. Vor Ort birgt das Ereignis, das die normalen Verhaltenssteuerungen außer Kraft setzt, die Gefahr, sich zu einem selbständigen sozialen Phänomen auszuwachsen. Alles verliert seine Bezeichnungen, alles muß neu codiert werden. Die Zone der Unsicherheit, der Angst und des Aufruhrs wird mit Anweisungen gefüllt. Die sichtbare Wolke, Zeichen des drohenden Unheils und zugleich dieses Unheil selbst, muß von diesen Anweisungen überholt werden. Sie sind spezielle Zeichen, die, anders als massenmediale Informationen, unmittelbar zu geschehen haben, wofür das Gewaltmonopol des Staates bürgen soll.

Plötzlich haben es alle mit Ereignissen zu tun, deren Zeichen keine Distanz mehr schaffen, sondern die einen unweigerlich miteinbeziehen. Die Staatsmacht, die die Ansiedelung der Chemie-Fabrik zuvor gegebenenfalls mit Gewalt durchgesetzt hat, spielt den Retter in der Not und versucht, sich als alternativloses Krisenmanagement zu präsentieren. Sie droht mit dem Chaos, das alles verschlingen wird, wenn man sich ihren Anweisungen nicht fügt.

Der Unfall ist eine erste Realitätsstufe, eine durch das *post festum* erklärte Opfer immer schon domestizierte Realität. Wer geopfert hat, muß nach der modernen Logik des Heils weitermachen, und zwar forciert. In Statistiken läßt sich beides ablesen, die entrichteten Opfer und korrelativ dazu die stets wachsende Entfernung vom Unheil in Form der gestiegenen Zahl der TVs, Waschmaschinen, Kassettenrekorder oder Autos, der verbesserten Gesundheitsfürsorge und erhöhten Versicherungsleistungen.

Die Realität wird durch die Domestizierung des Unfalls zu einer Steigerung ihrer Effekte herausgefordert. Sie drängt auf jenen Fall, der für das System uncodierbar bleibt. Im Duell zwischen der MENSCHHEIT und der Realität treibt alles ins Chaos zurück. Je höher aber die Ordnung, je mehr gerichtete Energie, um so größer das Chaos – in dem sich dann vielleicht älteste Ordnungen wiedererkennen lassen.

Der Voyeur war der Überlebende beim Tod Anderer. Er war der lebende Beweis für die Überlegenheit des Systems der Moderne. Während die Leute woanders hungern und sterben, geht es uns daheim vorm TV so gut wie noch keiner Generation vor uns. Man weiß natürlich von den schrecklichen Industrie-Katastrophen, die irgendwo geschehen und von dem gräßlichen Schicksal irgendwelcher Lagerinsassen. Aber immerhin, das betrifft nicht das Ganze. Der Ernstfall passiert jederzeit, aber konventionell, das heißt anderswo und Anderen. Das ist dokumentiert, das ist anschaubar. Daß er einen selbst mit einbezieht, ist ungeheuerlich und unvorstellbar wie das Kantische Ding an sich. Diese Unvorstellbarkeit hat mit der Geschwindigkeit der Ereignisse zu tun, die sie nur noch als Informationen, nicht aber mehr als sinnliche Phänomene wahrnehmen läßt.

In der auf Zuschauerdistanz gehaltenen Welt der Information verspricht nur noch die Nähe des eigenen Todes Realität. Mit den amerikanischen Bomben auf Tripolis im April 1986 kam in Mitteleuropa ein Anflug von Realität an. Wie, wenn das TV die Ereignisse auf einmal nicht mehr auf Distanz der Information hält?! Über Nacht kann es losgehen, und wir sind mittendrin! Auf einmal gibt es keinen kontrollierbaren Raum mehr zwischen der Möglichkeit und der Wirklichkeit.

Nichts war so lächerlich wie die Protestdemonstrationen, die sich in den europäischen Städten gegen die amerikanische Bombenpolitik formierten. Als ob sich die Öffentlichkeit auf derselben Ebene abspielte, auf der die Ereignisse verkettet werden! Oder gar als ob es von Interesse wäre, zu wissen, wer saubere Hände behalten hat, weil er von vorneherein dagegen war! Dennoch hat das Phänomen einer spontanen und informellen Mobilisierung von zehntausend Leuten etwas Gewaltiges. Man hört die Zähne der Voyeure klappern, aber man sieht auch die Akteure kommender Situationen die ihren fletschen.

In Berlin gingen die notorischen Scheiben zu Bruch. Natürlich wirken die Scherben nicht bis zu den Ereignissen von Libyen, der Vergleich des angerichteten Sachschadens hier mit dem amerikanischen Terror dort ist eine nutzlose moralische Fußnote. Aber die Ausschreitungen gehören zu einer eigenen Ereigniskette, die Risse in den sozialen Raum des Systems treibt. Nicht als imaginäre Bühne einer Einflußnahme auf den fatalen Lauf der Dinge, sondern als Aktions-Raum existenzieller Radikalität haben die Ausschreitungen Bedeutung. Ein kurzer Zeit-Raum, der schnell wieder vom geschäftigen Vergessen in der Normalität weggeschwemmt wird, um irgendwann an ein anderes Ereignis angeknüpft zu werden. Manchmal scheint nur noch ein kleiner Funke zu fehlen, an dem sich das Vorspiel zum sozialen Ernstfall entzünden könnte.

Kaum hatten die Bilder des Krieges Zeit, in der Vergeßlichkeit des informierten Menschen zu verschwinden, als sie bereits von einer neuen Information geschluckt wurden: die Strahlen sind unterwegs! Eine Informationswolke zog um die Welt, deren Realitätsgrad sich nicht in Becquerel messen ließ, sondern nur in den sozialen Turbulenzen, die sie aufwirbelte. Denn unsichtbar und unheimlich ist das geduldige Todesurteil, dessen Vollstreckung keine Grenzen mehr kennt. International und grenzenlos ist es, wie es nach dem Welthandel nur noch die permanente Revolution sein sollte. Alle sind gemeint, wenn auch sehr unterschiedlich.
Panisch koppelten sich etliche aus dem System der Massenmedien und ihrer Stillhalteanweisungen aus. Von Berlin aus kam es zu einer regelrechten Fluchtbewegung, vor allem von jungen Müttern mit Nachwuchs, nach Portugal und auf die Kanarischen Inseln. Man erfand den Katastrophenurlaub. Warum auch nicht! Der Anlaß war todernst, der beherzte Vernunftschluß eine Panikreaktion. Anders als im Schock, der einen in der Gefahr stillstellt, setzte sich der panische Schrecken in sinnlose Motorik um. Die Reaktion wollte aufs Geschehen erfolgen, aber sie kannte nur eine Information, oder besser: eine Über-Information. In der Panik wird der Informationsfluß beschleunigt, bald weiß man über mündliche Kanäle mehr als die Medien berichten. Die Realitätsdrohung der Information fordert Handeln – das unmöglich ist. Statt dessen kam es zur Flucht nach Westen – der Wolke entgegen. Denn die Wolke ist überall. Noch in Tokio hatte man eine, wenn auch geringe, Erhöhung der Strahlenwerte gemessen. Die Strahlenwolke ließ sich zu keinem Zeitpunkt von ihrer informationellen Verdoppelung unterscheiden, und so war auch alle Orientierung durch die Gefahr auf deren mediale Spiegelung angewiesen. Unfähig, eigene Zeichen zu setzen, wird die panische Masse in einer medial vorgezeichneten Topographie umhergetrieben. Gefangen im Massenstrom bleiben die Einzelnen vom Raster des verdateten Sozialen abhängig. Eine Spielform

realitätsbezogener Informationsbeschleunigung, die mit Wut auf das Katastrophensystem durchsetzt ist, ihm das Vertrauen aufkündigt, um sich am Ende doch wieder in die Abhängigkeit seiner Informationssysteme, Wirklichkeitsdarstellungen, seiner Umverteilungsmöglichkeiten und letztlich seiner Katastrophenpläne zu begeben.

So führte die Wut auf die Information zur regelrechten Informationswut. Die Ohnmacht stürzte sich auf das Wissen, und zwar als Volksbegehren nach Zahlen. Aus Strahlenangst wurde das Problem vorenthaltener Information und ihrer Beschaffung. Exakte, von sachverständigen und zugleich moralisch integren Personen beglaubigte Kenntnis der Meßdaten trat an die Stelle der unmöglichen Aktion. Die Apologeten des möglichst langen Lebens hatten nicht lange auf ihre tägliche Umrechnungstabelle für die Becquerel-Belastung bei jedem Schritt vor die Haustür zu warten. Die Datenkarte mit Hochsicherheitszeichen durch das tödliche Territorium des Alltags gehört längst zur Frühstückslektüre eines jeden aufgeklärten Haushalts. Man hat schnell auf Normalität umgestellt. Pazifisten haben sich mit militärischer Defensivausrüstung wie Geigerzähler und Schutzmasken versorgt, um auf Höhe der Meßdaten zu bleiben. Man arrangiert sich, nur mit einem nicht: einem Leben unterhalb der Informationsebene, auf der das System die Katastrophen nicht nur vermeldet, sondern ihre Kraft auch immer wieder absorbiert.

Wenn man dann weiß, daß nichts mehr ungefährlich ist, bleibt noch die Verstecksuche in der Wahrscheinlichkeitstheorie. Die Todeskurve steigt erbarmungslos, aber vielleicht bleibt gerade für mich ein unerfaßtes Plätzchen im Diagramm!? Es ist ja keiner persönlich gemeint.

Die lächerlichste Gestalt, die die Angst vor dem Tod annimmt, wird von den Greisen der Aufklärung aufs Parkett geschickt, als Gebtbloß-nicht-auf-Appell an die Vernunft. Gerade jetzt dürfe man die rationale Gesellschaftskritik nicht über Bord werfen. Also weitermachen wie bisher, nur noch blinder! Die Vernunft bleibt, was sie ist: der Bulle der Zivilisation.

Wie kämpft man gegen atomare Strahlung? Die Politaktivisten verpassen auch diese Chance. Kurz vor Torschluß wollen sie noch mit Flugblättern und Demonstrationen am Rad der Geschichte drehen, um das redliche Ziel des Sozialismus durch ein rechtschaffenes Revolutionssubjekt realisieren zu lassen. Doch wenn der Film reißt, werden keine Klagen mehr angenommen, daß die Realität viel happiger ist, als zu dem Zeitpunkt, da man sie verlassen hat.

Die Strahlen von Tschernobyl sind nicht realer als die Teststrahlen der französischen Atombomben in der Südsee. Nehmen wir also auch Tschernobyl und was noch so danach kam, als Testfälle und betrachten wir die Dispositionen für die nächsten Runden, in denen es noch dicker kommen wird.

Die große Sanduhr ist aufgestellt. Ihre obere Hälfte, der Raum der Ideen, Ziele und Utopien leert sich. In ihrer unteren Hälfte wimmelt es von Menschen, von denen es bisher noch die wenigsten in Betracht ziehen, daß ihre Welt zur Gruft geworden sein könnte, die von der Zeit der Katastrophen zugeschüttet wird.

Die Zeit kommt uns entgegen. Uns, das heißt allen, wenn auch auf sehr verschiedene Art und Weise. Sie kommt all denen entgegen, die das Plötzliche nicht überrascht und die das Unausweichliche zu ihrem Verbündeten gemacht haben. Auf die anderen prasselt sie herab. Damit es ein Gesellschaftsspiel wird, muß ein Passwort gefunden werden, an dem sich ein Kollektiv erkennt. Schon werden hier und da Kriegerinstinkte wach, die sich wie ein Suchprogramm verhalten, das die Ereignisse auf ihren apokalyptischen Wert hin befragt. Sie leben im apokalyptischen Zeit-Raum auf. Auch wenn es abrupt eintritt, überwältigt das Ereignis jene nicht, die die Zeichen seines Kommens lesen konnten.

Der Voyeur freut sich auf die Direktübertragung. Auch diesmal will er im und durch den Tod Anderer überleben, den er sich durch Informationsgeräte beschaffen zu können glaubt. Aber jetzt, in diesem unmöglichen Augenblick, ist sein eigener Tod gefragt, und da wird er noch enttäuschter über die Darbietung sein als über das bereits schmale Bildmaterial aus Tschernobyl. „Apocalypse won't be televised. Apocalypse will be live. Apocalypse will put you on the driverseat."

Im Ernstfall beweist sich der Stil. Während eine panische Masse, bestehend aus lauter vereinzelten oder in Kleinstverbänden zusammengeschlossenen Individuen, ausbricht, bleibt der echte Voyeur sitzen. Was er auf gar keinen Fall verpassen möchte, ist das Ende. Es ist die letzte Schlacht, die er auszusitzen hat. Sein Triumph wird durch einen Kommentar erfochten: wenn es ihm gelingt, länger als die Krieger durchzuhalten und sie auf diese Weise zu seinen Gladiatoren zu küren. Der echte Voyeur bleibt sitzen, solange Bilder gezeigt werden. Der heroische Voyeur leistet auch noch dem flimmernden Schnee Gesellschaft, wenn es schon keine Schauplätze mehr gibt. Und schließlich soll es auch den weisen Voyeur geben, der noch, wenn längst kein Strom mehr fließt, vor dem blinden Apparat über die große Leere meditiert.

Die Krieger sind vom Bildschirm verschwunden. Waren sie das überhaupt, die man da zu sehen bekommen hatte? Zunächst gibt es noch Spuren von ihnen, das plötzliche Flackern mitten in der Sendung, dann jene Spur, die sich selber löscht: der Stromausfall und schließlich die geplünderten Lebensmittelgeschäfte...

Die Krieger

> „Wenn es mit der MENSCHHEIT zu Ende ist, geht's erst richtig los."
>
> (Anonym)

Nach den bewaffneten Banden, die sich noch in den 70ern mit Baseballschlägern und Klappmessern ihre nächtlichen Leinwand-suburbs streitig zu machen begannen, sind in den 80ern neue Helden geboren worden. Krieger, die bestenfalls in kleinen Spezialeinheiten oder als Duo, am liebsten jedoch als Einzelkämpfer unterwegs sind. Sie sind eine Zeiterscheinung, aber zugleich auch Erscheinungen aus einer anderen Zeit. Letztlich kommen sie alle, wie der Kriegervater im *Terminator*, aus der Zukunft, deren Schlacht in unserer Gegenwart entschieden werden muß. Meistens haben sie es mit einer übermächtigen (Militär-)Maschine zu tun, die sie nur durch ihre bereits zukünftige Kriegstüchtigkeit überwinden können.

Auch Rambo, der vielgerühmte und -geschmähte, gehört in das Kabinett dieser Kriegerfiguren. Rambo, der Outlaw, der keiner Gesellschaft mehr angehört und der sich in einem Territorium, in dem die Gesetze des Dschungels und der Ballistik gelten, am wohlsten fühlt. Rambo führt keine Befehle aus, sondern Aufträge, die er mehr oder

weniger freiwillig übernimmt. Er kämpft ohne Uniform, irregulär und instinktiv, er benutzt Waffen, die den Kreis der Zeit schließen. Nicht wegzudenken aus seiner Ausrüstung ist das solide Messer, eine Pirschwaffe, mit der er Stacheldrahtzäune durchtrennt und die Kehlen der wacheschiebenden Feinde durchbohrt.
Er, dessen Gesicht stets eine undurchdringliche Maske ist, die ihn manchmal wie unbeteiligt wirken läßt, während sie seine tiefsten Absichten verbirgt, ist ein Meister der unbemerkten Annäherung. Sobald er auftaucht, geht es dann allerdings meistens um so geräuschvoller und greller zu, wobei ihn seine Feinde zuerst zu hören bekommen, bevor sie ihn, wenn überhaupt noch, sehen und zum Ziel machen können. Vor Ort bringt er neben jeder Menge handlicher Sprengstoffpakete seine archaische Kriegerwaffe, den Bogen, zum Einsatz. Von dessen drei Sehnen läßt er lautlos Pfeile mit aufgeschraubten Explosivgeschossen schwirren, die die Aufmerksamkeit auf die Stellen ihres Auftreffens lenken. Rambo benutzt modernste Technologien in Verbund mit Altbewährtem. Entscheidend ist nur, ob die Mittel sich in seinen Kampfstil integrieren lassen, bei dem die kühlste Planung nur durch ein instinktives Agieren in unvorhersehbaren Situationen umgesetzt werden kann. Rambo ist ein Improvisator, der jede Umgebung augenblicklich daraufhin überblickt, was ihm auf welche Weise zum Mittel werden kann. Das führt letztlich immer zu den farbenprächtigen Explosionsserien, in denen sich dann noch ein dramatisches Duell Rambos mit einem Diener der Finsternis abspielt. Die Notwendigkeiten der Situationen, in denen er zu handeln hat, müssen stets mit den Leidenschaften der Kinozuschauer zusammenstimmen.
Die Leinwandkrieger tragen unverkennbar mediengerechte Züge. Ob als Dschungelkämpfer oder als Cyberspace-Piraten, die in künstliche Räume eindringen, um gegen intelligente Monster zu kämpfen, auf jeden Fall müssen sie durch ein kinoträchtiges Spektakel gehen. Wird sich ihre Existenz auf Zelluloid erschöpft haben oder werden sie Gestalten der Zukunft sein?
Zweifelsohne wird es all das geben, die Überfälle auf militärische Lager und Munitionsdepots, die nächtlichen Fallen im Wald, Jagden in Elektrizitätswerken. Es wird auch zu Grausamkeiten an panischen und hilflosen Massen kommen, während andere sich in Ak-

teursekstasen ergehen. Es wird die kämpfenden und die zurückgezogenen *Survivalists* geben, und es wird jene geben, die es nicht so schlimm finden, nicht so lange zu leben. „Kurz und heftig" wird die Devise jener sein, die sich nur in der Nähe der großen Unbekannten wohlfühlen, wenn sie in der Gestalt des plötzlichen Todes erscheint. Sie lachen über den Tod, und das Lachen dieser wütenden Krieger, das Lachen der Letzten, wird der Grabgesang zur Agonie des Weltplans sein. Immer ist ein bißchen Rache der Wildnis an der Zivilisation mit dabei.

Irgendwo wird es so sein, hier und da, und anderswo nicht. Keiner weiß, wie es genau dort kommt, wo er sein wird. Auch wenn die einen ihre Planspiele für den Ernstfall schon parat haben und die rebellische Phantasie unbeeindruckt ihre Szenarios dagegen entwirft, der Ausgang der Zukunft ist für jeden offen. Welcher äußeren Gestalt die Krieger sein werden, wird sich zu gegebener Zeit zeigen. Unter ihnen wird es die Einzelgänger geben, die nur den Tod zu ihrem Begleiter haben, und jene, die in Horden umherziehen. Männer und Frauen werden Krieger sein, die vielleicht über Generationen zu stammesähnlichen Verbänden zusammenwachsen. Aber vorerst zeichnen sie sich durch nichts weiter als ihre Bereitschaft aus, ihre Chance zu nutzen, sobald sie sich ihnen bietet. Es ist eine Chance, die sie sich durch eine Entscheidung auftun müssen. (Wir erinnern uns: „Du hast keine Chance, aber nutze sie!") Die Entscheidung, das Ende nicht als Untertan des Welt-Reichs zu erleiden, sondern die verbleibende Zeit zur Beschleunigung von dessen Untergang zu benutzen. Was immer das Schicksal den Kriegern zugedacht haben mag, wird es eine innere Haltung sein, die sie auf andere Wege als die der panischen Masse oder des Voyeurs führt.

> „Er begriff, daß ein Schicksal nicht besser ist als das andere, aber daß der Mensch zu dem, was er in sich trägt, stehen muß. Er begriff, daß ihn die Achselschnüre und die Uniform schon behinderten. Er begriff seine innere Bestimmung eines Wolfs, nicht eines Herdenhundes; er begriff, daß der andere er selber war. Über der ungeheuren Llanura tagte der Morgen; Cruz schleuderte das Käppi zu Boden, schrie, er willige nicht in das Verbrechen ein, daß ein Tapferer umgebracht werde, und stellte sich zum Kampf gegen die Soldaten an die Seite des Deserteurs Martin Fierro."
>
> (Jorge Luis Borges)

Der Krieger kann so plötzlich geboren (oder wiedergeboren) werden, wie er erscheinen kann. Der Krieger ist ein Meister des Verschwindens und des plötzlichen Erscheinens. Er steht im Bunde mit der Realität, das heißt mit der Katastrophe des Systems. Er lebt im Untergrund. Nicht im Untergrund der konspirativen Anschlagsgruppe, sondern auf dem Boden der Realität liegt er auf der Lauer, das heißt überall. Er ist hinter tausend Masken der Gewöhnlichkeit verborgen, und er ist die Gefahr des richtigen Augenblicks. Für jede Anwesenheit irgendwo gibt es günstige und ungünstige Augenblicke, deren Rhythmus der Krieger erspüren können muß.
Um überall auftauchen zu können, müssen die Krieger zunächst unsichtbar sein, Meister der Dissimulation. Ihre Unsichtbarkeit entspringt der Vertrautheit mit den Geheimnissen der Landschaft, in denen sie leben und aus deren Verstecken sie hervorbrechen, ob im Dschungel der Straßenschluchten, Wälder oder elektronischer Labyrinthe. Auch in fremdem Territorium müssen sie sich bewegen können. An der äußeren Gestalt von Gebäuden müssen sie deren innere Architektur ablesen können, jedes Gelände muß auf die Bewegungsfähigkeit der eigenen und der feindlichen Kräfte hin überblickt werden. Die Krieger bezeichnen sich ihre Wege mit eigenen Namen. Sie haben das Gedächtnis wilder Tiere, das in die Zukunft blicken kann. Mit ihm erkennen sie die Absichten des Feindes, noch bevor dieser sie zur Ausführung bringen kann. Lange bleiben sie unsichtbar, aber sobald sie Spuren auf ihren Wegen hinterlassen, sobald die Farben der Horden und der Stämme sichtbar werden,

gelten Uniformen als Target. Dann wird die Erde von ihrer staatlichen Okkupation befreit und wieder zum Land ihrer Geheimnisträger. Die unsichtbaren Krieger werden ein Spiegel des Schicksals gewesen sein. Von seinem Ende her zeigen sie auf den Gang der Dinge. Aber wenn die apokalyptische Bloßstellung der Zeichen geschieht, wird der Spiegel blind und zu tausend blendenden Splittern geworden sein, zum Schicksal selbst.

Die Krieger werden dort sein, wo sie ihr Weg hinführen wird. Sie werden diejenigen sein, die vor den Ereignissen, die kommen, nicht den Kopf in den Sand stecken, sondern sie als Herausforderung annehmen. Die Strukturen dieser Ereignisse sind durch die Plötzlichkeit, die Heftigkeit und das rapide Ansteigen der Todesrate gekennzeichnet. Mittels einer Art Trick können die Krieger durch sie hindurch. Er besteht darin, sich mit den elementaren Kräften, die im Augenblick des Realitätseinbruchs freigesetzt werden, kurzzuschließen. Eine metaphorische Betrachtungsweise läßt die Krieger in die Seele der Dinge sehen, und eine metamorphe Kraft läßt sie zu Bundesgenossen ihrer Ereignisse werden. Die Krieger sind metamorphe Wesen, die sich geschmeidig, formlos und ungreifbar wie das Wasser in die Gestalten der jeweiligen Situation verwandeln. Lautlos wie stählerne Wurfsterne oder mit großem Effekt wie explosive Geschosse reißen sie dem System die Gestaltung des Finales aus der Hand.

Während die einen waghalsige Kommandos durchführen, warten die anderen ruhig und unsichtbar auf den Zeitpunkt, der ihr Eingreifen fordert. Jeder könnte ein Krieger oder eine Kriegerin sein. Die einen werden den Gebrauch von Waffen und Kriegstechniken erlernt haben, um die anstehenden Kämpfe zu bestehen, andere werden sich in die Kämpfe werfen, um die Kriegskünste meistern zu lernen. Ihr Ausbildungsstand und ihre Fähigkeiten werden unterschiedlich sein und von ihnen vor allem hohe Improvisationskunst erfordern. Die Krieger müssen mit dem auskommen, was da ist. Sie müssen Bastler sein, die mit jedem Material umgehen können, mit elektronischem High-Tech, mit ballistischen Systemen wie auch mit den Wirkstoffen der Pflanzen. Einige haben in weiser Voraussicht geheime Depots angelegt, in denen sie Korn bewahren; Korn, das sich, anders als die agrarindustriellen Hybridzüchtungen, mit de-

nen die Möglichkeit kleiner, autarker Ökonomien vernichtet werden sollte, noch natürlich vermehren kann. Das Welt-Reich des Systems wird erst zusammenbrechen, wenn seine globale Macht zerstört worden ist. Erst wenn die Energieversorgung unterbrochen und Nachschubwege gekappt sind, wird sich die Improvisationsfähigkeit der Krieger in Überlegenheit ummünzen lassen.
Am Ende muß sich jeder entschieden haben: zwischen dem Krieger und dem Voyeur. Sie stehen sich nicht gegenüber, denn der Voyeur wird sich nicht mehr erheben können, die Krieger aber sind von der Bildfläche verschwunden. („Apocalypse won't be televised.") Der Krieger zeigt sich im Ernstfall, das ist gewiß. Nur wem er sich zeigt, steht in Frage. Der Krieger und der Voyeur befinden sich nicht mehr in derselben Welt und Wirklichkeit, sie haben es nicht mehr mit denselben Dingen, Ereignissen und Anderen zu tun.
Die Krieger sind im Inneren des Zyklons. Durch den mörderischen Sturmkreisel haben sie einen geheimen Zugang ins ruhige Innere gefunden; indem sie selbst zum Zyklon geworden sind. Sie sind bis zur großen Leere in ihrem Inneren vorgedrungen, die alles wie selbstverständlich geschehen läßt, im Alltag wie im Ernstfall. Es bleibt unwägbar, ob sich die Leere in einer sichtbaren Aktivität oder in einem schlichteren Geschehenlassen äußert. Nie aber läßt sie die Krieger zu passiven und trägen Gegenständen des Geschehens werden, zu einer panischen Masse, sondern zu Angel- und Umschlagpunkten der Ereignisse. Die Leere, aus der die Krieger ihre elementare Verwandlungskraft schöpfen, läßt sie auch der Apokalypse gelassen entgegensehen. Auch sie wird nur eine Situation in ihrem Leben sein. Oder ihr Tod. Es gibt einen Punkt, an dem dieser Unterschied nichtig wird.
Am Ende sollte sich der Kreis rückwärts schließen. Danach wird Davor gewesen sein und davor muß man schon einen Standpunkt danach eingenommen haben, um nicht mit einem unerwarteten Mal aus der Präsenz gerissen zu werden.

Der heitere Fatalismus

Wie oft war die Geschichte schon zu Ende!? Ging sie vielleicht nur deshalb jedesmal wieder weiter, weil es zu viele einfach nicht mitbekommen hatten?
Danach ist auf einmal eine Haltung in der Welt, die von den Politischen verunglimpft und vom System gefürchtet wird. Es ist der heitere Fatalismus, der sich beim Wechsel der Zeiten nicht mehr auf die Norm-Skala ausrichten läßt. Er sieht das Ende der Bewegung nicht als Scheitern und die wieder ablaufende Normalzeit nicht als Dauerzustand an. Er hat es erlebt, wie das, was sich symbolisch in Bewegung gesetzt hatte, wieder erstarrte, um im leblosen Gehäuse der Macht zu verschwinden. Aber er weiß auch, daß die Systemgeschwindigkeit den Normalltag auf unvermeidliche Katastrophen zutreiben läßt, die den leeren Raum für andere Bewegungen öffnen werden; und daß es vor diesem keinen anderen Wächter als das Imaginäre gibt. Er weiß um den Wandel der Dinge, der sich nicht durch eine politische Praxis auf das Fadenkreuz eigener Intentionen ausrichten läßt, sondern der nur durch eine Zeit-Geist-Beschwörung zu einem ekstatischen Ausdruck finden kann.
Auch die Systemmacht wird nicht von Dauer gewesen sein. Alles, was ist, ist dem Untergang geweiht. Gelassen läßt der heitere Fatalist die Ereignisse auf sich zukommen. Er weiß um die Rückseite der Dinge und er erkennt in ihr die Signatur des Schicksals. Er weiß, daß der MENSCH den Lauf der Dinge letztlich nicht steuern

kann, und schon das reicht aus, ihn heiter zu stimmen. Wenn er sich über die scheiternden Pläne und die herrschenden Zufälligkeiten amüsiert, mag man seine Heiterkeit für Schadenfreude halten. Aber ihm geht es nicht um den Schaden Anderer, er sieht es nur anders. Er hält es für weise, von der emsigen Zukunftsbaumeisterei des MENSCHEN abzulassen. Das, was kommt, wird schon irgendwie seine Richtigkeit haben. Er ist weder Optimist noch Pessimist, er ist lediglich bereit, jede Überraschung als Geschick oder Geschenk anzunehmen. Er erkennt in allem das Wirken eines Ausgleichs (an), der mit menschlicher Gerechtigkeit nichts zu tun hat und doch jedem seine Chancen zuteilt.

Der heitere Fatalist hat sich leer gemacht, und so ist er in der Lage, dem, was auch immer kommt, geistesgegenwärtig zu begegnen. Er kettet sich nicht durch Bilder und Vorstellungen an die Zukunft, und er hängt nicht melancholisch Vergangenem nach. In gewisser Weise schrumpft die Zeit für ihn zusammen; aber nicht wie für den notorisch überinformierten und mit Nachrichten aller Art eingedeckten TV-Zuschauer, den das damit einhergehende Vergessen an einer präsentierten Gegenwart kleben läßt. Der heitere Fatalist schwebt noch über diesen Dingen, er hängt an nichts und verankert sein Selbst nirgendwo. Konfrontiert mit dem traurigen Tod-Ernst Anderer huscht ein spielerisches Lächeln über sein Gesicht. Er sagt Ja zum Leben, auch wenn ihm keine Werte etwas gelten, durch die er es ideell erhöhen könnte. Vom Typ her kann er eher hedonistisch oder asketisch veranlagt, mehr ein passionierter Kämpfer oder ein passivierter Mystiker sein. Aber immer gilt es ihm als Weisheit, die Dinge so zu nehmen wie sie sind.

In der Welt des MENSCHEN wirkt der heitere Fatalist wie ein taoistischer Totalverweigerer. Alle politischen, moralischen, rationalen oder emotionalen Anforderungen gleiten an ihm ab. Er versucht es erst gar nicht, den Sinn der Dinge in einer MENSCHLICHEN Bedeutung ausfindig zu machen. Aller Sinn ist dem heiteren Fatalisten nur eine Frage des Betrachterstandpunktes. Wenn nichts geschehen kann, was nicht dem universellen Prinzip des Ausgleichs entspricht, so braucht man nur die Ebene zu wechseln und zum Spiel einen geologischen oder kosmologischen Standpunkt einzunehmen, um noch den Sinn der Kataklysmen, in denen die MENSCHHEIT untergehen könnte, einzusehen. Die Interferenzen und Störungen in der Welt des MENSCHEN lassen sich dann als fatales Eingreifen einer höheren Spielebene erkennen, mit dem sich auch das ewige Plus, das der MENSCH für sich verbuchen zu können meinte, als Illusion enthüllt.

„Alles wird seinen Sinn gehabt haben," sagt sich der heitere Fatalist, wenn die Dinge ihm dann doch einmal zu nahe gehen. Es ist keine Zukunft, von der er sich die Erfüllung irgendwelcher geheimer Wünsche verspricht. Mit dem Futur II ist die Zeit eines Paralleluniversums gemeint, in die er vielleicht momentan gerade nicht eintauchen kann. Aber wenn er es nicht allzu krampfhaft versucht, wird es ihm über kurz oder lang gelingen, und dann ist er wieder zeitgleich mit dem Schicksal. Seine Heiterkeit gründet in der Fähigkeit, die Universen zu relativieren. Er ist Mitglied verschiedener Welten und dadurch immer zugleich beteiligt und unbeteiligt.

Epilog auf die Theorie

DAS griechische Wort *theorein* bedeutet „schauen", und so scheint es nicht verwunderlich, daß Theorie sich klassisch, nach Aristoteles, als reine Anschauung verstanden hat. Damit war keineswegs ein blödes und hirnloses Glotzen auf den Weltlauf gemeint, sondern das Wissen des göttlichen Geistes von sich selbst. Der menschliche, theoriebildende Geist wurde als Werkzeug göttlicher Selbstbespiegelung verstanden. Er sollte sich den Dingen angleichen und so ein Abbild der Schöpfung erstellen. Imitation, Nachahmung, war die Aufgabe des Menschen. Wie Thomas von Aquin später unterstreichen sollte, war es der intellektuelle Nachvollzug der Schöpfung, durch den der Mensch Gott ähnlich war. Das einzige, was Gott dem Menschen voraus hatte, war die ursprüngliche Schöpfungsmacht, ohne die es weder die anschaubaren Dinge noch den anschauenden Menschen-Geist gegeben hätte.

Die Abbild-Theorie fertigt eine Kopie der Welt an, eine Matrize auf der transparenten Folie des Geistes, durch die das Original erst bei Deckungsgleichheit erkennbar wird, während alle direkte Wahrnehmung dem Trug der Sinne ausgeliefert ist. Der Weltschöpfer hat demnach nur ein Modell geschaffen, das erst mit seiner intellektuellen Reproduktion zum Original wird. Eine Vorstellung, nach der Gott und die Welt des MENSCHEN bedürfen. Eine Kopiertätigkeit also, die durchaus keinen subalternen Archivdienst darstellt, sondern im Gegenteil von semi-göttlicher Dignität ist. So wie der Mensch Andere zur Beglaubigung seiner Wirklichkeit braucht, so auch Gott die erkennenden Menschen zur Anerkenntnis seiner Schöpfung.

Die frühen Versuche, sich über sich selbst zu verständigen, führen zu einer Apologie des MENSCHEN. Aber dieser wird noch nicht als Zuschauer gefaßt, sondern als Anschauender, der von den sinnlich wahrnehmbaren Phänomenen zu abstrahieren hat, um zu ihrem Wesen vorzudringen.

Mithilfe der verstandesmäßigen Abstraktion glaubte man die Welt bessern zu können. Auch wenn interesselose Anschauung ihr Verfahren war, um zur ewigen Wahrheit der trügerischen Erscheinungen vorzustoßen, so war es doch die Überzeugung der Theorie, daß eine Welt der enthüllten Wahrheit besser sei als eine des trügerischen Scheins. Die Welt zu bessern bedeutete noch nicht, praktisch in die Schöpfung einzugreifen, sondern sie zu erkennen. Eine rein epistemische Leistung also, die bereits im Mittelalter von Duns Scotus verworfen wurde, der die Gottähnlichkeit des Menschen im Willen ansiedelte, in seiner Befähigung zu praktisch-ethischem Handeln.

Der Marxismus setzte folgenreich ein anders geartetes Theorie-Verständnis in die Welt. Das Schöpfungswerk hatte an Göttlichkeit verloren und war auf einmal überhaupt noch nicht abgeschlossen. Der MENSCH sollte es selbst sein, der durch seine Geschichte – und das hieß auch, mit Hilfe seines Willens – die Schöpfung der Welt praktisch zu vollenden hatte. Nicht mehr nur als interesselos zu- und anschauender, sondern als interessiert handelnder war er nun gefragt. Die Wahrheit der Welt war spätestens seit Hegel geschichtlich verflüssigt, Aufgabe der Theorie wurde es, sich mit einer außerhalb ihrer liegenden und durch die Zeit schreitenden Praxis zu vermitteln. Sowohl der Erkenntnisvorgang wie auch die Verifizierung der in die Zukunft vorgreifenden Aussagen waren auf eine außerhalb des Denkens liegende Praxis verwiesen; und diese umgekehrt, um wahrheitsfähig zu sein, auf die wegweisende Theorie. Die *imitatio* wurde Schöpfung, Aufzeichnung von noch nicht Seiendem, da sie dynamisch, nämlich dialektisch, zu verfahren hatte. Aber diese Schöpfung sollte nichts anderes sein als eine Abbildung der Geschichtsgesetze.

Der Marxismus hat den Akteuren das Lob ausgesprochen. Er konnte es, weil er sich nicht nur des realen Bestandes der Welt sicher war, sondern auch noch dessen an-sich-seiender Ordnung, die sich theoretisch erkennen und praktisch realisieren ließ. Die Welt war noch in Ordnung, weil sie sich noch in Ordnung bringen ließ.

In jenem Denken, das postmodern genannt wird, ist die *res* abhanden gekommen, mit der man einst eine vom MENSCHEN unabhängige, wenn auch bereits subalterne Größe bezeichnete. Die Zeichen sind zu unruhig wandernden Spielmarken geworden. Sie bilden durch ihre Oppositionen zwar immer noch und immer wieder

Bedeutungen aus; aber diese Bedeutungen sind in keiner Realität mehr verankert, und so werden sie zu flüchtigen, austauschbaren Effekten in einem Spiel sich verknüpfender und wieder auflösender Zeichenketten. Der MENSCH, der den Kontakt zu seinen Objekten verloren hat, kennt nur noch deren massenmedial zirkulierende Zeichen. Das Denken, das auf das Verschwinden der Objekte in den Medien reflektiert hat, versteht sich daher nicht mehr als Spiegel einer unbezweifelbaren Realität, auf die es Bezug nehmen könnte und müßte. Jean Baudrillard zufolge sind Theorien zu „Satelliten eines abwesenden Referenzpunktes" geworden.

Die Schöpfung ist in Gefahr, sich in einem unüberschaubaren Zeichengewimmel zu verlieren. Das alte Chaos droht. Oder lockt es? Gerettet werden kann die mediatisierte Schöpfung nicht mehr durch Erkenntnis, die die göttliche Ordnung nachahmte. Diese Ordnung ist unglaubwürdig geworden, kein Weg führt zurück ins Reich der Wahrheit. Nur spielerische, nie endende Verknüpfungen können die haltlos gewordenen Zeichen noch einmal zusammenhalten. Bis zur nächsten Buchmesse? Übrig bleiben kunstvolle, wie in Computergrafiken sich verschlingende und auflösende Verknüpfungen, Zeichenkonglomerate, in denen die Theorie von ihren Objekten ununterscheidbar geworden ist. Das Denken scheint gänzlich mit sich selbst beschäftigt, eine permanente, von aleatorischen Entdeckungen herausgeforderte Rekombination ihrer Elemente. Es schafft Zeichenketten, die es dann als Theorie anschaut.

Ist die Theorie zu einem Anschreiben gegen die Entropie der MENSCHLICHEN Welt geworden? Oder beschleunigt sie nur die Unhaltbarkeit aller Zeichenkombinationen, deren Flottieren zu ihrem einzigen Geschehen geworden ist? Eine Ekstase schöpferischen Un-Sinns – oder sollte sich darin am Ende eine brisante Nachahmung verborgener Schicksalslinien abspielen? Ein Versuch, die sich aus einer Übersteigerung und maßlosen Wucherung ergebenden Schicksalsfäden in den Blick zu bekommen?

Fest steht, daß sich dieses Denken nicht mehr in Praxis umsetzen lassen kann und will. Nach dem Verlust theoretischer Wahrheitsfähigkeit ist die Welt auch ihrer praktischen Eingriffsmöglichkeiten bar. Es scheint, als ob der Theorie nur noch ästhetische Verfahrensweisen offenblieben. Wollte moderne Kunst sich immer zur Gesellschaft hin überschreiten, so ästhetisiert sich postmoderne Gesellschaftstheorie, die nach der Verabschiedung von der *res* keinen Zeit-Raum für Akteure mehr kennt und sich nur noch als elaborierte Zuschauerhaltung anbieten kann.

Theorie ist wieder zur reinen Anschauung geworden; nur daß ihr dadurch keine höhere Würde als ihren Gegenständen mehr zukommt, da sie es mit sich selbst zu tun hat. Es gibt keine Wahrheit der Dinge mehr, sondern nur noch Zeichen von Zeichen. So nimmt sich die reine Anschauung in ein Zuschauer-Statement zurück, und jede neue Theorie bedeutet nur einen Wechsel des Betrachterstandpunkts. Jede Theorie bezieht sich auf andere Theorien, und aus diesen Oppositionen erst gewinnt sie ihre Gegenstände, die nur noch in verschiedenen Versionen zum selben Thema bestehen; Versionen von Versionen, in denen sich die Standpunkte ständig verändern können, um doch stets die von Betrachtern zu bleiben. Ein Labyrinth relativierter Standpunkte und ihrer Meta-Diskurse, ohne Ausgang und ohne Zentrum, dessen Raum sich überall vervielfältigen, der aber nirgends verlassen werden kann. Sollte die große Bibliothek auf einmal einem Gefängnis gleichen? Gerade jetzt, nachdem sich der Staub auf die Folianten des totalitären Systemdenkens zu legen begonnen hat und Theorie ihre grundsätzliche Unvollständigkeit anerkennen muß! Denn sie weiß, daß jedes Zeichen-System, oder auch bescheidener: jede Zeichenverbindung, in sich notwendig unvollständig bleibt, weil sie selbst Teil der Welt ist, die sie beschreiben will. Es sind Andere und deren Zeichenketten, die die Welt beständig teilen, nachdem keine Wahrheit sie mehr zusammenhält.

Theorie hat sich des Ehrgeizes entledigen müssen, mit einer möglichen Wirklichkeit zugleich alle zu beschreiben. Und vielleicht geht es längst um etwas anderes: nicht mehr darum, die Wahrheit und Ordnung der Dinge aufzuspüren, sondern darum, das Spiel des Zufalls zu imitieren, wodurch, wenn es gelänge, jener zu einer fatalen Kraft werden könnte. Durch eine Imitationspraxis, die sich als reine, immaterielle Schöpfung vollziehen würde, könnte unter der Hand so etwas wie ein neuer Realismus entstehen. Allerdings wäre es nicht mehr der MENSCH – weder als Zu- oder Anschauer noch als Geschichts-Aktiver – dessen Geist sich den Dingen anzugleichen und dann auch noch über die Gelungenheit dieser Angleichung zu befinden hätte. Katastrophen würden über die Angemessenheit solcher Theorien entscheiden.

In den erratischen Landschaften ausgebrannter Sinnkonstruktionen tun sich Zonen auf, in denen das Geschehen der Zeichen nicht mehr in ihrem Flottieren gesehen wird, sondern in etwas, das sich außerhalb des Diskurses abspielt. Theorien entstehen, die sich jener Realität verschrieben haben, die dem System fremd ist. Sie versuchen, Kontakt mit jenen Spielebenen herzustellen, die nach unbekannten Regeln in die Welt des MENSCHEN eingreifen. Es sind Theorien, die das Unabwendbare aufspüren wollen. Sie folgen demselben Drang wie einst Wotan, den sich die Germanen als Weisheitssuchenden vorstellten. In permanenten Verwandlungen wanderte er durch die Welten, auf der Suche nach dem, was auch ihm unbekannt war: dem Schicksal. Das Schicksal wurde den Germanen durch die Nornen, die Runen in Stäbe ritzten, zugeteilt. Wie ihre griechischen Kolleginnen, die Moiren, waren sie dabei nicht einmal den Göttern Rechenschaft schuldig. So kannte selbst Wotan, der Gott der Krieger, der Seher und der Sänger, der ein Auge hingab, um vom Quell der Weisheit zu trinken, und von dem wir wissen, daß auch er zauberkräftige Runen ersann, nicht die volle Bedeutung der schicksalsträchtigen Zeichen. Seine Weisheit, die er auf seine Erwählten zu übertragen verstand, bestand darin, nicht zu vergessen, daß eine Unbekannte mit im Spiel ist, die zu gegebener Zeit in irgendeiner Gestalt des Unabwendbaren erscheinen wird.

Sowenig wie Wotans göttliches Wissen an die Beschlüsse der Nornen heranreichte, sowenig können Theorien das Wesen der Dinge formulieren; ihre Zeichen sind etwas anderes, Eigenständiges. Aber sie streben danach, ein analoges Geschehen zu simulieren, Analogien zu den Erscheinungsweisen und zur Abwesenheit der Realität zu (er-)finden. Sie schaffen Muster, die Anschlußstellen zu möglichen Gestalten der großen Unbekannten haben sollen. Ein Zusammenstimmen der Anschlüsse wäre freilich zufällig oder selbst schicksalhaft. Vielleicht wäre es auch eine gelungene Beschwörung. Aber wer wollte den Schamanen vom Scharlatan unterscheiden?

Es sind desaströse Theorien, die überall und im einzelnen das aufspüren wollen, was den unbekannten Regeln einer höheren Spielebene entspräche. Sie benützen die Umkehrbarkeit der Zeichenketten, um einen Betrachterstandpunkt vom Ende der Dinge aus zu entwerfen, von wo man auf deren desaströse Rückseite blicken kann. Sie orientieren sich nicht mehr an besseren Möglichkeiten der Zukunft, die jede kritische Theorie immer noch offen zu haben glaubte. Sie gehen rückwärts durch den Raum der Zukunft, um die lineare Zeit der Macht zu überrumpeln. Jede dieser Theorien würde sich gerne als Textbuch aus einem Paralleluniversum verstanden wissen, dessen Aufführung hier ansteht – ein komplett unsinniges Konzept, da dort alle Aufführungen improvisiert werden. Vielleicht aber auch eine Art närrische Brücke, da in einem Zwischenreich zu jenem Paralleluniversum der Un-Sinn kultiviert werden soll.

Die ersten Theoretiker, die man in Griechenland so nannte, waren nicht die berühmten Philosophen, sondern lange vor ihnen Opferschauer, die in den Gedärmen von Tieren nach dem Schicksal Ausschau hielten. Theorie und Praxis waren ihnen nicht geschieden, erkennen und handeln nicht zweierlei. Es ließ sich überhaupt nichts über die Zeit und noch ausstehende Ereignisse erfahren, wenn nicht jemand in einmaliger Situiertheit an einem Kreuzweg eigener Entscheidungen stand.

Allen Orakeln ist es eigen, sich nur einmal zu äußern, ihre Zeichen können nie über- und unzeitlich wie die des Diskurses sein. Die Entzifferung einmaliger Zeichen machte den Spiegel der sichtbaren Welt auf noch abwesende Ereignisse hin transparent. Daß man aber die Dinge, solange sie klein sind, noch lenken kann, wenn man es versteht, unter Voraussicht des Kommenden zu handeln, wußten nicht nur die alten Chinesen. Der *theoros* bekam ein paar Karten mehr zu sehen als die Augen der Anderen. Er war noch ein Verwandter der Magier, die die Sprache schicksalsmächtiger Zeichen nicht nur verstehen, sondern selbst sprechen konnten.

Vielleicht hatten die ersten Theoretiker gegenüber den Magiern schon an Kraft verloren, vielleicht hatten sie aber auch an Weisheit gewonnen. Der Magier will seinen Willen verwirklichen; was er

nur kann, wenn es zugleich der Wille viel mächtigerer Mächte ist. Der Theoretiker kann nur Dispositionen um den Fragenden herum ausbreiten, nie aber den unbekannten Rest im Verlauf des Geschehens entschlüsseln. Darin gründet die Zwei- oder Mehrdeutigkeit aller Orakel. Den Glauben, über die Zukunft restlos Bescheid wissen zu können, nannte schon Laozi einen trügerischen Weg und den Beginn der Torheit.

Auch die desaströsen Theorien wissen das und halten der großen Unbekannten die Treue. Sie wissen, daß man kein Prophet zu sein braucht, um den Untergang mächtiger Kulturen vorauszusagen. Alles, was ist, ist zum Untergang verdammt. Über die Zwangsläufigkeit des Scheiterns hinaus lassen sich mit der Geschwindigkeit der Zeit vielleicht sogar noch spezifische Ereignisstrukturen aufspüren, die sich irgendwann und irgendwo realisieren werden. Aber die konkrete Gestalt des Zeit-Geistes entzieht sich jeder Antizipation, nicht zuletzt, weil sie von den Entscheidungen künftiger Akteure abhängen wird.

Darf Theorie wenigstens hoffen, die Entscheidungen künftiger Akteure beeinflussen zu können? Aber sie ist nicht einmal geeignet, das, was sie nicht vorhersagen kann, vorzubereiten. Sie könnte sich wohl vornehmen, ein mentales Klima, eine innere Haltung oder Bereitschaft zum Finale zu schaffen. Aber dazu kommt sie immer zu spät, denn es sind vor- oder auch gänzlich untheoretische Haltungen, die über die Schicksalsbereitschaft entscheiden. Und wo diese Haltung nicht schon da ist, kommt Theorie zu früh.
So wird Theorie zum Zeit-Vertreib. Sie handelt von Zeiten, in denen sie überflüssig ist. Sie kann die Zeit der Macht betrachten, in der sie eine beliebige Meinung ist. Sie kann sich mit Bewegungen und Ereignissen beschäftigen, die sich nicht unter einem begrifflichen Weltdach abspielen. Damit füllt sie ihre Zeit aus. Diese Zeit will sie vertreiben, um in einer anderen unterzugehen.
So wie die alten Chinesen Tierknochen oder Schildkrötenpanzer mit heißen Eisenstangen anbohrten, um sich aus den entstehenden Rißlinien die Dispositive der Zukunft auszulegen, so wollen auch desaströse Theorien Risse durch die Karte der Zeit laufen lassen. Aber Theorie ist mit jener Kultur-Schrift verknüpft, die im Diskurs neutralisiert und im Archiv gespeichert wird; im Archiv, das auch die Möglichkeit seines Endes speichert. Und schon sind es nicht mehr wie im Schildkrötenpanzer (bei Beachtung der Regeln!) notwendige, schicksalhafte, sondern beliebige, nur noch mögliche Rißlinien, in deren Mittelpunkt niemand steht. Jene Zeichen, die einen Weg weisen werden, finden sich nicht im Archiv, es werden einmalige Schildkrötenpanzer sein, die auch Panzerfahrzeuge, Industrie- oder Forschungsanlagen sein können. Irgend etwas, der Schrei eines Tieres, auch eine Pfütze im Schlamm, nur keine Zeichen, die das Bewußtsein von der Existenz spalten.
Der Theorie aber bleibt nichts, als sich ironisch in die Galerie der Zeichen einzureihen, die sie dem Untergang geweiht weiß. Desaströse Theorien wissen um die Unmöglichkeit, die Realität durch Zeichen zu ersetzen, und so ist es vielleicht ihre stille Sehnsucht, selbst annihiliert zu werden. Erst das Schweigen wird zur Realität der Schrift, die vergeblich gegen ihr Fatum angeschrieben haben wird. Irgendwo zwischen dem Lachen der Leser und dem Schwei-

gen der Schrift findet Theorie zur Heiterkeit zurück, die sich nach der Einsicht in ihre Nichtigkeit wie von selbst ergibt.

Anhang

Seite 23: Der Garten der Lüste, Triptychon, Innenflügel, Ausschnitt, Hieronymus Bosch um 1500.
Seite 27, 28, 31: Aufnahmen der Challenger-Katastrophe, 28. Januar 1986, NASA.
Seite 32: Collage: Aufnahme der Challenger-Katastrophe, 28. Januar 1986, NASA; Zuschauer beim Start der Raumfähre, NASA.
Seite 35: Die „Olympia-Kanone", Fernsehkamera auf der Olympiade 1936 in Berlin, hinter der Kamera Walter Bruch, 1936.
Seite 37: Mitarbeiterin des amerikanischen Zentrums für Seuchenkontrolle arbeitet an einem Computer, 1 January 1980.
Seite 38: Vögel auf Strommast.
Seite 40: Seismogramm des Messina Erdbebens vom 28. Dezember 1908.
Seite 43: Collage: Lyndon B. Johnson Space Center in Houston, Texas, USA, NASA-Mitarbeiter in Kontakt mit Apollo - 11 - Astronauten während der Mondlande-Mission am 20. Juli 1969, Ausschnitt; Bild aus dem Buch: Ainu: Spirit of a Northern People, ISBN: 0967342902.
Seite 47: Flötenspieler, Symbolbild.
Seite 51: Totem Park, Victoria, BC, Kanada. 16. Februar 2004.
Seite 52ff: Neihardt, John G.: Black Elk speaks, 1932 / dt.: Schwarzer Hirsch, Ich rufe mein Volk.
Seite 59: Maori-Häuptling, 1860-1889, Photothèque du Musée de l'Homme via French National Library Referenznummer:1998-3171-139. Ausschnitt.
Seite 61: Ndeemba Mask für N-khanda Initiation. CC-BY 3.0 Brooklyn Museum.
Seite 65: Eskimo-Medizinmann vertreibt böse Geister aus einem kranken Jungen. Frank Carpenter, Alaska, ca. 1890.
Seite 67: Burjaten-Schamane (1904).
Seite 69: Collage: Indianischer Stammestanz, ca. 1935, NARA, ARC296119; Bison-Tanz der Mandanindianer vor Medizinwigwam, Karl Bodmer, 1840-1843.
Seite 73: Innenbereich des "Hanford SiteNuklearkomplexes: U Plant. Teil einer unterirdischen Anlage, die im Rahmen des Manhattan-Projekts gebaut wurde und wegen ihrer riesigen offenen Räume als "Canyon"bekannt ist, US Department of Energy.
Seite 76: Sphinx, Gizeh.
Seite 77: Felsentempel des Pharao Ramses II, Abu Simbel.
Seite 83: Industrieanlage, Symbolbild.
Seite 84: Elektronischer Schaltkreis, 21. Mai 2001, CC-BY-SA 3.0 Nicola Asuni.
Seite 85: Kernkraftwerk Obrigheim (KWO), CC-BY-SA 3.0 Bundesarchiv B 145 Bild-F056652-0021, Ausschnitt.
Seite 87: Operationssaal: Ein Patient wird für die Operation vorbereitet. 1978. US National Cancer Institute.
Seite 89: Zitat: Pynchon, Thomas: Die Enden der Parabel, Reinbek bei Hamburg 1981, S. 644f

Seite 92: Ein Müllverdichter, auch Kompaktor, des Herstellers Caterpillar beim Einsatz auf einer australischen Deponie.
Seite 93: Höhleneingang, invertiert.
Seite 97: TV News Crew vor brennendem Schiff, Phil Carroll, U.S. Fish and Wildlife Service.
Seite 98: Collage: Unfall im Fernsehen.
Seite 104: Collage CC-BY-SA 3.0: Aufstieg aus der Höhle Víðgemlir, 29. Juli 2007, CC-BY-SA 3.0 Olikristinn; Photochrom Druck der Frontseite des Schlosses Neuschwanstein, zwischen 1890 und 1905.
Seite 106: Zurow, Blick in einen Laufstall, 12 February 1990, Jürgen Sindermann, CC-BY-SA 3.0 Bundesarchiv, Bild 183-1990-0212-003.
Seite 111: Deutschland - Nordrhein-Westfalen - Kreis Lippe - Bad Salzuflen: TV-Show „Spiel ohne Grenzen" auf dem Salzhof, 1. Juli 1989, CC-BY-SA 3.0 ANKAWÜ.
Seite 113: Schaufenster eines Juweliers.
Seite 114: Köln, WDR Fernsehstudio, Gabriela Hellweg während der Ansage, 3. November 1953, CC-BY-SA 3.0 Brodde / Bundesarchiv, B 145 Bild-F001105-0004.
Seite 116: Elsa Maxwell mit William Rhinelander Stewart und Cole Porter, 1934, Ausschnitt.
Seite 118: TV-Fernbedienung, Symbolbild.
Seite 119: Landebahn bei Nacht, Symbolbild.
Seite 121: Überfüllte Autobahn, Symbolbild.
Seite 123: Autofriedhof, Symbolbild.
Seite 127: Collage: Abrisshaus und Baukräne.
Seite 129: Baugrube des World Trade Center, 30. April 1968, CC-BY-SA 3.0 AvaBianca, Ausschnitt.
Seite 132: Collage: Modernes Kraftwerk und Forum von Pompeji zwischen 1890 und 1905.
Seite 134: Industrie in Hoek van Holland, 2005, CC-BY-SA 3.0 Ziko, Ausschnitt.
Seite 136: Wald aus Lavabäumen, entstanden durch Eruption von Vulkanschloten auf einer Kilometer langen Linie östlich von Pu'u Kahaualea, J.D. Griggs, 7. Januar 1983.
Seite 141: Öffentliche Ermordung Henry Smiths durch einen Lynchmob in Paris, Texas, 1893.
Seite 143: Collage: Ein Demonstrant vor dem Weißen Haus in Washington trägt eine Gasmaske, 4. Februar 2006, CC BY 2.5 Andrew Selman.
Seite 144: Ermordung Leo Franks durch einen Lynchmob, Georgia, 17. August 1915. Rechts auf dem Bild ist Newton A. Morris. Ausschnitt.
Seite 146: Caféhaus. Bildpostkarte aus der Zeit um 1900. Ausschnitt.
Seite 151: Demonstration: Schwerin, Pfingsttreffen der Jugend, 29. Mai 1982, CC-BY-SA 3.0 Pätzold, Ralf / Bundesarchiv, Bild 183-1982-0529-012. Verpixelt.
Seite 154: Collage CC-BY-SA 3.0: Schauprozess gegen 16 Anführer der polnischen Untergrundbewegung während des Krieges, verurteilt wegen angeblicher militärischer Pläne gegen die UdSSR, Moskau, Juni 1945; Bucharin und Rykov vor ihrem Prozess, 1938; Christine Lieberknecht als Rednerin beim Olof-Palme-Friedensmarsch Buchenwald-Kapellendorf 1987, CC-BY-SA 3.0 BrThomas.
Seite 159: Demo für Deserteure in West-Berlin, 31. Juli 1969, CC-BY-SA 3.0 Beyerw. Verpixelt.

Seite 160: Blockreihe, Bildausschnitt aus dem Film: A history of the Black Bloc.
Seite 166: Teilnehmer des Lynchmobs posieren neben der Leiche von Will Brown, nachdem er ermordet, erniedrigt und verbrannt wurde. 28. September 1919, Ausschnitt.
Seite 169: Graffiti am KuKuCK (Kunst und Kulturzentrum Kreuzberg), Rekonstruktion.
Seite 172: Graffiti. Ausschnitt.
Seite 175: Collage CC-BY-SA 3.0: Kaputte Bahnhofsuhr als Illustration für Vandalismus, 26. März 2006, CC-BY-SA 3.0 Audrius Meskauskas; Palästinensischer Schäferjunge benutzt eine Schleuder, zwischen 1900 und 1920.
Seite 178: Fallschirmspringer.
Seite 179: Graffiti am KuKuCK (Kunst und Kulturzentrum Kreuzberg), Rekonstruktion.
Seite 182: Sterne bei Nacht, Symbolbild.
Seite 184: Hausbesetzer in Berlin, Kreuzberg, 1981, CC-BY-SA 3.0 Tom Ordelman, Ausschnitt.
Seite 187: Vulkan: Am 18 Mai 1980, 8 Uhr 32 morgens erschütterte ein Erdbeben der Stärke 5.1 Mount St. Helens.
Seite 188: Junge Punks posieren vor einer Backsteinmauer. Evansville, Indiana, ca. 1984, CC-BY-SA 2.0 Tim Schapker, Ausschnitt.
Seite 190: Collage CC-BY-SA 3.0: Laughter by tickling, Mai 2007, CC-BY-SA 3.0 David Shankbone; Grapefruit.
Seite 196: Ausgebranntes Auto: Skalitzer Straße, Berlin, 2. Mai 1987, CC-BY-SA 3.0 Roehrensee.
Seite 198: Steinewerfer, Bildausschnitt aus dem Film: A history of the Black Bloc.
Seite 201: Herausgenommene Pflastersteine auf einer Demonstration gegen den G8-Gipfel in Rostock, 2. Juni 2007, CC-BY-SA 2.0 Fabian Bromann.
Seite 206: Die Pechtra in Korpitsch bei Fürnitz, vor 1938.
Seite 209: Vermummte vor brennendem Auto, Bildausschnitt aus dem Film: A history of the Black Bloc.
Seite 210: Entgleister Zug, Symbolbild.
Seite 213: Collage: Trampolin-Junge; Brennendes Auto.
Seite 215: Hausbesetzer-Graffiti, Berlin 1980-82: Nehringstr. 34 vermummt, CC-BY 3.0 Manfred Kraft / Umbruch-Bildarchiv.
Seite 216: Hausbesetzer-Graffiti, Berlin 1980-82: Fraenkelufer, CC-BY 3.0 Manfred Kraft / Umbruch-Bildarchiv, Ausschnitt.
Seite 219: Leerer Hörsaal, Symbolbild.
Seite 220: Abstellgleis, Symbolbild.
Seite 222: Chaos Tage in Hannover, August 1984.
Seite 228: Collage: Tanzendes Pärchen; Tornado.
Seite 237: Eine Barrikade in der Pariser Commune, Paris, 18. März 1871.
Seite 243: Cracks in Mývatn region, Risse in der Erdkruste in der nördlichen tektonischen Dehnungszone auf Island, 14. August 2009, CC-BY 3.0 Chmee2.
Seite 246: Collage CC-BY-SA 2.5: Geier; Lowering from Daniboy (Kalymnos, Greece), CC BY-SA 2.5 David Bolius.
Seite 251: Sedankrater, NASA.

Seite 255: Alkenvögel fliegen über Wasser, Steve Hillebrand, U.S. Fish and Wildlife Service.
Seite 258: Collage CC-BY-SA 3.0: Zwei Ohrengeier und ein afrikanischer Weißrückengeier, Masai Mara Game Reservat, Kenia. 28. Juni 2007 CC-BY-SA 3.0 JerryFriedman; Partymenge, CC-BY 2.0 Jeremy Keith.
Seite 262: Flippersammlung des RetroGames e.V., 19. Februar 2005, CC-BY-SA 3.0 Andreas Berner.
Seite 264: Kinder spielen an einem Amstrad CPC464 Computer, Adrian Pingstone, 1988.
Seite 265: Zitat: Lem, Stanisław: Der Hammer; in: Nacht und Schimmel, Frankfurt am Main 1976, S. 237.
Seite 267: Collage CC-BY-SA 3.0: Roboter: Honda E1, 20 April 2008, Honda Fan Fun Lab, Motegi, Tochigi, Japan, CC-BY-SA 3.0 Morio; Polizeieinsatz bei Demonstration in Griechenland.
Seite 268: Ein HP 2647A Monitor, verbunden mit einem HP 1000 E-Series Minicomputer beim 2012 Vintage Computer Festival Ost, 6. Mai 2012, CC-BY-SA 3.0 Autopilot, Ausschnitt.
Seite 270: Zitat: Lem, Stanisław: Der Hammer; in: Nacht und Schimmel, Frankfurt am Main 1976, S. 227.
Seite 275: Autoscheinwerfer bei Nacht, Symbolbild.
Seite 278: US-Präsident John F. Kennedy bei der Parking Lot Rally, 22. November 1963, Fort Worth, Texas.
Seite 279: Demonstration gegen den Besuch des US-Präsidenten Ronald Reagan am 11. Juni 1982 in Berlin (Aufnahme Winterfeldtplatz), CC-BY-SA 3.0 Gerhard Schuhmacher.
Seite 280: Fabrikhalle, Symbolbild.
Seite 285: Fabrikschornstein, Symbolbild.
Seite 290: Toledo Feuerwehr beim Löschen eines Brandes in einer Scheune.
Seite 292: Crew Chief weist ein deutsches Lockheed TF-104G Starfighter Flugzeug zum Wartungsplatz während einer Übung der Luftwaffe, 29. November 1982.
Seite 296: Technischer Sergeant überwacht einen Cobra Dane Radar Monitor. Shemya Air Force Base, Alaska, 23. Oktober 1984, Ausschnitt.
Seite 297: Apachenkrieger Geronimo (rechts) und seine Krieger (von links nach rechts) Yanozha (Geronimos Schwager), Chappo (Geronimos Sohn mit seiner zweiten Frau) und Fun (Yanozhas Halbbruder), 1886.
Seite 299: Tattoo einer Koita-Frau, 1912, Ausschnitt.
Seite 300: Zitat: Borges, Jorge Luis: Biographie von Tadeo Isidoro Cruz; in: Phantastische Erzählungen, Bern 1983, S. 44.
Seite 303: Tornado bei Cala Ratjadar, 11. September 2005, CC-BY-SA 3.0 Th. Walther.
Seite 305: Ein Flugzeug vom Typ TU 134 der sowjetischen Fluggesellschaft Aeroflot ist am 12.12.1986 in der Nähe von Bohnsdorf abgestürzt. CC-BY-SA 3.0 Rainer Mittelstädt / Bundesarchiv, Bild 183-1986-1214-004.
Seite 307: Collage: Virgils Muse von Camille Corot, 1845; Telefonzelle mit eingeschlagenen Glasfenstern in Holloway, London, 12. Februar 2005.
Seite 315: Stein-Orakel, Symbolbild.

Alle Bibel-Zitate entstammen der Lutherbibel.

Links und weitere Informationen auf der Verlagshomepage:
www.econotion.de

FSC
www.fsc.org
MIX
Papier aus verantwortungsvollen Quellen
Paper from responsible sources
FSC® C105338